生活中的经济学

第三版

ECONOMICS IN EVERYDAY LIFE

茅于轼 著

本书通过作者在美国这个高度发达的市场经济国家中生活的点滴经验说明市场经济是如何运作的，把深奥的经济学还原为浅显易懂的事理常规

经济学普及读本

暨南大学出版社
JINAN UNIVERSITY PRESS

图书在版编目（CIP）数据

生活中的经济学/茅于轼著．—3版．—广州：暨南大学出版社，2007.6（2016.4重印）
ISBN 978-7-81079-871-6

Ⅰ.生…　Ⅱ.茅…　Ⅲ.经济学—普及读物　Ⅳ.F-49

中国版本图书馆CIP数据核字（2007）第079749号

出版发行：暨南大学出版社

地　址：中国广州暨南大学
电　话：总编室（8620）85221601
营销部（8620）85225284　85228291　85228292（邮购）
传　真：（8620）85221583（办公室）　85223774（营销部）
邮　编：510630
网　址：http://www.jnupress.com　http://press.jnu.edu.cn

排　版：暨南大学出版社照排中心
印　刷：湛江南华印务有限公司

开　本：787mm×1092mm　1/16
印　张：22.25
字　数：300千
版　次：1998年4月第1版　2007年6月第3版
印　次：2016年4月第32次

定　价：33.00元

（暨大版图书如有印装质量问题，请与出版社总编室联系调换）

第三版前言

本书从1993年出第一版，2003年出第二版至今已经14个年头。在此期间，正规渠道销售的数量可能不下15万册，另外还有大量盗版。其之所以受到读者如此的欢迎，是因为我国正处于经济改革的迅速转型期，群众对经济学的知识有迫切的需要。可以毫不夸张地说，中国经济是全世界变化最快、创新最多的一个典型。大家为了跟上这个瞬息万变的社会，需要更新自己的知识存量。这本书正好满足了大家的需求。

本书的第一版主要是介绍堪称世界最发达的市场经济国家美国的市场和它的运行机制。十年后的第二版一方面更新了数据，另一方面增加了新的内容，以适应我国经济的新形势。这次改版还是遵循上次改版的原则，不同的是对问题的分析更涉及经济理论的本质，用更多的历史视角，加强了从制度方面的比较和分析。但是它仍旧保留了原书的风格，简单明了、深入浅出。

经济学是一门引人入胜的学问。它能够帮助我们更深刻地理解我们周围的事物，看透它的变化，进而引出对自己作调整的要求。所以经济学是一门世界观的学问。

本书虽然是经济学的入门书，但它着重在讨论经济学最基本的原理，解剖交易双方的利益动机及行为策略，透视环境对参与者的制约，从而归纳出理论来。用的方法是由表及里，透过现象看本质，再把本质的道理纳入逻辑框架进行分析。从字面上看，本书没有任何深奥之处，但是要真正理解其中的道理，需要反复地思考，所以这并不是一般的通俗读物。我希望读者们把它当作理解世界、理解人生的工具，并且从阅读中得到乐趣。

茅于轼

2007年3月

再版前言

《生活中的经济学》一书最初是由上海人民出版社于1993年出版，是中国留美经济学会主席田国强主编的14本市场经济学普及丛书中的一本。以后在得到上海人民出版社同意的条件下，此书于1998年转移到暨南大学出版社出版，出版时增加了一些内容，主要是我在这几年中发表的具代表性的几篇文章和各方面对此书的评价。

迄今为止，这本书总共发行了六七万册之多，而且至今销量不减，一本书能够连续不断地销售十年而势头不减，在中国这个瞬息万变的图书市场上是少有的，这充分说明了大家对经济学知识的渴望。不少读者告诉我，这本书极大地增加了自己的经济学知识，甚至改变了对许多经济现象的看法，改变了对人对事的态度。确实，生活在市场经济中，懂得经济学才能调整自己，才能更好地适应这个环境，自己的事业和生活也能更顺利更成功一些。狭义地看，经济学主要是研究资源配置的学问，而这本书从资源配置谈到了经济制度、人的权利和义务、处理人与人关系的原则，甚至人生的目的和社会的融洽。因为经济渗透到了我们生活的各个方面，我们对事物的看法不可能不影响到自己的行动，进而导致成功或失败、幸福或挫折。所以大家对经济学知识的渴望是很自然的。

第二版完整地保留了第一版的全部内容，和过去版本不同的地方主要是把所有的资料和数据都更新到最近可能达到的水平，而且过去的数字仍然保留着，资料的更新看似小事，其实它支持文字中所推导的道理，更丰富的资料提供了更可靠的推论，而且它给人以更具体的印象，使得理论变成有血有肉的生活。此外，本次版本有些段落增加了新的内容，原来解释得不够清楚的现在更清楚了，不完整的现在完整了，这样使读者读起来更通顺。

本书虽然是一本通俗性的读物，只要有高中文化水平就能够看懂，但是其中所讨论的道理既普通又极深刻，不经过反复思量是不容易真正掌握的。所以我奉劝诸位读者，对书中的重要章节要仔细阅读，认真思考，从正面、反面去检验所讨论的理论，一旦掌握了经济学的基本原理，你肯定会感觉自己的认识水平提高了一步，你所看到的世界也会有所不同。

茅于轼

2003 年 1 月 26 日

于北京三里河南沙沟

前言

1986年得到美国福特基金会的资助，我在哈佛大学以访问学者的身份工作了一年。在美国生活的一年中我无时无刻不在思考，为什么美国如此富有？有哪些地方值得我们学习？这个问题在我以后几次访问美国时仍在脑海中盘桓。实际上，这个问题正是经济学要解决的问题。1988年底，中国社会科学院美国研究所内部刊物《美国研究参考资料》的编辑张跃宏先生鼓励我在该刊上辟一专栏，每月写一个题目，专门对这个问题作出回答。专栏的栏目就是“生活中的经济学”。张先生后来去了美国，现在编辑部诸君同意我对过去的文章加以修改补充，重新编排，以飨读者。对该刊编辑的协作，特致以深切的谢意。

一个社会经济效率的高低，当然不像狭义微观经济学所认为的只是价格作用的结果，而涉及制度、法律、文化和习俗。所以本书所讨论的不限于经济学本身，还特别探讨了经济制度运行的整个社会背景。希望这样的讨论会引起读者的兴趣。作者感谢两位匿名审稿人细致负责地对本书初稿提出建议，使本书的质量得以提高一步。本书所用的统计数据，除特殊注明者外，都取自“Statistical Abstract of the United States” 1992。

茅于轼

1993年2月

于北京中国社会科学院美国研究所

国内有关评论

怎样把生活中的点滴经验与市场经济的运作规范联系起来，把经济学还原为事理常规，这种“点化大众”的任务就落在了经济学家的头上，茅于轼先生就是把精力长期致力于此的努力者之一。

——《中华读书报》

茅先生有的论述不只是有理，而且大出常人意表，经他明示，大有醍醐灌顶之感。

——《南方周末》

茅于轼先生以他的文章和人品逐渐为学人所倾倒，他的文风恰如一句古诗：“润物细无声。”

——《中华工商时报》

与他谈话，有一种既受益匪浅又轻松愉快的感觉。

茅于轼的第一本经济学专著《择优分配原理——经济学和它的数理基础》，影响了不少青年学者走上了经济学研究之路。

——《中国改革报》

茅先生显然有智慧，论理深入浅出、冷静客观，可以说符合笛卡儿所要求的思想标准：清楚明白。

……他首先是个优秀的经济学家，然后是个伦理学家，因此他更多地从经济操作的要求去看伦理的需要。

——席殊书屋《好书》

其“家常式”的经济学随笔，说的虽是日常琐事，却往往折射出一些惊人的启示，他的《生活中的经济学》是这样的点化大众之作，《谁妨碍了我们致富》保持了同样的风格，《中国人的道德前景》一书依然保持了这样的风格。

——《中国经济时报》

茅先生之作品犹如空谷足音，但愿后继有人……

——中国社会科学院学者

茅先生是一个数学功底很好的经济学家，同时也是一个很有思想的经济学家。

……像一位洞察一切的智慧老人，悠悠静静地述说着身边发生的一件件小事乃至日常琐碎之事，从中点拨出一个个惊人的道理，于不知不觉之中，我们被点化开悟了。

——北京大学青年学者

正如所有玩世不恭的人在严肃认真的导师面前难以将轻浮的表情挂在脸上一样，我渐渐地被这位学识渊博而且饱经岁月风霜的老学者的严谨态度和理性思考所感染。

——一位普通读者

Contents 目录

【第一篇　微观经济学】

【第二篇 宏观经济学】

【第三篇 经济体制】

附录一 作者近年发表的部分有代表性的经济学文章

附录二 关于作者及其作品的部分报道和评论

第 一 篇

微观经济学

1

喜欢搬家的美国人

根据美国政府发表的统计，全美国每年有17%左右的人搬了家。搬家的人中有约60%是就地迁居，其余的是搬往外地。这个比率从20世纪70年代以来到20世纪末没有什么大的变化。对比之下，我国从1982年到1987年5年之内只有2.8%的人迁往他乡，平均每年只有0.58%的人跨市镇流动。20世纪90年代以来，我国的人口流动有显著加速的趋势。美国人是一个喜欢搬家的民族。也许这与美国人的祖先就是从外国搬来的有关，至少他们不像中国人那样有一种根深蒂固的故土难离的恋乡感情。

他们为什么搬家？

原因是多种多样的。有的人因为工作变动，有的人为了改善居住条件，有的人想节省开支，有的人为了照顾亲人等等。但主要原因是工作变动。

最初从欧洲来到美国的移民首先在美国东北部的大西洋沿岸立足，以后随着人口的增加，对新资源的需要，经济实力的增强，人口和资金逐渐投向西部。结果使约200年来美国的人口重心以每年4~10千米的速度不断向西移动，20世纪80年代初这个西移速度再次达到高峰，并且一直继续到90年代。这和我国人口、资金、技术力量不断朝东部沿海移动适成对照。

除了就业的地理分布的改变外，各行各业的盛衰也使人们改变他们的工作。服务性行业（包括运输、公用事业、商业、政府部门、金融和保险业）迅速膨胀，制造业（轻重工业）则相对缩小。前者在近20年内增加了3 200万人，占20年前人数的60%，而后者只增加约100万人，只占5%。只有劳动就业发生变化，经济结构的变化才能实现。不管是由于新技术（如电子计算机）的出现，或是老资源（如美国的石油）的枯竭，还是国际市场的竞争，如美国的汽车从出口变为进口(1996年进口为出口的4倍)，都意味着人们就业的改变。选择职业的灵活性，使美国的经济富于适应性，而这一切往往伴随着居住地点的迁徙。

美国在20世纪80年代初有1 700多种日报，90年代末减少到1 500多种，到2005年还有1 452种。其中大部分是地方报纸，这些报纸的广告主要内容之一是招聘和住房，而且这两种广告互相关联。凡是经济繁荣的地方，招聘的广告就比较多，从外地迁入的人口也较多，因而住房的需求也比较活跃。1986年由于石油跌价，南部几个产油州削减生产，失业增加，而东北部像马萨诸塞州等地由于发展了高技术行业，需要补充劳动力。于是有不少人来此州寻求工作，使该地房租以及地产飞涨一时。近年来东北部经历了比全国更严重的经济衰退，房地产价格大跌，以前购进房地产的商人蒙受巨大损失。

在美国搬家没有任何限制，没有户口制度，搬家不必经过任何人的批准，甚至也不需要到警察局去报告一声。搬家也很方便，有专用的搬家公司，有的专管本市搬家，有的则经营往外地的搬迁。搬家时，人们几乎100%都用汽车做搬运工具，人们可以利用专门的搬家汽车。但家具一般是不搬的，多半就地卖掉。搬完之后，再按房间的大小、色调和风格重新购置。

搬家之所以方便，主要是因为有住房市场。对中国人来说，“住房市场”这个名词已经变得陌生，正好像美国人不理解我们的“换房大会”一样。1949 年以后，我国很快就限制甚至取消了私房出租业务，要得到住房，几乎只有单位分配这一条路子。换房大会和住房市场有两个基本的不同点。

首先，换房必须找到换房对象，有了“换房大会”已经比以前方便些了，但仍很困难。靠着换房协调员甚至借助于电子计算机，或许能找到三角换房或多边换房，但要使各方在住房

美国人喜欢搬家，而一般笨重家具是不搬的，多半是就地甩卖。

的地点、面积、设备、朝向、楼层、环境等方面的综合条件恰好相等，实在太难了。而住房市场则可以用租金的不同来补偿条件的差异，因而各方可以有较广泛的选择机会。

第二，在住房市场条件下，通过房租水平的升降，供应和需求永远是平衡的。换句话说，在美国，你只可能感到房租贵，而不会租不到房子住，所以即使你手头没有房子可以和别人换，也一样可以租到房子住。

我国从 1988 年开始进行住房改革，引进市场机制。但开

始的两三年没有多大成效。房改的主要方法是提高房租，然而房租在城镇居民总支出中所占的比重从 1%反而降到了 0.7%，到 2000 年这一比率上升到 4%，到 2005 年上升到 10%[①]。当然，是不是要像美国那样完全通过市场来配置住房是有争论的。理论和经验都证明市场配置可以避免浪费，而市场配置的方法虽然有效率，但不利于穷人，他们的住房问题比较难解决。不论中外古今，最豪华奢侈的房子入住的人口密度最低，而最破旧肮脏的贫民窟入住的人口密度最高，这种配置显然是不公平的。然而我们也应该承认，由于市场制度的建立，社会生产财富的能力空前提高，能够住得起体面房子的人也空前增多。由于修新房（包括配套设施）总要花一年以上的时间，赶不上人口流动的变化，供给的变化赶不上需求的变化，因而房租的升降幅度很大，房地产事业成为一项可以投机赚钱的大买卖。可是不要以为这种投机对社会不利，也不要以为房地产商赚钱容易。它对社会的贡献是调剂了对房地产的需求在空间上和时间上的余缺；而且地产商会投资于绿化、道路和环境，改善土地的利用。如果赚钱容易，大家都去经营房地产了，而事实并非如此。房地产商估计当地经济要走向繁荣时，纷纷事先购进，使得价格上升，刺激新住房的建造。但如果估计错误，就会赔本。

①《中国统计年鉴(1991)(2001)(2006)》，第 280 页、第 312 页、第 352 页。

住房开支在美国人的总开支中大约要占 1/4，这当然只是一个平均数。在纽约市中心租一个带厨房和厕所的单间，在 20 世纪 80 年代月租就在 1 000 美元左右，但在小城市里，两间卧室外加客厅的一套中档住宅，月租仅 300 美元。现在大约上升了一倍多。美国私人住宅的平均面积从 1990 年的 177 平方米增加到 2005 年的 207 平方米[②]，我国北京 2006 年底待售住宅平均每套达 144 平方米[③]。住房的价格极大地取决于地点。华尔街的住房价出奇地高。我国的上海外滩、杭州西湖边上、青岛海滩等地的住房价格比小城市同样质量的住房要贵出 10

②参考消息 2006.12.17

③新京报 2006.12.17

倍，建房所用的人工材料等成本是一样的，区别是地价造成的，因此人们常说是地价推动了房价。但我们进一步要问，地价是如何决定的？大家知道，土地是天生的，不是劳动的产品，它的成本等于零，它的价格与成本无关，而与它的需求有关。沙漠中的地白送也没有人要，对它的需求为零，所以价格为零，像华尔街这样的地大家都想要，通过竞争地价就炒上去了，所以不是地价推动了房价，而是房价拉动了地价。买房的人埋怨开发商或政府控制了地价，炒高了房价，这恰恰错了，是买房的人愿意出高价买房，才把地价抬高的。

土地没有成本，但是能卖出钱来，这钱就是土地创造的财富，应该归土地所有者。与成本无关而能卖出价格的，能创造财富的一类特殊商品，称为生产要素，除了土地还有别的自然资源，更重要的生产要素还有劳动和资本。归根结底，全社会的财富都是生产要素创造出来的，这些财富的分配在市场制度下会分给创造财富的个人。这就是收入按要素的贡献分配原则。在第七章“美国人如何看待‘按劳分配’”中再作进一步的讨论。

近年来，国内大城市的房价涨得很厉害，许多人埋怨是房地产开发商把房价抬上去的。要知道，任何一种商品的卖方都想抬高价格，但是在一个竞争性的市场上个别的卖方不可能抬价。抬价的结果只会把自己的市场让给了竞争者，除非他能联合所有的卖方同时提价。但这样做事实上几乎不可能，因为联合提价很可能被个别的卖方暗中破坏以谋利。世界石油输出国组织 OPEC 就有这样的经验，房价上涨的原因最终还要从供需关系中去找，任何一种使供应减少都会导致房价上涨，例如，减少土地的供应、提高开发商资金运用的利息、建房的原材料涨价（一部分开发商将退出）、对建房提出各种行政限制等。另外，任何使需求增加的因素也会导致房价上升，例如，人们收入的增加、其他投资机会的减少、人口的集中。房租由租户和房东协商确定，万一协商不成，双方都可另觅高就，直到满意为止。

笔者在美时曾和房东（一家房地产公司）就房租激烈地讨价还价。公司的理由是当地房租普遍上涨，并出示了他们所作的市场调查，某某地点的住房，条件如何，月租若干。我提出的理由是美国的通货膨胀率没有那么高，我们的收入没有增加，并历数他们服务质量中的问题，如没有按时来灭蟑螂，门锁坏了没有及时来修等。最后双方都作了让步，公司把每月租金增加 150 元减到只增 100 元。于是我代表全体租户在为期一年的租房协议上签了字。

附带提一句，那次门锁坏了，我们打电话催促公司派人来修，可是他们拖延不来，最后同意我们自己修理，将新购锁的钱外加劳务费从房租中扣除，扣了他们 25 美元。

大部分美国人并不租房子，他们喜欢买房子住。其中一个重要原因是政府鼓励“居者有其屋”，所以在税收上给予优惠。办法是贷款所付的利息不用交所得税。其实，这也算不上是优惠，因为你所付的利息变成了别人的收入，所得税应该由他来付；否则就有重复征税的问题。买房子的常见办法是分期付款，标准年限是 30 年，每月付的贷款和租房子的租金相差不多，所以多数人宁可买房，过了 30 年，房子就归本人所有。孟子说，民有恒产，始有恒心。这句话在美国也不例外，自己拥有住宅的人家算是“殷实人家”，这种地位在美国这样一个以信誉为联系纽带的商业社会中十分重要。向银行贷款做生意、求职、赊购汽车等等，有房产的家庭往往得到优先考虑。

买了住房，会不会把一个人捆死在一地呢？不会。当他想搬家时，可以把房子卖掉。如果这是分期付款，而账还没有偿还清，他可以把房子和债务关系一起出售。但出售的价格和原定的房屋价格会有些出入。当地房产价格上升时，他还可以从中获利，否则就会亏蚀。这里我们可以看到，在商业发达的社会里，不但商品可以买卖，债务关系也可以买卖。其实这就是资金市场的一个方面。灵活的市场安排，提供给个人广泛的选择机会，造就了一个富有弹性的有生机的经济。经济要得到发展，要使资源的使用合理化，杜绝各种可能的浪费，都必须通过个人在各种选择中作出优化抉择方能实现。我们从美国人搬家这件事中可以看到，市场就提供了这样一种机会，条件是政府保证个人的选择自由，只要不损害他人，选择的自由越大越好。

搬家，或人员的流动性，对一个国家的经济发展至关重要。我们常说，经济要发展必须做到人尽其才、物尽其用，人怎样能尽其才？让每个人有流动的自由，寻找有特长的感兴趣的工作来做。过去计划经济时代人员的流动性很少，每个人都当成了革命机器上的螺丝钉，拧在那里一辈子也不会动。不但自己不动，连子女亲戚都在同一个单位上班，改革以后，特别是近十年来人员流动的自由度大大扩充。愿意去政府当干部的可以考公务员，公务员当腻了可以辞职下海；国内干得不顺心的可以出国谋生。最大的人员流动是农民进城打工，改革以来已经有2.5亿农民进城，其中约一半已把家搬进城，这成为人类历史上最大的移民活动。可以预见还有更多的农民要进城来。

小结：就业的灵活性使经济结构易于调整，但这必将引起人口的流动，如果没有住房市场，人口的流动将受阻。谈了租房和买房的区别，强调了市场分配住房与计划分配的重大差别。

2

赌博在美国

赌博应不应该禁止？这在美国是一个引起广泛争议的问题。一些人认为只要双方机会均等，又是自愿参加，即使赌场所得乃不义之财，也算不上违法。另一些人则认为即使双方出于自愿，此种财产的转移实无异于抢劫。

看来这不是一个容易解决的问题。为了把问题弄清楚，美国有不少研究机构把赌博问题作为一个研究专题，从经济、法律、社会、道德等各方面加以探讨。现在，人们对于赌博引起的各种后果，好的和坏的，都已经了解得相当清楚了。可是对于赌博是否该禁止这个最基本的问题仍然众说纷纭。

本来嘛，像这类涉及价值判断的是非问题并不存在什么“真理”。如果追求这种“真理”，不是自己毫无结果，便是他人被你施以思想专制。

美国的州权力很大，各州有自己的宪法（但不允许与联邦宪法抵触）。在对待赌博问题上各州的态度不同，十多年前只有两个州允许赌博合法存在，即著名的新泽西州的大西洋城和内华达州的拉斯维加斯。1976 年新泽西州 30 万公民投票决定使赌博合法化，以振兴当地日益萧条的经济；而拉斯维加斯则从 19 世纪以来（除其中有 26 年被判定为非法）一贯是合法的赌城。但是在过去的十几年中情况有了很大的变化，现在已经有 28 个州允许开设赌场。最近底特律市政府正在考虑开放赌博，因为对岸加拿大的温莎市（Windsor）开设了赌场，游客拥向加拿大，钱都让加拿大赚去了。赌场老板靠精确计算的胜负概率之差来赚钱。换言之，赌客赢钱的机会略低于输钱的机会，这个差数的平均值就成为赌场的收入，用以支付赌场的各种开支并赚得利润。

赌场的开支，包括服务人员的工资、设备维护、房租，绝大部分是固定支出，与光临赌场的人数无关。因此赌客越多，利润越大。各个赌场无不竞相设法招徕顾客。

他们最常用的方法包括：做广告，宣传某年某月某时某地某先生在此赢得几十万元，甚至几百万元，同时贴出大幅照片，以资证实；改善服务，将赌场装饰得富丽堂皇，雇用年轻的女服务员，让她们穿着暴露、性感的服装，赌场门口也常有歌星演唱；降低其他相关服务的费用，例如，赌场一带餐馆的收费标准往往只及普通餐馆的一半，大西洋赌城甚至派旅游专车到纽约去接赌客，非但免收车资，还奉送赌本 10 元。上述这些做法当然会增加一些费用，但他们聘请的管理专家可以计算出做到什么程度可以赚钱最多。

赌场内最普通的赌博有 3 种：吃角子老虎、轮盘赌、21 点，尤以吃角子老虎最为流行。这是一部无人看管的自动化机器，你只要投入一个硬币，将扳手拉动（现在已改成电动），机器内 3 个轮子就以不同的速度转动，直到轮子停下。如果当时 3 个轮子停在某些特定的位置，机器就会吐出从一个到成百上千个数量不等的硬币。如果赢的数目特别大，机器会发出铃响并亮起一串红灯，向你祝贺。在赌场大厅里摆有上百个吃角子老虎，你不时可以听到机器的铃响，你把眼光扫过去，就可以看见被红灯照得浑身通红，脸上泛着难以抑制的兴奋和快乐表情的人了。

轮盘赌是一粒骰子在转动的轮子周沿滚动，如果最后骰子停在轮盘上的位置被你事先押宝猜中，你就成为赢家。不同的位置有不同的赢资配比。

21点是由赌场专职人员坐庄，赌客和庄家将发到手上的扑克牌的点子相比较，多者为胜。如果你嫌点子太少，可以叫庄家追发，但总数如超过21点就变输家。这种赌博不全凭运气，也有一定的技巧。进赌场赌钱，输的机会当然比赢的机会大；

美国的赌场以拉斯维加斯最出名，来这儿玩的人当中，大多数不是来赢钱的，相反他们是准备来输钱的。

否则赌场都会赔钱关门。但是玩上十次八次，有一次赢上几十元、上百元钱则是可能的，赢上千元的幸运儿在每天几万名光临的赌徒中也会有那么几个。赢的钱多了，兴致所至，就会在赌城里大大地花钱。所以赌城里开设有非常奢侈的商店，出售几千元一套的西装、500元一双的皮鞋、百年陈酿、价值连城的首饰等等，这些商品即使在纽约的高级百货公司中也很少见到，可是在赌城里倒是应有尽有。

赌城每年都招引一两千万人前往聚赌。由于来往的人多，经济跟着兴旺起来。大西洋城从开禁赌博以来增加了3万多个就业机会，州政府的税收增加了1亿多元。拉斯维加斯则更使得内华达这块最不适于人类居住的干旱荒芜之地，出现了一片色彩浓艳、令人目炫的繁华景象。近年来几次世界重量级拳王之争也在此地表演，使这个冒险者的乐园更增加了几分令人兴奋的神秘色彩。

这两个赌城每年经济的增长率都远远超过全美国的总平均数。赌城的经济产出当然都是非物质性的，但按现代经济学的概念，只要消费者为了满足自己的需要而支付了钱，这钱就计入国民生产总值，而不问这种需求是吃一块牛排或穿一件衣服等物质性消费，还是请医生治病或进赌场娱乐等服务性消费？

到赌场来玩的人中，大多数不是想来赢钱的，相反他们是准备来输钱的。他们怀里揣上 50 元钱，到宽广舒适的赌场大厅里换换环境，再经历一下赢钱的兴奋和输钱的懊丧；等 50 元钱全部输光，娱乐的目的已经达到，高高兴兴地回家去。他们觉得花 50 元钱换来一天的刺激是值得的，何况也真有发一笔小财的机会。所以在赌城里可以看到大多数人并不是穷凶极恶的亡命赌棍，倒是在阳光下漫步，带着家眷寻求快乐的人。

虽说如此，总归免不了有一小部分容易走极端的人。而赌博正是他们走向罪恶的大道。所以从统计数字上看，这两个赌城成了社会问题集中的地方。大西洋城十几年来犯罪率上升了 170%，内华达州的酗酒率居全美首位，自杀率超过全美平均水平 1 倍以上。当然确切地说，这些统计数字并不说明大多数人如何行为不轨，它只说明少数人的变态。然而，赌博引起的人们道德的变化却没有任何统计能够说明，而这正在默默地影响着周围人的行为规范。赌博鼓励不劳而获的非分之想，怂恿侥幸心理，默许对别人利益的侵犯，结果会降低社会和家庭的稳定性，不利于将人的才能引向彼此有利的生产和服务活动中。虽然从宏观经济来看，除掉赌场的经营成本利润，赢的钱等于输的钱；从微观上来看，个人赢钱的期望值等于输的期望值，似乎这并不构成对整体经济的危害，或者它并不造成物质的直接损失。但现代经济学的效用分析却证明，赌博从整体上看会降低社会的总效用值。用通俗的方法解释，赢钱时大手大脚把钱花掉，输钱时省吃俭用才能还债，这说明赢来的一块钱所增加的效用比输掉一块钱所减少的效用低。所以尽管输赢的机会相等，效用却遭到了损失。正因为如此，美国舆论倾向于否定赌博的合法性。虽然上述两地由于赌博业而赚了大钱，而且又有另外26个州使赌博合法化，但赌博合法到什么程度一直有巨大的争议。这是经济力量和道义力量的斗争。经济的力量是巨大的，美国人也喜欢赌博，1998年花在赌博上的钱达到了500亿美元，这样的力量很难抵制，但是舆论并没有退步，仍然在坚持斗争。非但关于赌博的争议有这样明显的倾向，甚至发行彩票为慈善机关筹款这种方式，在全美50个州中至今仍有13个州为法律所不容，因为它也带有某些赌博的性质。但全美每年销售彩票的数目在不断上升，从1990年到2000年，再到2005年各售出了200亿、372亿和474亿美元。

在我国由于平民化的娱乐活动不发达，尤其是在农村，搓麻将和打扑克成为最大众化的娱乐。这些娱乐有时候带有少许赌博性质，轮盘赌在短时间内有大量的输赢，因此带有很强的赌博性。彩票则介乎两者之间。在美国，即使在彩票合法化的州，也不允许卖彩票给未成年人，不许登广告作宣传。

由于彩票是一种特殊的有价证券，在印刷、运输、保管、销售、兑奖过程有许多特殊的技术问题，处理得不好就会发生贪污作弊。彩票发行中还涉及复杂的数学计算和对市场的估计，弄不好会赔钱。所以美国的彩票都由民办的专业公司承办。

我国一度把彩票看成是聚财之道。修一条高速公路没有钱，想用彩票来集资。但这是不可以的，因为一切经济活动都要取得经济效益，要能够赚钱。高速公路能不能修，要根据修建的成本、通过的车流量等估算出盈利水平。不能赚钱的高速公路就不值得修，此时资金应该用于其他能赚钱的项目。发彩票所得的收入应严格用于社会公益事业，如儿童福利院，帮助残疾人，而且用途要透明，接受社会的监督。

小结：赌博在法律和道德上都是有争议的，需要用客观的科学态度来分析。经济学证明了赌博会使效用遭到损失，即使输的钱等于赢的钱。

3

从邮政的垄断与民航的竞争谈开去

个人可以办邮政，听起来似乎是一件新鲜事，可是在美国，不但有私人办的邮政，甚至还有私人办的监狱。

美国企业一般以效率高、服务态度好著称，可是邮政却例外。究其原因，一是缺乏竞争，二是国家补贴亏损，从业人员拿着铁饭碗，容易造成效率低、服务差。中外如此，很少例外。而中国只是把这一体制的毛病表露得更为充分罢了。附带说一句，中国邮政系统设置的标准邮筒的投信口窄小无比，稍厚一些的信就塞不进去。美国标准的投信口可以放进一个小包裹。投信口是邮政为民众服务的一个必经通道，通道的大小或许正相当于愿意服务的程度。事实上狭窄的投信口确实把许多顾客赶到更远的邮局服务柜台去排队投邮。在美国大多数的邮局里办事也都要排队，这对于惜时如金的美国人来说是很难容忍的。所以私人办邮政的创议很快得到社会舆论的支持而实行起来了。私人办的专营快递邮件的全美快邮公司，业务量在1990年已超过每天16万件，目前已增加到每天19万件。只要是下午5点以前投邮的国内邮件，次日下午3点以前必定投达。当然，快递收费很高，约为普通邮资的50倍，不过重量限制宽很多。

此外，个别城市出现了投递本地邮件的公司，收费稍比国家邮局的邮资贵，而效率和服务态度比较好。邮政是成本递减的行业，即营业量越大，单件成本越低，所以私人邮递要扩大其营业量，使成本降到政府办的邮政成本之下，还需要一段过程。不过，看起来在美国政府独家办邮政、定邮资的垄断时代不会很长了。私人办公共事业——邮局并非独一无二。我们认

一边是排成长龙的国家邮政局业务，一边是服务周到的私人邮政业务。相比之下，私人邮政业务迅猛增长。

为应该由政府办的事业，在美国往往由私人经办（这里所说的私人一般不是指一个资本家，而是以股票方式为个人所拥有的公司)。市内的公共交通，从地铁到公共汽车，既有私人办的也有政府办的。他们各有自己的收费标准和服务对象，但有一点是共同的：谁也赚不到超额利润。因为如果你把价格定高了，马上会有竞争者占领你的市场。多赚钱的唯一办法是改善内部经营，使你的成本比你的竞争者的低。一个竞争者比十个物价监督员的力量还要大，这一点我们至今还没有明白过来。

公共交通、城市清洁、治安管理等都有私人企业，更不用说学校、铁路、航空了。如果这些企业独家承办，就会出现我们常说的“惹不起，讲不通，离不开”的顾客受气的局面。就拿上面提到的私人办监狱来说，由于政府办的监狱缺乏效率，关一名犯人一年要花三四万美元，于是有私人出来承包，伙食

更合口味，卫生得到改善。花的钱少，还使犯人满意。私人企业要想继续赚钱，就得继续把监狱办好。当然首先不能让犯人逃跑。我们常有一种习惯信念：只要企业是政府办的，多赚一些钱也无妨，因为这是取之于民，用之于民。因此，不许私营业垄断是天经地义的，不许政府企业赚钱则有悖于公益。可是严格的经济分析证明，即使赚的钱用之于民，垄断仍会降低社会经济效益。因为将政府企业以低效率赚的钱用之于民，还不如取消垄断，发挥竞争使百姓得到的好处来得大。普通百姓关心的是谁赚了钱，而不关心做这件事的效率，它投入的资源和产生的效益。一个社会要整体上富裕必须有高的经济效率，做到物尽其用、人尽其才。计划经济时代一切都由国家办，赚钱赔钱都是国家的，任何人不能从中获利，大家容忍了企业的低效率，最后弄得吃不饱、穿不暖。

美国政府的经济政策和有关法令是建筑在经济理论分析之上的。理论分析有时看起来似与常理相悖，但能从更全面的分析中指出一种政策的利弊。这里可以看到经济理论在立法中的重要作用。例如有关自由贸易的法律，似乎增加了进口，不利于国内行业的发展，但理论分析却指出自由贸易是有利的，因为它使国内的消费者可以享受廉价的进口商品，并迫使国内无竞争力的行业改组，从事美国有优势的产业。所以，美国一些行业工会和地区政治势力从局部利益出发强烈要求贸易保护，但联邦政府却不轻易接受，里根和布什总统多次否决了有贸易保护色彩的法案。虽然美国的贸易法案仍对国际贸易有不少限制，但与世界其他国家相比，可以说贸易障碍还算比较少，因为保持竞争机制是根本大计。

美国法律对垄断有极严格的限制。1890 年通过了第一个联邦反垄断法，称为谢尔曼法案。以后在 1914 年、1936 年、1950 年多次修订补充这些法律。非但不许一家公司独霸市场，还禁止几家大企业暗中达成价格和产量的协议，逃避竞争。美国制定反垄断法的缘由不仅仅是经济上的，还有政治上的。它反对权力过于集中，从而保障民主政权的稳定。甚至还有道德上的，认为竞争有利于激发人的奋发向上的精神，而垄断可能打击这种精神，叫人垂头丧气。GE（通用电力）和西屋这些大公司的经理在1961年就因协商价格被处以徒刑。犯民事案件被处徒刑，可见惩罚是严厉的。近几十年内每年都有几十家大公司受到指控犯有垄断经营罪，IBM公司的案子拖了十多年。微软涉嫌垄断一案反复多次搞得大老板比尔·盖茨提心吊胆。在我国，薄利多销，常常作为商业道德的典型来宣传和提倡，殊不知在美国比较完善的市场经济中，薄利多销是企业的竞争以及反垄断法对竞争的保护的必然结果。

美国百姓从企业竞争中得到什么好处？我们不妨通过“人民快运航空公司”（People’s Express）的盛衰来考察一番。

第二次世界大战结束时，出门坐飞机开始普及，而在那之前只有政府要员和大企业家才有条件乘坐飞机。战争结束之后，在战争中发展起来的航空工业和航空技术，战争中培养的大批飞机驾驶员和地勤人员，使得民用航空事业具备了大大发展的条件。但是美国的民航服务却没有作相应的改变，依然如故地保留着为上流社会服务的特色。过多的服饰考究的服务员，不必要的奢侈用具，堪称浪费的过量食品，当然，随之而来的是高昂的票价，这种贵族化的航空业服务使得大多数中产阶级成员望而却步，同时因乘客不足造成许多驾驶员失业。航空业的不景气是自然的了。

在这当口，一些驾驶员和有民航经验的人组成了“人民快运航空公司”。他们把服务对象瞄准广大的中产阶级。中产阶级有一定的消费能力，有出门旅行的愿望，但对太高的票价还颇为踌躇，而这一批人为数极多。人民快运公司改掉了贵族标准的陈规陋习。他们取消机上服务员，而由地勤和空勤人员兼任，谁有空谁就当服务员；托运行李要另外付钱，把节省的舱位用作货运；甚至还取消了飞机中的免费饮料，谁要喝要拿钱来买（这一规定一直维持到1986年公司关门）。结果票价几乎降低了一半，因为票价低，飞机的满员率大大提高。即使收一半的价钱公司仍有盈余。人民快运公司由于适应潮流，薄利多销，短短几年内就从几架旧飞机的底子发展到拥资十几亿美元的大事业，与泛美、联合、西北等最重要的航空公司并驾齐驱。其他公司仿效人民快运公司的经验，调整了自己的经营方针，赶了上来。而人民快运公司却没有及时察觉到这种形势变化，终于在1986年歇业。它虽然退出了竞争舞台，但是它扭转了美国民航的经营方针，使得乘飞机旅行成为绝大多数美国人能够享用得起的一种便利。1986年美国乘飞机出门的人次超过4亿，2000年达到6亿，2005年达到6.6亿，平均每个美国人每年坐飞机旅行2.2次，航空业的竞争功不可没。

从经济学来看，垄断有两种性质完全不同的原因，一种是自然垄断，任何人都无法改变它的垄断性，这种垄断还应该加以保护，以免因竞争而发生资源浪费，诸如电话网、输电线网等有一个网络系统的都属于自然垄断，其特点是用户越多单位成本越低。结果新办的生产者因为用户少，成本总比已成规模的生产者高，不可能进入成功竞争者。如果有人硬要建两套网络，必将造成资源的浪费，所以要保护其垄断性，对这种自然垄断行业，政府（或其他公众组织）要监督他们对产品的定价，以免他们利用垄断地位定高价损害消费者的利益。这些产品的定价原则是保本微利。

另外一种垄断是行政性垄断，往往是政府设置禁止他人经营同样产品而造成的，这些行政垄断性行业往往因缺少竞争的压力，有恃无恐，产品质低价高，对经济十分有害。

小结：说明垄断何以有害，哪怕是国有企业也应引进竞争机制。通过“人民快运航空公司”说明竞争如何改变了航空业的面貌。

4

节约时间创造财富

刚到美国的人多半被它那优美的自然景色和丰富的物质条件所吸引。人们常把富足归因于资源的富有。其实资源丰富只是富足的条件之一。如果不能恰当地利用每种资源，到处存在着浪费，富足仍旧是泡影。当今不少非洲国家资源丰富，可是没有摆脱贫困。尤其是国际贸易日益发达的今天，缺乏资源的国家可以按合算的价格进口资源产品，自然资源的重要性更退居次要地位。日本是资源小国，却是经济大国。我国沿海地区与内陆相比较，也是缺少资源的沿海地区较为发达；而资源丰富的内陆地区反而落后。这是我们亲眼见到的最好的例证。但所有的富国却毫无例外地有它们的共同点，那就是办事的高效率。所以，我们寻求富强之路，应该将注意力放在提高效率、消灭浪费上。有人把一切节约最终归结为时间的节约，这并不正确。因为并不是单单有了时间就可以创造出一切资源来，所以时间固然要节约，其他资源也是要节约的。首先让我们从一些小地方来看看美国人是如何节约时间的。

美国许多文具商店里都有“电话留言纸”出售，上面印着日期、时刻、受话人姓名、发话人姓名，内容栏里又分：请回

跟时间赛跑的美国人，珍惜时间对他们来说犹如珍惜生命。

电话到×××号，等一会再来电话，等等。有了电话留言纸，受话人不在办公室时，把信息传达给他就简便多了，免得对方再三再四拨电话，既浪费时间，又占用线路。一张电话留言纸所费不足1美分，而打一次本地电话要25到50美分（不同城市价格不同）。这个办法对中国同样有用。电话网的容量是一定的，受话人万一不在办公室，就要反复拨许多次。熟悉通讯理论的人都知道，使用通讯网等待的时间与通话密度呈指数关系。通讯网内电话忙，等待时间（占线）就大大延长。当某人反复拨号长时间占用线路时，可能影响另一个人的通讯线，如果他也坚持拨号，又会影响第三人，严重的时候甚至造成整个网络的阻塞。所以利用电话留言纸减少通话量，对于通话容量紧张的地区具有特别大的价值。当然，留言纸只是一种工具，它还得有人负责填写。如果接电话的人只是简单粗暴地答一声“不在”，不等你提出什么要求，早已把话机挂上，那么电话留言纸照样不起作用，通话的双方互相不见面，一方出言不逊对方也无可奈何，但在美国这种情况几乎从来没有。包括打错电话，惊扰别人，别人也会有礼貌地告诉你他的号码是多少，以便你核查是号码记错了还是电话局串线。由于养成打电话的良好习惯和礼貌态度，美国人把电话利用到最大限度。看朋友事先订约，以免扑空；问飞机或火车的时刻，并预约购票；向餐馆和剧院订座，以及商谈各种业务，都在电话里解决。试想这为大家节约了多少宝贵的时间。

最近几年录音电话在普及，当你上班不在家时它会自动回话，请对方利用录音电话通话，内容会自动录下来。你回家时立刻可以知道谁来过电话，是什么事情。但是录音电话也带来一些新问题。有些公共服务机构或大公司，用录音电话回答顾客，叫顾客自己去找分机号，把顾客支得找不着门。由于电话之须臾不可离开，不少人在自己的小汽车里装了无线电话。现在这种无线电话也开始在我国流行，起初它只被惜时如金的企业家所购用，因为它的价钱很贵。而现在价钱大大地降下来了，连在大学生中也相当普及了。

近年来由于因特网的大规模使用，获得信息更方便、更节约时间了，在网上不但可以查到火车、飞机、长途汽车时刻表，还可以购票订座位，可以详查任一街区的地图，可以查阅美国统计局提供的各种统计数据，还可以在网上办理银行业务，因特网几乎成了信息的万能博士。

观察美国大城市马路上来去的行人，可以看到大多数是行色匆匆与时间赛跑的人，但也有不少优哉游哉观光消遣的人。在地铁出入口也可以看到这两类人，赶时间的人嫌自动扶梯还不够快，在扶梯上从左边超越别人抬腿往上走。其余不着急赶路的则靠右站立。这段时间不长，大概几十秒钟吧，但是注意左右分道，以便各得其所。其实，这种节约时间互相提供方便的习惯不仅美国如此，一切发达国家都已制度化。相信在我国只要大家逐渐懂得予人方便自己方便的道理，也会采用此种方法，不过开头的时候总得有人来提倡。

大家都守时，准时开会、准时开车、准时营业等，可以避免在互相等待中浪费时间。美国许多大中城市的交通要道旁，常设有闪光的电子报时板，轮流显示时间和气温。其实，绝大多数人都戴有手表，汽车里也有钟，电子报时板真正的用途是催促人们守时。守时是合作的前提，它的确切含义是在某一时刻完成某项工作。在一个组织复杂的社会内，一个人的不守时，会影响一大片。以飞机到达后旅客取行李这件事为例，就需要许多不同岗位的人配合：飞机货舱内的搬运夫，驾驶运行李小车的司机，分辨行李去向的行李员，行李传送带的司机。他们中任何一个人不守时，都会耽误旅客提取行李，还可能影响旅客下一个旅程的安排。笔者曾乘飞机到过许多发达程度不同的国家，发现一个有趣的规律：经济越发达的国家，旅客取行李等待的时间越短。可见，人们守时的习惯无形中和经济发达及人民富裕有关。中国民航为了缩短旅客等行李的时间，曾作出过不少努力，现在许多机场距离世界一流水平已经不远。不要小看了这些小毛病，它的背后包含着更复杂而深刻的社会原因。因等待时间长而焦急的旅客未必明白，由于自己在岗位上工作拖拉，又成为另一些顾客等待的原因。现代社会中没有任何一项职业不是为他人服务的，所以等待是一种社会现象。

鲁迅塑造的阿Q，他的身上体现了许多中国人的传统习惯和爱好。其中一条就是喜欢看热闹。至今我们仍旧经常可以看到大街上围着看热闹的人群，或者看变戏法，或者看下棋、看算命，更多的是看吵架。遇到有人打架，行人往往把自己要办的事放下，伫足翘首，脸上表现出极端的关心，比起欣赏真正的演出还要专注10倍。看热闹是时间多得没有用场的人的爱好。在商品经济发达的社会里，时间有转化为金钱的潜在可能，因而很少有人肯花宝贵的时间去看热闹。世界上每时每刻都有许多人在吵架。出于好奇心而去关心别人吵架，穷一辈子的时间也看不过来，别的什么事也做不成了。我在美国生活一年多，没有看见任何人吵架，也没有见过看热闹的人群。有一次我到著名的资料资源公司去访问，回来上车时，忽闻马路上一声巨响，接着看见从天上落下来相撞汽车的碎片。所幸驾车人（两位都是妇女）都没有受伤，车子也还能勉强开动。她们把车弄到岔路上，心平气和地商量着解决问题。交换了驾驶执照号码，弄清了事故过程，3 分钟后就各自开车走了。非但没有围观的人，连警察也没有到场。马路上除了留下一些碎片，恢复了原来的平静，似乎没有发生过任何事情。当然，所以能这样，与美国有汽车保险制度也有关系。许多人都说美国人富于求实精神，我理解求实精神的特点是双方寻求可以接受的妥协办法，而把是非之争放到次要地位。更确切地讲，尊重别人也有别人的是非标准，从而有了协商的精神准备。协商是一个商品经济社会所需要的态度，与它相反的是从坚持自己的原则发展到教训别人，结果往往干出损人不利己的事。

排队是浪费时间的一大原因。彻底消灭排队现象虽然不是不可能，但是代价太高。因为服务设施要按业务高峰来安排，在其余时间就造成浪费。在美国，银行、邮局、超级市场等在繁忙时也难免排队。但他们有一些尽量减少排队时间的不成文规则。首先是每个人都自觉地有秩序地排队，而不围在服务窗口争先恐后。其实，围住服务窗口丝毫不能缩短排队时间。相反，人多嘴杂，还可能发生差错，反而浪费时间。对顾客来讲，没有先后顺序，全凭力气朝前挤，不但增加心理上的紧张，有时还为扒手行窃创造了机会。在美国，排队的头一个顾客照例离开服务窗口至少有 1 米多远。一方面避免彼此挨得太近不舒服，一方面也是尊重别人的隐私权，避免探听别人私事的嫌疑。如果服务窗口不止一个，并不是每个窗口前面都排一个队，而是只排成一个队，依次到空出来的窗口去办事。这样可以保证先来的人先服务，不会发生先来的人因为排了一个移动得慢的队，反而比别的队里后来的人还后得到服务。有秩序的排队不但能够提高效率，也使得生活比较融洽。一个人把自己和别人同等看待，彼此尊重，就能自觉地排队。把自己看得与众不同，就想夹塞。所以排队是社会民主和文明的表现。在超级市场收款点常设有快行道，专门为购物不足10件的顾客服务，因为大多数顾客一次购物都达到几十上百件。购物少的顾客可以不必等这些买大批东西的顾客，快速通过。现在美国的一些超市已经取消了收银员，由顾客自己输入商品的条形码，自己装口袋，结账后用信用卡付款。最后一道手续是称所购商品的总重量，和账单上的重量必须相符，条形码内不但有商品的价格，还有它的重量。价格在结账时用，重量在出门验货时用。他们节约人力，节约时间，真是做到家了。

坐在柜台上的服务员为了减少顾客等待，也有一套服务规范。在国内常常看到坐柜台的服务员放着长长的顾客队伍于不顾，去忙那些可以等顾客稀少时再来做的事；或者不等前一位顾客的事办完就去应接挤上前来的别的顾客，甚至手里同时压着三四位顾客的事。这些降低服务效率的规则，在美国早已被废除了，这些道理说起来简单，但如果服务员没有经过专门训练，上述现象恐怕还会继续存在若干年。美国人节约时间的方法当然远不止这些，但上面这几条是不必花投资，立刻就可以做到的。如果我们也能做到，恐怕每年能多创造出上亿元的财富。

小结：节约时间是提高整个社会工作效率的核心。遵守公共秩序又是节约时间的必要条件。

5

垃圾中的边际效用

多年来，美国人均国民生产总值居世界第七位之内（这个顺序经常有些小变动，主要由于汇率变化所引起），人均电视机拥有量也居世界第二，人均能源消耗量及电话机拥有量为世界第三，婴儿死亡率和人均报纸发行量都列第十七位。与此同时，它的人均垃圾量是世界冠军，没有任何国家能够望其项背。从1960年以来的25年中，美国人均生活垃圾的排弃量增加了50%，达到每人每天3.8磅（1.7千克），从1985年以来，又增加了16%，达到4.4磅。一个100万人口的城市每天要处理垃圾2 000吨。从垃圾量的变化、垃圾的构成及其处理方法，可以看到不少有趣的现象。

人均垃圾量的增加是生活越加富裕的结果。人们扔掉的旧报纸和旧杂志增多了，占到了垃圾总量的38%。日常生活消耗的各种物品，如洗涤剂、食品、化妆品、饮料等的包装越来越讲究，而这些包装最后都进了垃圾桶。以前包装多半用纸，现在则更多地使用玻璃、塑料、铝和其他金属。所以垃圾中铝的重量从不到1%增加到1.5%，玻璃的重量从1.4%增加到6%，其他金属的重量从0.5%增加到6%。这表明不但垃圾的数量在增加，其构成也有很大变化。由于人们对环境的关心，资源性产品价格的上涨，再加垃圾处理技术的进步，在1985年垃圾的利用率比25年前提高了将近1倍，大约有1/10的垃圾得到再生利用。而现在利用率进一步提高到27%。美国的垃圾不但包含各种废弃物，也包含旧了的家具、地毯、鞋子、炊具，乃至电视机和冰箱。美国是一个提倡消费的社会，它的生产力巨大，产品积压常常成为主要的经济问题。如果每个人将自己生产出来的产品（更精确地讲，是生产出的价值）全部消费掉，经济则正常运转。如果生产旺盛，消费不足，或者说，居民由于富裕而增加了储蓄，产品就会积压。但如果有人愿意借用大家的储蓄，进行扩大再生产的投资，整个经济仍然运转正常。可是扩大生产的最终目的还在于消费，如果多数百姓只愿多储蓄而不愿多消费，投资也受到抑制。所以对于美国来说，医治经济萧条的主要措施是鼓励消费，至少这个理论在过去非常流行，而且至今仍有很大市场。

从宏观上看，鼓励消费使得储蓄率（即储蓄占国民生产总值的百分比）低到17%（2000年中国、日本分别为43%、30%）。从微观即每个家庭的消费看，其结果是使人们异常地喜新厌旧，动辄弃旧买新，所以淘汰的日用品非常多。旧东西有几条出路：或举办“后院拍卖”，或捐赠给教堂、旧货商店，或当垃圾扔掉。在北部几个州，每到春暖花开时就可以看到各处贴有“后院拍卖”的广告，标明某月某日几点开始在某处举行拍卖；而拍卖生意在南部各州一年四季都很兴隆。向教堂和旧货商店捐赠则经常有以下两种情况，一是老人亡故，除了首饰、古董等值钱的东西分给了亲友，其余的从家具到衣物一古脑儿送到教堂处理。还有的是举家远迁，能卖的卖，大多数卖不掉，就送到教堂或旧货店。教堂经常拍卖人们捐来的成吨的衣服和用具。美国有些州鼓励百姓捐赠，所捐的东西如果能够折价，可以从收入中抵扣，减少应该缴纳的所得税。旧东西在

在美国，旧东西有几条出路：或举办“后院拍卖”，或捐赠给教堂，或捐赠给旧货商店。

美国很不值钱。笔者曾在后院拍卖中买到 1 美元的电熨斗，在教堂拍卖中买到 10 美元一套的百科全书（20 本）和 5 美元一套的西装等。举办后院拍卖的人，一天忙下来也不过卖得五六十元，还不及他一天的工资。可见他们卖东西并不在乎赚多赚少，其目的不仅在于处理多余的东西，而且使其物尽其用。否则单纯为了处理东西，尽可以一扔了之。教堂拍卖所得的收入大概也只能抵消举办拍卖的开销。相反，旧东西在中国就值钱得多了。在北京经常有人收购旧鞋子，每双几角到 1 元。小贩将旧鞋运到北方穷僻的农村，入冬时每双鞋可以卖到两三元钱。表面上看这是一个矛盾现象：相对穷的中国人却愿意花几倍于相对富的美国人愿意出的价钱，去买这些旧东西。但这个现象可以用经济学中的效用理论来解释，即商品的价值与它能提供的效用（或使用价值）成正比。冬天，在北方能穿上一双哪怕是破的鞋子，也比光着脚受冻舒服得多，所以愿意拿钱去买旧鞋。这证明价格与效用成正比。严格地说，这应该是与边际效用成正比。边际两个字用来强调有某一商品和没有某一商品在效用上的差别，特别是已经消费一定数量商品之后再增加一单位消费的效用。同样一块面包，饿的时候边际效用高，吃了几块之后边际效用就降低，所以边际效用是以前消费量的函数。

这个理论揭示了一个最平凡的然而也不太被人理解的道理，即一物的价格在某些情况下由消费者对它的主观评价决定，而与它的成本无关。众多独立消费者的主观评价在竞争的市场上会形成客观的价格，这个客观的价格落在何处要看供应的数量而定，在拍卖市场上最后一槌所认定的某人的主观评价就成为客观的价格，这个价格如果没有其他的竞争者就不会客观地形成，其他商品的价格，如股票、石油、黄金，乃至于日常用品，价格形成的原理是相同的，只不过供应方也有竞争。

正因为市场价格和单个企业的成本不成正比，企业才有赚钱与赔钱之别。如果价格等于成本，企业就没有盈亏了。只有当一切条件不变，企业处于长期竞争的环境下，价格才会趋近于成本，而这种情形并不普遍。遗憾的是，成本定价的“理论”把我们的脑筋束缚得太久了，接受新理论并不容易。

富人用一块钱比穷人用一块钱轻率，或者说，富人的钱的边际效用较低。这一现象解释了为什么许多发展中国家在环境保护方面选择先污染后治理的政策。单纯从财务分析来看，后治理的费用比先治理的费用高出许多，但穷的时候即使有钱也认为治理费用太昂贵，等经济发展起来之后，即使治理费用加了倍，也认为治理污染是值得的。

人们越富裕，就越有钱来购买奢侈品，此时社会对边际效用相对小的商品的需求就增加了。举例说，在美国最便宜的剃须刀是 10 美分一把，最豪华的剃须刀大约要 100 美元，两者相差达千倍。豪华剃须刀虽然更美观、更安全、更经用，但它的基本功能也只限于剃胡子，它提供的附加效用非常有限。廉价手表和豪华手表的价钱也可相差千倍。过去我国比较穷，奢侈品没有市场，现在情况正在变化，有少数人很有钱，买得起很贵的奢侈品。我国整体上还很穷，但是确有一些有钱人，他们的消费能力惊人。按照联合国开发计划署 2005 年公布的统计，我国的贫富差距已经进入到全球最高的行列，在全球 177 个国家中排列第 34。比较各国的贫富差距可以十分明显地看到，富裕国家的差距都很小，差距大的国家多数分布在拉美和非洲。在亚洲中国继马来西亚和菲律宾之后排列第三。亚洲国家中分配差别最小的是日本，后面是孟加拉国、印度和巴基斯坦。美国在发达国家中收入分配的差距最大。有所不同的是美国的贫富差距多半是市场造成的，而我国的贫富差距许多是贪污、走私，利用体制的空子造成的。由于中美两国富裕程度的差别而形成的效用评价的差别，提供了巨大的贸易机会。即中国可以用极低的价格进口旧用品，其代价主要是收集、分类、运输的成本，如旧汽车是值得进口的。在美国由于人力昂贵，修理费用高，所以报废的标准比较高。美国每年要报废几百万辆汽车，其中有一部分经过修理还可以用上好几年，最后还可以当废钢利用。利用美国报废汽车的另一种办法是拆卸其中的零件或材料。但是进口整车的跨洋运输费用比较贵，相对于汽车本身的价值，旧汽车运费更高。同时，这对我国汽车工业发展不利，因为我国的汽车工业还处于起步阶段，很难与先进国家的汽车业竞争。说到这一点，我倒愿意建议我国在一定时期内控制甚至禁止豪华型高级轿车的进口。

小结：说明效用，特别是边际效用在经济学中的意义，论证边际效用正比于价格。富人花一元钱购得的边际效用比穷人的低，用这一规律可以解释许多经济现象。

6

公用事业的收费原则

公用事业是指公共交通、水电煤气、公路服务以及公园、图书馆、博物馆、消防、治安等服务。在美国，这些事业哪些要收费？哪些不收费？收费的原则如何确定？这是本文要讨论的问题。

人们容易产生一种误解，以为公共事业就应该由政府来办，既然是政府办的事业，就不同于私营企业，不应以盈利为目的，所以公用事业至少应该降低收费标准甚至免费。但如果政府办这些事业赔了钱，赔的钱从哪里来？政府的钱来自税收，因此赔钱办公共事业，等于是用全体百姓纳的税，去补贴使用这些设施的一部分人。这部分人对公用事业用得越多，占的便宜就越大，这会造成对公共设施的过度使用，或形成不必要的拥挤。况且这部分人未必都是穷人，对他们的照顾也无助于社会公平。这样看来，公用事业免费或低价收费是毫无必要的。一个社会往往以照顾穷人的名义限价，其实得到好处最多的是富人。这叫富人搭了穷人的便车。例子之一就是水电的补贴。穷人用水用电只及富人的几分之一，补贴的好处大部分被富人拿去了。近年来我国许多城市兴建了以补贴价出售的经济适用房，名义上是照顾中低收入人群，事实上低收入的人根本买不起房，房子都卖给了中高收入者。这也是富人搭了穷人的便车。因为房价低，供不应求，结果有一部分未能卖给真正的穷人，使腐败有了可乘之机。

美国有一句谚语：天下没有免费的午餐。这句话可以从两方面去理解：一方面是说没有人愿意让别人白占便宜，所以想揩油是办不到的。另一层意思是说人与人经济交往的原则不允许有人钻空子拣便宜。经济学家常说的“免费搭车”，就是指上述原则被破坏后，造成资源使用的浪费和分配不公的情形。我们常说的吃大锅饭，就是指让一些无所作为的人“免费搭车”，而使另一些努力创造财富的人的利益受到损害。所以，在设计公共事业的收费标准时，应尽量避免“免费搭车”的漏

洞。正因为如此，美国公用事业的收费标准是不低的，而且随着物价水平和成本结构的变化还经常调整。例如能源危机以后，燃料费用上升，美国各地的地铁和公共汽车收费大幅度增加。虽然 1986 年物价水平和能源价格都稳定，但纽约地铁为了更新车辆，又一次上调了价格，票价从 90 美分提高到 1 美元。最近几年地铁票价又进一步上调。公用事业非但不应赔本，而且只要经营得好还应略有盈利。所以公用事业并不一定要由政府经营，美国许多城市的地铁和公共汽车就是私营公司投资经营的。纽约市有众多由小公司经营的公共汽车运营路线，它们参与市场竞争，收费虽然略高，但设备舒适，运行安全，到站准时。这一情况有点像在北京出现的人人有座位的小

公共汽车。

电话虽然是公用事业，却由私营公司经营。全美独立的电话公司共有约 1 500 家，经营长途电话最大的美国电话电报公司前几年因涉嫌垄断被法院裁定解体，分成几家小公司，以利于竞争。美国的长途电话全部由计算机管理，用户在何年何月何时，几点几分，拨通外地某一话机，通话几分钟，该收多少费用等信息，全部贮存在计算机里。月末，计算机将一个月内的全部通话记录打印出来，并算出包括本地通话费用在内的本月总账，由邮局寄给用户，作为应付款的凭据。

美国市内公用电话通一次话的费用比家用话机的相应费用略高。1986 年在纽约每次市内通话要 25 美分，在波士顿只要 10 美分。近几年已作了调整，多半调到了 25 美分。这个价钱未必正好等于打一次电话的成本，恐怕主要是方便投币，因为美国 1/4 美元的硬币用得很普遍。家用电话机的收费标准有几种，由用户自行选定。一种不限通话次数，每月收一定的费用；二是固定话机费加每次通话费的累计；三是每月收费一定，但通话总次数不得超过若干。根据用户不同情况，电话局可以采取成本最低的管理办法，例如不限通话次数的用户就可以不必加装记录通话次数的设备。长途电话的收费标准相当复杂。每分钟的通话费用首先与通话距离或经过中继站的数目有关，越远越贵；其次与通话发生在一天中哪一时刻有关，工作日上班时间最贵，下班后到夜间 11 点其次，11 点以后及休息日最低，最高价与最低价相差可达 1.5 倍。此种计费标准的设计原则是收费取决于成本，鼓励用户夜间通话以充分利用设备容量，同时也避免大家都挤在线路繁忙时通话，使需要设备容量不得不扩充，导致成本增加。

美国还有一种免费长途电话（其实是由受话方付款，因为“没有免费午餐”)，用于企业对客户的服务。这类电话在拨叫时都先拨 800，所以 800 成了免费拨叫的代号。还有一种由受话方付费的电话，电话局先问受话方，现有某某人打来电话，是否同意付费，得到同意后才接通电话。这种电话的话费要高出一倍多，因为需要电话员的服务。

原则上，使用公路也要收费。收费公路每一个出入口处都设有管理处，汽车进入时领取一张凭证，以资识别汽车在哪个地点开始驶入。当汽车驶出收费公路时，管理处根据汽车行驶的距离计费。收费标准还随汽车的重量而变。由于美国汽车拥有量极大，一次次交费耗时过多，而收的费又不高（大约每100千米1~2美元），为了避免麻烦，也为了减少收费管理的成本，大多数公路都将该收的费并入汽油的售价中。车主买汽油的同时也支付了必要的养路费等费用。只有那些通过特殊渠道集资修建的公路，特别是大桥、大隧道，仍实行收费制度。如果这些大桥大隧道是往返必经之路，为了节省收费时间，往往只在一个方向收费，一次收费就将往返两次的费都收了。

电价是经常引起社会争论的话题。因为电力工业是垄断工业，一个发电厂通过电网向一定范围内的用户供电，不可能再有第二个电网进入竞争。电厂和电网由股票持有者所有，他们投资的目的就是为了赚钱。如果政府对电厂的经营不加管制，电厂可能将电价定得极高，用户由于别无选择只能减少用电量。

经济学的理论分析证明，对于缺乏竞争者的垄断行业，价格不能由唯利是图的企业单方面确定，而必须由政府管制。相反，对于有充分竞争的行业，企业追求利润原是天经地义的事，政府对价格不应加任何干预，而且不必担心价格过高，因为不合理的过高的价格自然会因竞争者的参与而被压抑。这一套理论支持了政府对电价的管制。铁路原也被认为是垄断行业，价格也是政府管的。但从1980年起，政府解除了对铁路的价格管制，因为公路、管道、航空等多种运输方式进入了市场竞争。

接下来的问题是政府如何确定电价。看起来唯一合理的办法是运用成本加合理利润的公式。可是如果肯定了这个公式，电厂就失去了改善经营以降低成本的积极性，甚至把各种不合理的开销也打入成本，例如公司领导的私人消费，这种情形在我国是不少见的。正因为如此，最近大家越来越认识到政府管制垄断行业的毛病，又有放松管制，采用多种方式治理的倾向，包括舆论界的监督，学术界的专门研究。1987年美国电力行业和政府的主要争论是：前十年内新建的大批电站由于用电量大大低于十年前的估计而没有投入运转，这批电站的建设费用能否计入成本？如果允许进入成本，此例一开，以后电力行业将毫无顾虑地扩大投资，造成不必要的浪费；如果不允许进入成本，今后电力行业将拒绝投资，造成电力供不应求。2000年发生的加州电力供不应求就与此有关。不仅是电厂，凡是政府管价格的行业都会出现这种两难境况。而且对于垄断性行业，这种困境也是无法改变的。这里我们能看到竞争性市场力量的自然合理性。对于垄断行业缺少了竞争的作用，怎么管理也弄不好。而有市场作用时，不去管它也没有问题。但是有些产品可能有看不见的质量问题，比如食品安全、电器安全、环境污染等，这还需要政府管制。在美国，电价和其他一切商品的价格一样，供不应求时价高，供过于求时价低。一天24小时内，白天和傍晚电力供不应求，夜间则供过于求。所以电费要分时计价，这要求设置分时电表，能分别记录不同时段内的耗量。这两种电价相差可达一倍以上。但普通家庭由于用电量不大，多半不安装此种复杂的电表。全国家庭的平均用电量1987年为每月700度，平均电价接近每度10美分。

顺便说一句，美国的火车票、地铁票，莫不随时间和季节而调整。一般是周末两天的票价较低；65岁以上的老年公民避开上下班拥挤时间，可以享受折扣地铁票价；飞机票在淡季也有折扣。按照淡季旺季调节票价是经济规律所要求的，我国铁路在春节期间是否涨价是一个引起争论的问题。2006年的春节规定卧铺要涨价，座席不涨价。2007年改为一律不涨价。出发点是让回乡的农民工可以享受正常票价。可是效果并不好，首先是一票难求。为了买一张火车票起早排队，附加的成本并不低，就算能够买到票，也很难挤上车。历经千辛万苦上得车来，车里挤得水泄不通，上不了厕所，搞得怨声载道，但是黄牛党票贩子、制假票者，铁路内部管售票的个别人员内外勾结，都发了大财，可见如果违反经济规律，代价是很高的。

2003年全美国有各类图书馆1.27万多个，其中公立图书馆9 211个，学院图书馆3 527个，图书馆的服务人员各为13.6万人和9.6万人。没有听说过有一家图书馆要收费。但服务对象有些限制，例如学校图书馆仅对本校师生开放，然而在实际执行中几乎任何人都能随便进出。占总数45%的公共图书馆则对一切人开放，不要任何证件或介绍信，而且一直开放到书库，读者可以进入到任一书架前，随便翻阅。图书馆的开支是惊人的，仅大学图书馆（占全美国图书馆的15%）一年支出在1985年就达24亿美元，1995年增加到43亿美元，2000年已达到50亿美元。在这里，“没有免费午餐”的原则不再适用。因为提高教育水平是消除社会不公平的最主要的途径，受教育，包括进入图书馆，已成为人的基本权利之一。有些博物馆（如美术馆），其性质介乎教育普及和文化享受之间，其收费办法变为在某些特定条件下免费，例如每周有两天，或对学生免费。

公园的收费办法类似于博物馆。娱乐性的都要收费，休息性的多不收费。消防、治安等服务，则无例外地都是免费服务。如果救火要收费，则户主可能不愿雇救火队而造成火势蔓延，殃及邻里。

最近引起剧烈争议的关于公用事业收费的问题是城市内的拥挤路段是否应该收过路费。高速公路收费大家已经从不习惯变得习惯，但城市公路收费还难于接受。反对的第一个理由是增加了百姓的负担，但不收费并不等于没负担，城市的道路肯定是有成本的，现在的道路成本是由一般的纳税人负担用路收费之后，道路成本由用路的人负担，普通百姓的税赋反而减轻了，尤其在我国，坐小汽车的人都是有钱有势的人。拿普通纳税人的税去补贴有钱有势的人用路，显然于理不合。用路收费之后可以部分缓解贫富人的税赋不公平问题。但拥挤地段用路收费的好处远不止于此。它最大的好处是能够彻底消灭马路堵车的现象，从经济学的道理看，任何一件商品如果价格定得太低，必定造成供不应求，造马路是有成本的，大城市里造一条路牵涉大量拆迁，成本非常之高，但用路的人既然不必交费，当然形成供不应求，只好依次排队，这就是堵车。收费之后，供求相等，堵车就被消灭了。

有人担心停车收费降低车速，但现在的技术可以做到不接触的电子扫瞄收费，收费不但不会损失车速，反而可以大大地提高车速。堵车时车辆移动缓慢，道路的通过能力极大地降低，用路收费之后，进入道路的车辆密度受到控制，两辆车之间的间隔保证正常车速下的安全车距，车辆可以以正常车速驶向目的地。在道路不拥挤的时刻，如半夜和凌晨，停止收费，充分发挥道路的输送功能。有人担心原来准备买车的人因为用路费增加负担而拒绝买车，会影响我国汽车制造业的发展，事实也许正好相反，许多人不买车是因为堵车，有了车也开不动。用路收费之后，只要付了费可以畅通无阻地到达目的地，车辆能充分发挥其效用，变得值得购买了。

用路收费之后，市政府不愁没有钱修路，只要开车的人愿意出钱用路，造多少路都可以，所以堵车永不发生。我们也不必担心道路修得太多，误了其他用途对土地的需要。相反，正因为用路不收费，要满足免费用路的人对道路的需要，路一定修得超过正常需要。

用路收费是世界上极少有的、只有好处没有坏处的措施，但因人们的偏见很难通过实施。新加坡和英国伦敦已经有了实践经验，但在我国因为政府公车数量巨大，用路收费由公家出钱，其效果要大打折扣，所以用路收费最好和公车改革一并实施。

小结：公用事业的收费标准应尽量做到政府不补贴，也不多赚钱。但由于缺乏竞争市场，这一点很难做到。有一些公用事业带有服务性质，或者为了照顾低收入阶层，收费较低甚至免费，成本由全体纳税人负担。

7

美国人如何看待“按劳分配”

“按劳分配”的概念有其理论基础，这就是从斯密到李嘉图，又到马克思的劳动价值论，这个理论认为一切价值都是劳动创造的，因此收入的分配应依劳动支出的多少而定。

但是在美国，人们除了劳动收入还有其他收入，例如将钱存入银行可获得利息，拿来买股票可得到股息，将房子或土地出租则可获取租金，等等，这些都是劳动之外的收入，非但在美国如此，在其他资本主义社会也是如此，甚至在中国这样的社会主义国家，同样存在利息、租金等非劳动收入。可见这是一种普遍现象。如果我们不拘泥于传统的劳动价值论的话，就会想到：除了劳动，是否还有别的产生价值的要素？现代经济理论的结论是：劳动、资本、自然资源是产生价值的三大要素。这倒不是说资本和自然资源会自动创造出价值来，而是说，有了资本和良好的自然资源，可以帮助劳动创造出更多的价值。这一部分额外的价值不能归功于劳动，而应归功于资本和资源。只有这样，人们才会努力积累资本，改进资源的可利用程度，并从中得到非劳动报酬。所以美国人不但有“按劳分配”的概念，还有资本报酬和资源报酬的概念，认为这三种报酬都是合情合理的，当然也是合法的。

绝大多数美国人以劳动报酬为生，或主要依靠劳动收入。据统计，美国的劳动收入占总价值创造的81%，非劳动收入只占19%。过去半个多世纪以来，劳动收入在整个国民生产总值中所占的份额一直在缓慢稳定上升，从20世纪30年代的75%左右上升到本世纪初的81%。[①]

[①] 见 Leonard W.Weiss: *Economy and society*，第269页。

美国的工资标准是凭什么确定的呢？要回答这个问题，首先要了解不同职业人的实际收入是多少。在美国很忌讳去打听别人的收入，但各种招聘广告却能够透露出一些信息。美国各大城市的报纸都设有这类广告专栏，有些学术性杂志刊有征聘专业人才的消息；马路两边的墙上，商店的橱窗里也都可以看到“聘请帮手”的招贴，不过后者多数是请临时工，不是定正式的长期录用合同。这些广告有的明码标价，说明每小时报酬若干；有的则只给出一个报酬范围，确切数字留待面议，不过也有一字不提的。一般情况下，短期雇佣多为明码，长期录用则有待双方商议。因为确定工资数额是一种费时间精力的谈判，只有对涉及重要职务的长期录用才值得花成本去作仔细的调查和比较。

在美国，收入最高的阶层既不是科学家也不是国家领导人，而是经理阶层。他们的年收入可从十几万到百万美元，个别的杰出人物竟达一两千万美元。这不仅包括他的薪俸，还包括股票增值、分红等收益。由于经理阶层收入最高，美国最豪华住宅的主人多是腰缠万贯的经理们。

在美国，获得诺贝尔奖的教授的年薪也只有二十多万美元，通常正教授年薪为十万多美元。在大公司的科研单位任职的科学家的薪俸稍高些，在政府任职的官员的薪俸相对要低一些，他们之中总统的薪俸最高，也仅20万美元。而一位女秘书的年薪一般仅三万多美元。女售货员的薪水还不到三万美元。薪水的高低不仅与职务所需的知识水平和所受的训练有

在美国明码标价的年薪

关，也与职业的稳定性有关。正教授和政府官员近乎铁饭碗，所以待遇较低。经理们的报酬波动很大，其职位也远不如铁饭碗，所以待遇较高。美国的警察待遇很高，可与教授相比，不但因为这一职业要求很高的文化业务知识（警察常常代表政府），而且在执行公务中常有危险。井下矿工的待遇则超过大学教授，其原因也是不言而喻的。以上所指的薪水都是未扣所得税的毛收入。为了防止贫富差距过大，美国实行累进所得税制，即收入高的那一部分的税率较最初的几千元的收入税率高。近 20 年来，美国不断降低了所得税的最高税率，在 1986 年的一次减税中，将最高档的税率从 50%降到 27%，和欧洲一些资本主义国家相比，美国的税率是很低的。克林顿总统提出增税方案，将年收入为 18 万美元以上的个人所得税税率从 31%提高到 36%，而且年收入超过 25 万美元的那部分还要再增收 10%的税。最近布什总统又在酝酿减税。除了政府官员的薪水由其上一级决定（政府官员也有各州统一的工资标准）外，其他工资基本由市场供需决定。而且，官员的工资也要受市场的制约。因为如果高于市场，人们趋之若鹜，就会超过政府的需求；如果过低，则会出现无人应聘的情况。

与世界上其他国家相比，在美国高收入者与低收入者的收入差距是比较大的，但在美国还没有发生过穷人革富人命、造富人反的事。他们比较容忍这种差异，彼此相处相安无事。但是在中国不患贫而患不均的传统非常强烈，究竟穷人和富人能不能和谐相处便成了问题。国内有些学者给出的答案是否定的，[①]果真如此的话，和谐社会只能由全部富人或者全部穷人来组成。全部是富人目前还不可能，因为全社会生产不出那么多的财富来。全部是穷人倒是可能的，我国解放后就执行了这么一个政策。先是消灭了农村的地主富农，以后城市里的私企老板被合营，到“文革”全国范围的抄家彻底消灭了最后的富人，中国变成了穷人国，没有人买得起房，买得起车，还有两三亿人到春天就要饿肚子。从贫富来讲这个社会倒是和谐了，可是一旦打开国门，发现外国人很富有，心理仍旧不平衡。除非我们能把革命进行到底，把全世界都变成穷人。这当然是说笑话，不过穷人和富人和谐相处恐怕是唯一可供选择的道路，具体的做法首先是收入的规范化，杜绝非法收入的渠道，如贪污、以权谋私。其次是富人应对穷人伸出援助之手，穷人应该知恩图报，这样才是一个和谐社会。

① 《中国财富》杂志 2007 年第 2 期第 51 页

我在波士顿的那一年（1986），圣诞节市场购销两旺，一方面有大量商品应市，另一方面有巨大的购买力，可是商店没有足够的售货员。在这种情况下，售货行业的临时工工资竟抬高了将近一倍，连一些加减法还算不大清的小青年都被召去临时帮忙。在闹市的商店里贴着大幅招请帮手的广告，标明的待遇一天比一天高，使人感到赚钱的机会多，赚钱也容易。

一位在哈佛大学读书的青年朋友（现在在国内某名牌大学任研究中心主任），曾当过清道夫、图书馆管理员、宿舍的夜间值班员，最后到剧场里带座兼当纠察，专门监视观众中抽烟的人。事实上美国人非常注意公共道德，在剧场抽烟的事简直是闻所未闻，所以他的工作便成了拿钱看戏。当然，找工作中倒霉的事也不少。1986年以前美国的移民法规定，不符合法规私自找工作的外国人要被罚款，在纽约和旧金山这些外国人多的城市里，一些雇主（特别是餐馆老板）借此机会把外来人的工资压低到低于法定的最低工资标准，而受雇者只能忍气吞声，不敢去告发。1986年以后规定雇方同样要被罚款，这大大减少了非法找工作的机会。

工资是劳动在市场上的价格，正如我们所熟知的，价格可能是扭曲的。为使价格不致扭曲，必须有供方和需方的平等自愿的谈判和公平的竞争。和别的国家一样，对一切人平等对待、保证同工同酬，远不是件容易的事。美国历史上就存在着对黑人和妇女的歧视，为了保障基本人权和消除劳动市场上的不公平竞争，美国从20世纪60年代以来通过了不少禁止歧视的法律。受到政府资助的机关必须明确宣布本单位提供“同等雇佣机会”，并把这一行字印在公用信笺上。

夏威夷大学经济系主任、华裔教授洪家骏先生说，他在当系主任期间招聘教授时，不敢问应聘者的种族、性别，甚至年龄，否则出了纠纷可能被人以歧视罪起诉。美国有些州规定要优先录用黑人，或者黑人和妇女比例高的单位在拨款等方面享有特殊优惠。此项政策类似我国少数民族地区的干部政策。但它引起了经济学家和社会学家之间的争论，前者认为优先照顾任何一类人都破坏了公平竞争的原则，后者认为黑人和妇女本来的地位就比白种男人低，他们之间表面上的平等竞争，实际上是承认了黑人和妇女原来的不平等。这种分歧的实质是经济学家强调效率，而社会学家强调公平。

在我国，按劳分配中的“劳”，大家都认为既包括体力劳动，也包括脑力劳动。但分配是取决于投入劳动的数量和质量，还是取决于劳动产生的效果，在这一点上看法是有差别的。而这两者有时的确是不同的。对于竞争性的商品而言，价格最终将趋近于成本。把这个理论推广到劳动这种商品，就会认为劳动的价格（或报酬）取决于劳动的数量和质量，包括劳动者维持家庭、生儿育女的开支，以及培养此劳动技能所必需的教育开支，而与劳动所产生的效果无关。所以“没有功劳有苦劳”的人也应得到同样的报酬；而创出的价值大大地超过所支付的劳动价值的部分就成为没有原因的财富，谁得到这一部分谁就有剥削之嫌。赞成劳动的报酬应该由劳动所创造的价值决定时，这报酬就和投入的劳动无关。无效劳动将得不到报酬，而创造价值高的劳动可以得到极高的报酬。显然，后一种原则更有利于提高劳动的效果。在美国，报酬是明确地取决于劳动创造的财富而不是投入劳动的成本。歌星凭他的歌喉，影星舞星凭她们的相貌身段，都可得到几十倍于常人的收入，这些收入与直接投入的劳动无关，但没有人说他们是剥削。经理们的高收入也与支付的劳动关系不大，而主要与他们的创新精神，在不确定条件下作出决定并敢于承担风险的勇气以及他们的运气好坏有关。这样一种分配观念有利于进取革新，提高社会的生产率，但显然并不公平。好在美国人已习惯于这种是非观念，过高的收入又有累进所得税加以限制，所以这种分配原则还会继续下去。

对劳动报酬的争议的主要分歧来自按劳动的投入计酬还是以劳动的产出计酬。我们常从成本决定价格的观念看待劳动报酬。这就是以劳动的投入决定报酬，没有功劳有苦劳的人也应该计酬。但是对于像劳动、土地、资金这些生产要素而言恰恰是不可以以成本论价格的。因为它们能够创造财富，所创造的财富就是它们的价格（地租、工资、利息），与成本无关。

按劳动的产出计酬就是看劳动为社会创造了多少财富。一项专利、一项建议、一项咨询，只要赚到了钱或节约了开支就是财富的创造，应归为劳动者的报酬。这是按劳动的产出计酬。按投入计酬还是按产出计酬，哪个更合理？无疑，按产出计酬更合理，因为这样能激励人们更多地为社会创造财富。

在一个理想的竞争性劳动市场上，劳动者能将自己所创造的财富全部作为工资收入归己所有，不可能多创造而少回报被剥削。如果某人每月能创造 2 000 元财富，而老板只给他 1 500 元，剥削他 500 元。另一位老板愿意给他 1 600 元，只剥削他 400 元，仍旧有利可图。第一位老板因竞争而退出。但可以出现第三位老板，这个过程一直继续到支付的工资等于他创造的财富为止。事实上的剥削往往发生在对劳动者权利的否定，如克扣工资、加班而不给加班费、恶劣的劳动环境、不允许工人组建自己的工会、削弱他们的谈判地位。这些都属非法行为。

也许人们会问，如果资方不能剥削工人，他们所创造的财富都拿回去了，为什么资方还会雇人？答案是资方能够从合作中得到剩余，因为一加一大于二。资本能聚集劳动、技术、市场，生产出产品，创造财富，这部分创造成为投资方或企业家的收入。

一切社会财富都是生产要素创造的。在竞争性的市场上财富都被创造它的人拿回去了，社会上没有任何剩余。这样的收入分配原则应该说是公平的，但并不平等。个人与个人之间收入差异很大。为弥补这个缺陷，需要有市场之外的机制参与进来。

小结：在市场经济内，除了劳动还有资本和自然资源也可以获得报酬，因为他们帮助增加产出。劳动报酬并不取决于劳动的成本，而取决于它所创造出的价值。然而这引发了社会公平问题。

8

漫议超级市场

大家都知道，自动售货机的优点是提高效率，因为它昼夜营业，而且节省人力、节省用地。但从社会中人与人的关系来看，自动售货机有着更深一层的意义，它彻底实现了“金钱面前人人平等”的原则。只要有钱，就能同样地买到东西；没有钱则绝对买不来，不管你是大通银行行长还是美国总统。而且它的服务一视同仁，对华丽的衣着、高贵的肤色、显赫的地位，不为所动。自动售货机的另一个特点是它永远诚实可信，做生意的人常常喜欢标榜自己童叟无欺，而实际上能否做到，却令人怀疑。自动售货机却真正是童叟无欺。

我们常常深感我国由于缺少一个秩序良好的市场而形成了种种弊端，做买卖光有钱不行，还得有关系；交换缺乏信用，不小心常常上当；在入世之前像土地、出口限额、进口许可等还排除在商品交换之外。要是我们做每一笔交易都能像和自动售货机打交道一样地享受到公平和诚实，市场秩序问题就不存在了。

在美国，自动售货机使用得相当广泛，街头巷尾、地铁、车站、剧场、邮局、机场和公园，都可以见到它。但自动售货机只适用于出售质量整齐划一、品种单纯的商品，例如，罐装饮料、巧克力、香烟、邮票等。近几年自动售货机的原理又推广到银行业务，出现了电子自动银行，顾客通过电子自动设备提款、存款、查账。现在和银行打交道也可以享受更为平等和诚实的服务。

自动售货机的这些优点能否推广到其他商品交易中去呢？在实践中对这个问题的回答是自选商店或称超级市场的出现。

在超级市场买东西，除掉最后一道手续——结账和包扎需要有人服务外，其余如询价、挑选、寻找商品等则完全如同与自动售货机打交道一样，交易过程排除了人的感情因素，几乎完全避免了人和人之间的对话。不会讲英语的人能利用自动售货机，同样也可以利用超级市场。不少来到美国的中国人，由于语言障碍，最初一段时间只会在超级市场买东西，不敢到和人打交道的商店去采购。第一次走进美国超级市场，往往只被那琳琅满目、品种齐全的商品所吸引，而看不到在这些表面现象背后的重要变化。

试想一下，一家普通的百货商店如果也要供应同样齐全的商品，将有什么结果呢？由于种类太多，一个营业员不可能记住全部商品的定价、摆放位置及有关商品的知识，因此必须为每一类商品配备一名专业售货员。可是当有顾客光临时，这位售货员就得应答顾客提出的问题并帮助挑选。如果此时来了第二位顾客，势必在后面排队，他可能等得不耐烦，挤上前来，结果就是我们经常在百货公司看到的，柜台前挤满人，乱作一团，引起纠纷。这在改革开放以前是极为经常发生的事。购买东西、满足消费欲望，本来是一件叫人高兴的事，可是由于这种种麻烦，大家反而视之为畏途。在超级市场买东西，除了结账可能要排队，其他的地方不可能发生排队的现象，更不会发生纠纷。

由于超级市场不设售货员，商品由顾客自行挑选，所以商品必须满足三个条件：第一是明码标价，第二是规格整齐划一，第三是有完备的说明。不能满足这三个条件的商品就不能陈列在超级市场的货架上。譬如说，通常秤分量出卖的诸如

美国的超级市场，各具特色，或以广告见长，或以优质服务见长，或以优惠价格取胜。

米、糖、饼干等商品，全都得改为定量包装。农产品如猪肉、西瓜等，在质量和数量上很难像工业品一样整齐划一，但自从超级市场出现之后，农产品的生产也尽可能做到工厂化。西瓜按个出售，它们的大小差别比肉眼能觉察的差别小；猪肉各个部位的质量差别很大，上超级市场货架的猪肉在屠宰时要严格按部位分类包装。

所以说，超级市场的出现，不但对包装工业提出了新的要求，而且极大地改变了生产过程本身。这一切变化的最终结果是生产、运输、销售的规格化，这一变化节省了人力，提高了劳动生产率。

我在美国波士顿市居住时，住处附近的三个超级市场都在步行距离之内。我比较过这三个市场的经营方针，发现它们各有特色。最远的一家地处闹市区，交通十分方便，顾客也最多。它24小时服务，增加了营业成本，但由于顾客多，仍然有利可图。与其他两家相比，同样的货色这家店的标价要高出5%到10%。陈列的商品档次也较高。从门口所停的汽车，可看出光顾这家店的顾客比较富裕。商品价格高而照样有人买，原因是商店的位置好，顾客觉得方便。由于繁华区房租地价都高，这也增加了商店的成本。

价格的灵活性并没有造成任何欺骗或投机的机会，这和我们习惯上设想的不同，我们大多数人很怕国家放松价格管制，认为自由定价必然造成物价上涨。这里的关键因素是要有充分的竞争。如果他们店中商品标价高出其他商店标价的部分，超过了他们所提供的方便，顾客便自动流向其他超级市场。给顾客提供充分选择的机会，是保证价格合理的根本方法。

离我住所最近的一家超级市场，商品最便宜。低廉的价格是最好的广告，所以这家超级市场节约了广告费用。他们还采取了别的一些降低成本的措施。例如录用残疾人，不但残疾人工资较低，而且政府对雇佣残疾人的企业有减税优待，顾客出于对残疾人的同情也愿意前来光顾。有跛子当收款员，还有聋哑人帮助顾客将所购商品装进口袋并送上传送线，一直送到靠近停车场的车道旁。由于残疾人多，劳动生产率低，店员比一般超级市场多，店内的清洁程度也比不上那些豪华商店。这家商店是我去得最多的地方，在那里常能买到碰瘪了的食品罐头或临近销售期限的食品，即所谓的处理品，价格可以便宜 1/3 以上。但买回来放在冰箱里即使过期几天也完全能食用。这些处理品在别家超级市场虽然偶尔也能买到，但数量远远不及这家多。因此我怀疑这家的处理品是从别家超级市场批发来的。第三家超级市场以广告见长。它的广告不上电视也不上报纸，而是通过邮局或专门雇人将印好的广告成叠地在附近地区挨家挨户地分发。广告上详细介绍该店在何时对什么商品大减价。居民欲享受此项优待必须将该栏广告剪下，去该店购货付款时将所剪下的广告交给收款员。最使我感到惊奇的是该店常常白送礼物给顾客，只要将广告剪下，就可以得到诸如金枪鱼罐头、大瓶可口可乐、牙膏等礼品，价值多半在 1~2 美元。后来我才发现他们这样做确有过人的高明。因为美国人的习惯是一星期左右采购一次，一次就得买上几十件甚至几百件商品。超级市场只怕顾客不上门，只要有顾客光临，平均每位顾客买几十美元乃至上百美元的商品，商业利润就远超过花费在礼品上的一两美元钱。赠送礼品正投合一般人喜欢占小便宜的心理，结果是商店赚了大钱。

附带说一句，美国人在超级市场购物的数量常使我对他们的购买力感到吃惊。他们通常一次购物整整一小车，价值上百美元。超级市场之间竞争激烈，这保证了价格的合理，并促进管理成本的降低。一些管理不善或经营方针失误的店家常常在竞争中倒闭。

我刚到波士顿市时，靠近哈佛大学的一家大型超级市场已经倒闭，人们正在将房子改建，做别的用场。为了生存，超级市场聘请管理专家研究降低成本、提高效率的办法。举例说，市场规模应多大，品种齐全到什么程度，这里都大有学问。品种更全一点可以吸引更多的顾客，但这样势必采购进一些难得有人买的冷僻商品，它们同样占据货架，但周转很慢。如果市场规模很大，商品非常齐全，货架的利用率一定很低。

由于超级市场经营的需要，现在已发展出一门专论超级市场管理的学问。我们看到的琳琅满目的商品和井井有条的管理，其背后凝聚着许多专家的研究成果。

小结：从自动售货机到超级市场，其特点是童叟无欺、公平合理。这种高度有序的交易对市场建设功不可没，超级市场提供顾客巨大便利，但它凝聚着管理专家的心血。

9

再谈超级市场

超级市场几乎是每个美国家庭离不开的日常生活品的供应源。由于它童叟无欺，明码标价，节省了讨价还价的时间，解除了顾客怕上当受骗的心理障碍，大大节约了交易成本，提高了商业效率。如果你来到一个陌生的国家，对当地商品的价格心中无数，很容易上当吃亏。建议你去超市购物，决不可能被欺蒙。正因为超级市场不靠价格上的投机取巧，彼此的竞争只能从改善经营和提高内部效率上着眼。其结果一方面是消费者受益，因为流转成本降低，消费者花同样多的钱可以买到更多的商品；另一方面生产者得以增加产量，降低成本。所以超级市场为生产和消费两方面得益、繁荣经济，作出了重大的贡献。它的出现彻底地改变了零售商业的面貌，提高了社会的经济效率，这绝不是一件小事情。在我国，超级市场是从国外引进的，它的管理还比较落后，里面的商品反而比一般商店的贵。但这是过渡现象。随着管理的改进，超级市场的优点一定会表现出来，进而改变我国零售业的面貌。超级市场要增加竞争力，一条主要的方法是增加品种，保证满足顾客的多种需要。以面包为例，一般中等规模的超级市场里就有六七十种，除掉烤熟的，还有配好成分放进烤炉就能烤成的生料，它在冰箱里放上一个月也不会坏。那里出售不同形式、不同长短、不同材料的木螺丝钉，装在一个小袋里；铁钉也是不同规格的装成一袋。类似这些既方便顾客又有钱可赚的增加品种的经营之道，我觉得国内的商品还有许多可以利用的机会没有开发。

增加品种给超级市场带来管理上的复杂性。对于每一个具体品种，必须知道库存量还有多少，预计什么时候要售罄，并根据不同商品的提前订货期决定何时发出订单以免脱销。万一脱销，失去赚钱的机会还是小事，影响商店的声誉却是大事，因为顾客不喜欢到一家经常缺货的商店去买东西。增加库存固然可以避免脱销，但有仓库面积的限制，而且积压了流动资金，也是经济损失。尤其复杂的是食品，因为食品都有限定销售期，顾客挑选时总是选货架上同一品种中销售期最远的，商店还必须知道剩下的食品哪一天到期，对于接近销售期限的商品需要降价处理。美国市场是一个多变的市场，每种商品价格经常在变化，超级市场要随市场的变化而变更商品标价。如果要想盈利，就要估计市场可能的变化，选择最有利的进货渠道。以上这一切对于品种单一的商店来说，都不是问题。可是对于有几万个品种的超级市场来说，就成为复杂得难以想象的课题。随着电子计算机应用的推广，这个问题才逐步获得解决，超级市场的规模才得以进一步扩大。

20 世纪 70 年代末期发明了商品条形码。它是一组粗细不同的黑色线条印在商品的包装纸上，标准的销售码有 30 条线，每条线代表 0 或 1，所以这相当于一个十位数的数字（因为 $2^{30}=1.074\times10^{9}$）。销售码包含有商品的规格和厂家信息，换言之，只要知道条形码，就可以查出是哪家工厂生产的什么商品。但条形码中不包含价格，因为商品出厂之后价格还会变化。商品进入超级市场之后，经理给它规定一个价格，此时条形码所对应的价格就可以通过计算机查出。当商品从超级市场售出时，付款处收银员将条形码对准光屏扫描口过一下，计算机随即在收款单上打印出品名和价格，同时在库存商品单上注销。这种先进的方法可以提供高效率的管理，但投资比较大，所以还有些小型超级市场未能采用。

超级市场增加竞争力的另一个方面是改进销售服务，其中包括包换商品、退货、包修，还有折扣优惠。

我曾经在超级市场买过一只自行车用的气筒，买回家后发现和车胎上的气门接不上。我的房东告诉我，这种情况百分之百可以退货。但我已将商品的包装破坏，如果退货，虽然打气筒依旧是新的，可是已不能再陈列到货架上去了，店方将遭受损失，而且这个损失是由于我自己选购不当造成的，所以我拒绝这样做。最后我还是把这只打气筒带回了国。房东劝我去退货，因为他觉得这是顾客的权利。

还有一次由于工作需要，我买了一台高级电子打字机，价格是 264 美元，过了一个月我去买别的东西，发现同样的打字机标价 160 美元，标签上注明，折扣的原因是该机在当作陈列品时说明书丢失。显然这是某位不讲道德的顾客把说明书拿走了。

此外，超级市场里选购的一切商品都要在付款处计账付款，但我多次见到有人在超级市场里把食品吃下肚去，当然也就无从计账。尤其是超级市场里经常发生盗窃，有的超级市场因偷窃造成的损失而倒闭。凡此种种都增加了销售成本。但对于其他形式的商店，它的销售成本还是算低的，而且它确实博得了顾客极大的信任，解除了商业活动中的一道主要心理障碍。

超级市场之所以能保持商品低价格，有赖于一个非常发达的商品批发网。从蔬菜的冬夏价格相差非常小这一点，就可以证明批发网所起的巨大作用。按蔬菜的自然生长规律，同一地点的冬夏生产成本差别是很大的，但利用不同地点的气候差别，就可以经常得到用低成本生产出来的蔬菜。从生产方面看，每个地区都可以充分利用自己在气候、土壤、降雨等资源方面的特点。所以在美国东部各州所吃的柑橘几乎都产自佛罗里达州，西部则产自加利福尼亚。而全美都能吃到产自达科他州的土豆。北部各州夏季蔬菜都是本州货，但冬季则吃从中美洲进口的鲜菜。批发网的任务就是为超级市场提供各地产品的价格，让他们选择规格和价格最相宜的产品。批发商所起的作

在美国难得看见排队，但超市和邮局算例外。

用是重新调配资源的流向，使得生产成本最低的生产者发挥其生产的优势，避免叫没有优势的生产者去生产。所以他们优化了资源配置，对国民经济作出重大贡献。我们有的同志不明白批发商所起的作用，想要减少中间环节，取消中间商，以为可以降低商品的成本。这个看法是有问题的。围绕着批发商又有一个组织复杂的运输网和仓储系统，以适应农产品收获集中而消费在空间和时间上都十分分散的特点。有一次，在高速公路上，一辆带拖车的大型卡车由于超载出事故倾翻，报上报道了车里装的东西有鸡、蛋、牛肉和多种水果及蔬菜。本来大卡车里装的什么东西我们无从知道，但这次事故却披露了美国运输网组织的复杂性，它并不是单一品种的直达运输，而是根据生产和消费的需要来安排的多品种的搭配运输。对于这类易腐食品，运输线的两端都要有冷库设备。品种的搭配要求能最大限度利用运输力，这更是一件复杂的组织工作。

批发、运输和仓储系统的发达使成本大幅度地降低，不过同时用于计划、统计、通讯、储运方面的开支增加，两相比较当然是得大于失。这种组织方式使美国的经济结构发生变化，农业在国民生产总值中所占的比例从 1965 年的 3%降低到 1990 年的 2%，2000 年又降低到 1.4%，而包括批发、储运、通讯、计划等第三产业的比例，则从 59%上升到 69%以上。

附带提一句，上述生产组织的变化必须有一个前提，即畅通全国的运输网。美国宪法第一条第九和第十款，禁止各州对进出口货物课税。在美国，汽车通行全国，除汽车牌照和驾驶执照，不需任何通行证件，也不会碰到进城收取的各种税费。

商业是要靠信誉的，而不是靠欺骗来发展的，自动售货机和超级市场的经验，突出地证明了这个道理。

完全依靠信誉的另一种商业活动就是邮购。在美国，除了大百货公司同时经营邮购业务之外，还有专门的邮购商店。这种商店根本就没有门市部，这样就节约了相当一部分成本，商品的价格能够有所降低。他们经营的商品全在由他们印发的邮购手册中标明。大的像个人计算机，小的如彩色胶卷都可以邮购。其办法是用普通信件寄去一张个人支票，说明商品的型号代码，商店将支票兑现后立即将商品从邮局寄上。小件的由邮差送上门，大件的凭邮件通知到邮局去领取。

邮购商品提供了特殊的方便。邮局业务所覆盖的面总比一般商店覆盖的面要广，一些离开商店较远的边远地方，只要能通邮，就能利用邮购商店。现在有了因特网，可以在网上购物，比邮购又进了一步。有些老人不便出门，却可以方便地利用网上购物。网上购物为了博得顾客信任都有很宽的退货优惠。照相机、音响设备等在三个月试用期内可以退货，店方原银奉还。这种过硬的信誉保证使网上购物不断走向繁荣。当然也有个别不自觉的顾客利用三个月的试用期揩油白用。幸亏这种人为数很少，否则邮购和网上购物只好关门大吉，广大顾客也将失去这种方便服务。所以商业和经济的发达建立在供需双方自觉的信誉基础上。

小结：超级市场和邮购业务能够提高交易效率，但需要顾客一方同样自觉地遵守商业道德规范。这说明超级市场的普及如何改变了美国经济的结构。

10

美国的进口货

美国人的日常生活离不开进口商品。超级市场也好，百货商场也好，货架上陈列的商品中进口货大约占到1/3。视听设备，包括电视机、录像机、磁带、收录机，过去至少有60%来自日本，现在中国货越来越多；马路上跑的汽车大约1/5是日本货；衣服多半是亚洲产品，特别是中国货近年来增加得很快；过去电器（熨斗、吸尘器、电子表等）多半产自香港或台湾，现在也让位于中国内地。上面说的是大众化的中低档商品，它们的价格都比相应的美国产品便宜，质量虽稍逊，但也美观耐用。

至于高档商品中进口货更占重要地位。法国的香水和酒、意大利的首饰、瑞士的高级表、德国的豪华轿车，都是整版广告介绍的重点，也是中产阶级向往的。

美国虽然是农业大国，农产品出口约占总出口量的15%，但食品中也有大量进口货。巧克力和奶酪来自瑞士，啤酒来自西德，中国的青岛啤酒也日见其多，许多水果来自中南美洲和东南亚。

进口商品对美国各个阶层人群的重要性可以这样来估计：如果停止进口，一般群众就买不到价廉物美的用品，富有阶级不能享受世界上最精美的产品。这会使他们支付更高的价格而又降低生活质量。

那么，是不是商品品质的标记，各国都喜欢用美国货。现在美国货的市场很大一部分被日本、德国和中国的产品挤占。MADE IN JAPAN（日本造）成为大家追求的东西。但在某些领域里，美国货仍独占鳌头。譬如民航客机、大型电子计算机，这些大件头商品一件就值几百万甚至几千万美元。世界各国离不开美国的这些高技术产品。农产品特别是粮食，也是美国大宗出口商品，许多国家要靠美国粮食来吃饱肚皮。

美国从进口的商品得到利益，外国也从美国的出口得到利益。所以进出口交易是同时有利于双方的买卖。按说，这是一个很容易明白的道理，可是流行的关于进出口贸易的不少观点，却并不符合这个道理。

发展中国家技术水平相对落后，常常对外国的制成品有浓厚的兴趣。另一方面，自己的产品又不大能吸引外国客商，出口发生困难。由于出口少而进口多往往造成外贸逆差，这就给我们造成了一种印象，似乎是应当尽量争取多出口，争取外贸有顺差才好。于是创汇本身就成了一项国家任务，可是如果我们考察一下外贸有大量顺差的国家和地区，如日本和台湾，可以发现他们的巨额顺差也造成了国内的经济问题，主要是资金外流，影响国内扩大再生产的投资。近年来我国连年进出口有顺差，再加外国向中国投资，中国积余了 1 万亿美元的外汇储备，对世界经济造成了巨大不平衡。所以逆差顺差都不是好事，而且就全世界作为一个整体而言，各出超国的顺差之和必等于各入超国的逆差之和。换言之，如果我们要争取顺差，必定要逼迫某些国出现逆差。

美国从 1976 年起外贸就出现逆差，而且逐年扩大，1986、1987 两年达到 1 500 多亿美元的最高峰，以后逐渐降低，但仍有六七百亿美元之巨。20 世纪 90 年代末贸易赤字又大幅度上升，2001 年达到 4 300 亿美元，2005 年达到 7 160 亿美元。这里很自然地出现这样一个问题：进口商品是要拿钱去买的，从日本进口，就要用日元支付。现在日美之间的贸易美国是逆差，这一事实证明美国有大量日元购买力，那么日元是从哪里来的呢？

国际间支付手段（可以把它想象为钞票）的流动，除了商品交换这一渠道，还有资本流动的渠道。20世纪90年代初日本有大量资金流到美国。夏威夷岛避暑胜地整片的房地产都被日本人买走；纽约、旧金山许多著名建筑物成了日本人的财产；日本人不但买了不少美国企业，还在美国开办了新企业，汽车制造厂是其中一个主要行业；日本银行还在美国购买美国政府债券，以赚得利息。日本人在美国投资先要将日元换成美元，因此美国方面就有了日元结余，可以用它来进口日本货。当然，获得日元的人未必就是日本货的进口商，这里要靠银行和外汇市场帮忙。

美国舆论界对于这种趋势颇为焦虑。由于美国的法律并不禁止将土地出售给外国人，所以这样发展下去，或许会有一天美国成了日本人的财产，这还成何体统！所以舆论界号召要减少进口，增加出口，平衡贸易，外国人就不容易有多余的钱来美国投资。可是美国百姓对这种号召似乎反应冷淡。

美国人一般是很爱国的，这从几件事情可以说明。1986年挑战者号航天飞机坠毁造成7名宇航员死亡。事故的第二天，许多美国民宅不约而同地挂出下了半旗的美国国旗，以示哀悼。每年7月4日国庆日，城市乡村都有许多自发的纪念活动，晚上的焰火晚会都有成千上万的男女老少参加。其实，焰火的色彩和数量都不及天安门放烟火的1/10，但人们一样热烈兴奋。每次发生美国人在国外遭到暗算或被绑架，全国同仇敌忾，比之非美国人遭遇类似事件时要激动百倍。

尽管美国人很爱国，但他们对外国货却照买不误。在这一点上华裔美国人就表现不同，多数70多岁的华裔美国人拒绝买日本小汽车，宁可买费油且可靠性也较差的美国车。一方面这是出于第二次世界大战时对日本人的仇恨，另一方面是因他

尽管美国人很爱国，但他们对外国货却照买不误。

们幼年时在国内曾参加过抵制日货的运动。美国人对于买日本货（或其他外国货）有他们自己的解释，他们认为如果美国货不及外国货，为了爱国而买国货，结果反而惯坏了美国的企业。要爱国，就要让美国企业到世界市场上去竞争。从这一点可以看出美国人对于爱国和市场的看法。最近几年美国制造的汽车质量也提高了，已经可以和日本车相比了。可见美国人的想法不是没有道理的。总的说来，美国人比较地认为市场是中性的，人们在市场上的选择应由市场来决定，这和爱不爱国没有关系。我们从出入境的美国海关的态度也可以看出这一点。不论是美国人或外国人，从国外买便宜东西进口，或从国内买便宜东西出口，虽说超过一定限量也要上税，但限量定得很宽，而且海关从来不把旅客自用消费品进出口纳税当作认真的任务。他们主要是查毒品和武器。

中国人为了爱国是不是应该抵制日货？尤其是日本右翼人士对“二战”中在中国所犯罪行的轻描淡写，激起了中国百姓的公愤，在这一点上我和大家有共同的感觉，但对抵制日货我并不赞成。首先贸易是一件双赢的事，抵制贸易把能够双赢的事破坏，损人损己，于理不合。当然，买什么商品是个人的选择，别人无权干涉。然而，就经济学的理论来说，禁止交易是一件十分严重的事，关系到世界和平和供应安全。

经济全球一体化以来，国际贸易使全世界的资源在世界市场上分配，不会因争夺资源而引起战争。中国、美国、日本等石油进口国都缺不了石油，都在争夺有限的石油资源。但因有了国际市场，通过价格竞争，不可能打起仗来。万一有某个石油出口国因为对某国不友好，拒绝向该国出口石油，这将是一个极其严重的事态，引发战争亦未可知。事实上第二次世界大战之前，没有全球经济一体化，资源就是要战争来分配的。日本是一个资源穷国，没有煤，没有铁，连粮食都不够（现在日本人吃的粮食中就有60%靠进口），但它需要发展，它看上了我国东北三省丰富的资源，在1931年发动“九一八”事变，侵占了东北三省，六年后进而侵占中原大地，目的主要是争夺资源。现在日本仍旧是资源贫乏的国家，但成了经济的强国。由于全球经济一体化，争夺资源的战争永远不会再有了。但万一市场由于政治等原因而被破坏，获取资源除了打仗就没有别的办法了。所以保护国内国外市场，关系到世界和平和人民福祉，切不可粗心大意。

是什么可能破坏世界市场？往往是政治因素，做买卖不看价格而看亲疏，这就破坏了市场规则。全世界的政治家应该以保卫市场为第一己任，不应该在市场中玩弄政治、破坏市场。像石油、粮食这类关系国家安全的商品的供应一旦停止，战争在所难免。

世界经济一体化虽然使争夺资源的战争一去不复返，但战争并没有彻底消失，现在的战争往往不是为了资源，而是意识形态的不同，人类如何避免因想法不同而引起的战争，还需要极大的智慧。

一个国家应该出口它具有生产优势的产品，并进口它只有生产劣势的产品，这称为国际贸易的比较利益原理。这个原理简单明了，但在实践上却远不是简单的事。首先，什么是一国具有生产优势的产品，什么是生产劣势的产品，判断起来就很不容易。我国就一直在发生同一种产品一方面在进口，另一方面又在出口的怪事，甚至同一批货放在仓库里并未移动，却首先卖到香港，接着又买回国内，白给港商赚了几十万美元。我国的石油该出口还是该进口的问题曾经讨论过若干年，至今事实上已经在大量进口，讨论也没用了。今后是不是还要更多地进口又在争论之中。其次，即使确定了某种产品应该出口，可是应该出口多少最适当，则是一个更难回答的问题。这些问题在市场经济国家内是极容易解决的——出口能赚钱的产品就是具有生产优势的产品；进口能赚钱的就是只有生产劣势的产品。其理由很简单，在市场经济内钱能买到一切商品，因此，从实践上钱可以作为商品价值的客观度量（理论上的证明可以暂时不问）。赚钱就是增加了一国的价值。但当钱不能购买一切商品，还需其他附带条件时，比如票证、配额、批文等等，钱就失去了客观度量价值的特性，所以在非市场经济国家内，赚钱的买卖未见得利用了比较利益。例如有的单位有外汇指标，能以牌价购进外汇用来进口商品。此时进口赚钱未必真的为国家增加了价值。另外，一些单位没有外汇指标，当他们需用外汇时不得不亏本出口。上面提到的怪现象，都是由于钱失去作为一切商品媒介的属性而引起的。除了依靠市场，没有别的办法可以判定一国应该进（出）口什么产品，以及进（出）口多少。在“‘金钱万能’的经济学意义”一文中，我们再来作进一步的讨论。

小结：进出口交易的目的不是创汇，而是各方发挥自己的优势，避免劣势以赚得经济利益，一国资金的流出流入不但与进出口商品有关，而且与相互投资有关。

11

喜欢旅游的美国人

我的房东太太那时是一位年近六旬的职业妇女，在哈佛大学经济系做秘书。她的丈夫于5年前因脑溢血去世，但她的经济状况并不紧张。除掉每年有近3万美元工资（因是资深秘书，她的工资属女秘书中最高的一档），还有一座宽敞的住宅，归她独自享用。为了排解寂寞，也为了增加收入，她还出租两个房间供房客住，这每年可以增加约1万美元收入。另外她还经营股票，这是她丈夫留给她的可以随时变成现款的金融资产。总之，她是经过了一辈子努力现已挣得稳固经济基础的中产阶级的一员。

人们常说，人活着是因为有希望。如果一个人对自己的前途有信心，哪怕只是幻想，就绝不会想到死。但人越老，前景中的机会就越减少了；自己从过去的事业中隐退下来，原来的希望已很难维持了。所以老年人要保持对生活的信心，必须依托于新的希望。在中国，老年人常把希望寄托在儿孙辈；但在美国，老一辈和新一辈之间的关系很淡漠。我那位房东太太有4个子女，除有一个儿子在当地，其余均分散在世界各地。但我在她家住了半年，只见她儿子来过一次，可见儿子在她生活中并不占据什么重要地位。那么她对生活的希望寄托在哪里呢？在旅游！她每次谈起过去到海外旅游的经历时，总是兴致勃勃、眉飞色舞。最近她给我写来一封信，而其中最精彩的一段便是她再次去瑞士和意大利的趣事，写得绘声绘色。

旅游是要花钱的，过去只有阔气人家才有远游的机会，但近一二十年内，西方各国经济发展迅速，普通中产阶级都有财力每年出门旅行。收入水平中等偏下的家庭也相继效仿，每隔一两年便进行一次节约式的观光。1987 年美国人花在旅游消费上的钱达 3 560 亿美元，约占该年国民生产总值的 8%。到 2005 年此数达 6 190 亿美元。换句话说，平均起来每个美国人每年中近一个月的辛勤劳动所得是用于出门旅游的。随着百姓收入的提高，用于旅游的支出比率还在增长。过去的 10 年中美国人出国旅游的花销整整增加了 1 倍。一般的家庭在根据自己的收入安排其日常生活时，首先要保证食品开支，其次是考虑购买住房和耐用消费品，最后才谈得上旅游。因此家庭收入增加时，食品以外的开支相应增加。这个规律不但适用于某一特定的家庭，也适用于不同地区和国家的居民，即食品开支占家庭总开支中的比例，富裕的人较低，贫穷的人较高。

旅游是美国人的一大爱好。背上行囊，游走世界各地。

例如根据我国的统计，1990年城镇居民的食品开支占总开支的54%，而农民则占59%，说明城镇居民的收入高于农民。到2000年这两个比率分别降低到39%和49%。到2005年又降至38%和45%。又如同为城镇居民，1957年时食品支出占总支出的58%，1964年上升到59%，说明这7年中人民收入水平略有降低；改革以来的10年中这个比例持续不断地减小(但1989年以后两年内此比例略有上升，因为食物计划价格的调整)，说明人民真实收入不断上升。

美国人平均食品开销只占总开销的16%，所以有很大的剩余财力从事其他活动。

食物开支的比例随收入增加而减小的规律在经济学中称为恩格尔定律，它在作富裕程度的纵横比较时十分有用。但它在具体应用时要注意价格扭曲造成的影响。

例如我国粮食价格在取消粮票之前，定量之内比市价大约低出一半，使吃定量供应的家庭食物支出的比例降低。又如我国城市居民所住公房的房租偏低，说明家庭总支出中有一部分由于政府补贴而没有表现为货币开支，这又人为地抬高了食物支出比例。食品支出比例的变化只能说明过去家庭消费结构的演变，如果要预测今后消费结构的变化就要用另一个概念，即家庭年收入如果增加100元，这新增的100元中分别用于食品、耐用消费品、住房、旅游的各占多少。这种对新增加部分的分析在数学上称为增量分析，在经济学中有一个专门名词，即边际分析。平均数分析重在总结过去，而边际分析重在预测将来，后者在作决策研究时有更重要的意义。前面提到美国的国民生产总值中约有8%用在旅游上，这是平均数分析。从边际分析看，美国人新增加的收入中用于旅游的则远不止8%，而是有20%用在了旅游上。所以今后旅游业还将有很大的发展。

与边际分析相对立的另一种分析方法是有无分析法，它比较一件事物有或没有将会产生什么不同。有无分析法的一个例子是“无农则不稳”。没有了农业，一个国家不生产粮食，当然是万万不可以的，所以农业最重要。然而，这样的分析方法容易误导人。当农业问题彻底解决之后，农业仍是最重要的，而且永远是最重要的。分析农业重要不重要用边际分析法，即在目前的情况下增加一点对农业的投入和对其他行业的投入，何者效果更好。当农业的投入逐渐饱和之后，就应增加对工业或服务业的投入。所以边际分析是对现状的分析，现状变了结论也跟着变化。

大约是1998年中央电视台组织了一次国际大专院校辩论赛，请我去当点评嘉宾，辩论的双方分别是西安交通大学和新加坡南洋理工大学，辩论的题目是“发展知识经济，是社会科学重要，还是自然科学重要”。双方都用有无分析法，当然得不出结论。应该用边际分析法，缺什么补什么。“文革”时中国把全部文法科的大学都关闭了，造成文科人才严重短缺。增加对社会科学的投入显然更重要，但投入增加以后，情况就变了，未必仍是社会科学最重要。所以边际分析的结论随当时当地实际情况而变。

另一个边际分析的指标即所谓弹性，弹性是两个百分比的比例。旅游的收入弹性是指人们的收入每增加1%时旅游支出就增加百分之几。美国人出国旅游开销的收入弹性是2.5，换言之，以百分比表示的出国旅游开支的增加速度是人们收入增加速度的2.5倍。旅游将人置于一个完全不同的环境中，它给人一种新鲜感，让人摆脱每日为生活奔走的压力和处理复杂人际关系的小心翼翼的心态，使人处于精神上完全松弛的休息状态。所以旅游业给人的最重要的满足并不是大吃大喝等物质上的享受，而是通过环境的改变使紧张的精神状态得到缓解，从中感到满足。若豪华旅游而处处受气，这对人不会有吸引力。相反，来到贫困荒凉的不毛之地，只要能受到热情坦诚的对待，就可以留下一个终身难忘的愉快回忆。

美国近年来蓬勃发展的一个行业是黑人旅游公司，它专门组织黑人的旅游。黑人参与白人团体旅游，虽然未必一定受到歧视或侮辱，但总有点不自在，这就破坏了旅游所要达到的调整心理状态的精细的功能。专门的黑人旅游避免了这种心理负担，所以它能够兴旺发达。现在黑人及其他少数民族每年的旅游花销总数已达 250 亿美元，占全美旅游花销总数的 9.6%，远低于这部分人口占全美的比例（15%）。这从另一侧面说明这部分人的收入水平大大低于白种人的。

美国每年出国旅游的人数从 1990 年的 4 460 万人，增加到 2000 年的 6 130 万人，2005 年的 6 390 万人，此数超过了美国人口总数的 1/5。其中 2/3 的人去欧洲和加拿大，剩下的多数去美洲地区，来中国的不到 5%。去欧洲及中南美洲的人多，主要有两个原因：一是距离近，可以节省路费和时间；二是文化背景相近，听得懂话，看得懂路标和广告。由于同样的原因，更多的美国人是在国内旅游。美国人每周工作 5 天，星期六和星期日休息。两天的休息便可以开汽车在半径 500 千米（车行 5 小时）的范围内活动一番。美国联邦法律规定节日假和周末休假连在一起（这和我国相似，不同的是美国的节日规定在相近的星期一，周末的假日雷打不动；我国则规定节日假不变，将周末假移到节日假）。这时形成“长周末”，更是出门旅游的好机会。

旅游的能力主要取决于经济条件和闲暇时间，这可从旅游者的年龄结构得到证明。虽然各种年龄的人都参加旅游，但更多的人集中在两个年龄段，即 20 岁左右的和 50 岁以上的，尤其是后一个年龄段的人数最多。因为他们家中没有幼儿需要照料，大半辈子的积累使他们有充足的财力，较长的工龄保证了更多的有薪假。就业前的青年人没有职业的羁绊，打零工的收入或家长的支持可以满足他们对外面世界的好奇心。

我的那位房东太太之所以对旅游如此向往，正因为具备了以上两个主要条件。她最经常去的地方是欧洲，旅游的主要活动是滑雪。她每次从欧洲回来，总是回味无穷地向同事们介绍滑雪的惊险经历，同时着手准备下一次的滑雪用具，特别是长长的雪橇（其长度正好符合飞机托运行李的限制）和笨重结实的滑雪靴。在中国，60 岁的老太太不要说滑雪，会骑自行车的也为数甚少。我从她带回来的照片看，也感到她那一身打扮有点滑稽。但从她当时的表情，使人感到一种毫无掩饰的兴奋，而那是只有孩子才会有的稚气。这使我部分地懂得了她如此热衷于去欧洲滑雪的原因。可是使我惊讶的是她最近一次从欧洲回来时竟没有把雪橇和滑雪靴带回来。我带着嘲笑的口吻说："滑雪毕竟是一项危险的运动，年纪太大，以后洗手不玩了吧？"可是她答复我说，现在发明了新的滑雪装，而且可以出租，以后再去玩更方便了。这更加清楚地表明，已处在夕照之中的她，通过旅游仍在追逐着生活的奇晖。

是的，人越老越要有执著的入迷精神，这样才会活得有意思。

小结：人们的消费结构随着收入水平的上升而改变，介绍了收入弹性的概念和恩格尔定律。随着人们收入水平的上升，旅游上的花销比例在增加。

12

有关“行”的经济学

衣食住行四大生活要素，“行”列在最末，但它并非最不重要。

在判断一件事物诸要素的重要性时，前面我们讨论了一种似是而非的逻辑方法，即用假设缺少了某一要素的后果来判断。“无农则不稳”就是这种逻辑的一个例子。经济学中普遍应用的一种方法是增量分析法，即按当时的实际情况，对每种要素增加一些数量，比较他们的结果何者最有价值。当粮食已经足够多时，增加少许粮食的价值退居次要地位，可能增加一些交通的方便反倒更为重要。

笔者最近参加一次关于环境保护经济政策的国际学术会议，会上讨论环境安全、国防安全、食物、人权等何者是最重要的问题。运用上述的增量分析方法，很容易解释何以发达国家对环境质量的关心一般超过发展中国家。用他们的尺度来建立国际共同遵守的环境标准，对于尚未完全解决温饱问题的一些发展中国家显然是不适当的。因为对后者来讲，再增加一些食物比再改善一些环境品质更为重要。而对发达国家来说，食物问题已基本解决，增加食物的必要性次于改善环境的必要性。最近颁布的一些环境标准提高到和欧洲发达国家一样的水平，这并不合适。而我国许多农村由于乡镇工业的发展，环境破坏严重。有的地方政府，不考虑可持续发展，政府睁一眼，闭一眼，百姓深受其害。

上述的增量分析方法也称作边际分析，边际分析是对现状的分析，又是用增量来作比较。这种概念渊源于微积分，是将数学应用于经济学的产物。一百年前的马克思时代边际分析刚刚问世，那时普遍用平均值分析。平均分析是对过去的总结，用它来推测将会发生什么，不及边际分析有效。美国交通运输的建设曾经有过几次高潮。19 世纪中后期曾经有铁路建设高潮，在短短几十年中造了几十万千米铁路；罗斯福新政以后出现了公路建设高潮，这个高潮一直持续到第二次世界大战之后；六七十年代以来又出现了航空建设高潮，新飞机、大机场不断投入运用。一个世纪的交通建设的积累使“行”的方便得到保证，“出门难”观念已被“出门乐”所代替。

美国有 80%的人口居住在城镇，对他们来讲，最重要的交通问题还不是出门远行，而是每天的上班、购物和社会交往。美国城镇人口中的 65%居住在不足 10 万人的中小城市中，那里日常交通主要靠私人小汽车，公共汽车则很少。正因为乘公共汽车的人少，行车间隔时间长，往往要等上半小时才有一班车，这又反过来促使人们更不愿意利用公共交通。这一现象说明了经济学中的一个重要概念，即规模经济。有不少经济活动，参与的人越多，成本越低，效率越高，因而能吸引更多的人参加。在我国也有同样的情况，越是大城市，利用公共交通的人越多，行车越密，也越方便。

美国的大城市中高楼密集，人口密度极高，如果大家都用小汽车，不但造成道路拥挤，而且连停车的地方也难找。另外，大城市又得到规模经济之利，公共交通既方便又便宜。所以这些城市不但有迅速舒适的地下铁道，而且地上的公共交通

在美国，不但有发达的地上交通，而且地铁系统也相当发达。

也相当发达。

城市原是工业化的产物，现代社会已发展成为信息社会。消息的沟通，人员的直接接触，商品生产中的分工和合作，这一切要求用最低的费用和最短的时间来实现。空间的接近是实现这种沟通的条件之一，其结果是使城市更加密集化。所以上千万人口的大城市相继出现，拥挤的问题更为突出。

我们知道，土地是不能搬动的，我们无法将一块空地插入到闹市中心。变通的办法是用高速交通工具将城中心和郊区联系起来，将这一部分郊区和那一部分郊区联系起来。小汽车和完善的道路设计再加上自动化的交通管制就可以做到这一点。在高速公路上的小汽车的车速经常可以达到每小时 100 千米，因此，小汽车半小时行驶距离的范围可以覆盖 7 850平方千米的面积，这是用速度和能源来换取空间的策略。美国最大的一些城市如旧金山、洛杉矶、纽约、休斯敦，都用这种以速度换取空间的布局。

在城中心上班的不少人，家住在几十千米之外空气新鲜的僻静乡间。也有不少人先开汽车到铁路车站，再换乘地铁进城，正像北京人用自行车连接地铁车站到宿舍的一段距离。由于居住的分散，不少大型购物中心，甚至政府机构也都迁到了乡间。

这种布局和传统的城市布局完全不同，其优点是借助交通使得每一块土地的使用变得灵活，不必受制于其地理位置。这种策略在经济学上可称交通费用和土地利用价值的相互补充，即多花一些交通费用（包括旅行时间的代价），使交通覆盖的面积扩大，则可供利用的土地越多，土地的价值便得到更充分的开发。

这种策略对于土地资源缺乏的国家更有意义。中国的人均土地面积占有额为美国的1/4，因此，发展城郊交通对国家的经济更有必要。同时在交通技术上注意革新，发展出占地更省、速度更高、耗能更少、安全可靠的新式交通工具，将进一步有效地利用土地。

城市公共交通在美国不是社会福利，标价不但要保证成本开支，还要有合理的利润。当然，对百姓来讲福利越多越好，可是不要忘记，因福利而开销的钱，它所消耗的劳动和材料都不是从天上掉下来的，同样是百姓自己创造的。福利只是一部分人无偿地为另一部分人劳动的代名词。因为交通不是福利，所以公共交通不但由市政府主办，也由私人运输公司经办，互相竞争。

大城市的公共汽车都严格按钟点开行，在车站上往往挂有行经本站的时刻表，汽车内有全线的时刻表，可以免费提供。时刻表分平时和假日两种，车次间隔时间都不相同。他们的标价制度很复杂，总的原则是按供需条件而定：节假日票价低；避开上下班高峰时票价也较低。但总的水平大约合到每张票1美元。这种收费标准在西方各国都相仿。例如西柏林地铁正常票价为2.7马克，约合1.5美元；特别是西柏林的地铁没有检票口，没有人查票，全凭乘客自觉购票。由于偷漏票的人很少，取消检票员可以节省一笔监督费用。德国百姓的这种自觉性很使我惊讶。回头看看北京的地铁，已经运行十多年了，不要说自觉买票，至今还有人没有学会先下车后上车。到站后车门一开，上车的人争先恐后，唯恐占不到座位，和下车的人发生冲撞。附带提一句，一直到1989年，北京公共电汽车的起码票价还是5分钱，在物价成倍上涨的几十年内纹丝未动，一名售票员一个工作日的售票所得可能还够不上他一天的工资和福利开销。单纯从经济考虑，取消售票员也许还能减少公共交通公司的亏损。这里有一个条件，即买月票的乘客仍能自觉买月票，且能遵守上下车秩序。这说明社会成员自觉程度越高，越能节省社会的监督费用，整个社会就会变得越富裕。现在票价上涨了一点，但是仍然不足以保本，每年市政府要补贴近十个亿。

政府补贴公共交通，几乎是世界各国政府的通常做法，目的是减少私人汽车的使用，以缓解拥堵。但是在本书第6章里说明，解决拥堵的最有效办法是用路收费。从百姓的角度看，一个是补贴，一个是收费，当然会选择补贴。这种选择的结果不但用路补贴，水费、电费也补贴，甚至补贴到粮食住房，造成市场的巨大扭曲，损失了经济效率。这种补贴往往是以照顾穷人的名义通过的。但真正获益多的是富人，富人一个家庭的用电量可能十倍于穷人的用电量。大家呼吁要降低大学学费，但读大学的学生多半是中等收入以上的家庭子女，还有人要求政府补贴房价，提供经济实用房。很明显，穷人绝不会买房。所以许多补贴是在照顾穷人的名义下帮助了富人。亚洲开发银行驻北京办事处的首席经济学家汤敏博士称，这是富人搭了穷人的便车。这种不合理的现象之所以去除不掉，主要原因是大家没有看到补贴最终是百姓自己的纳税，而并非政府能创造财富，这和我国的税制设计有关。我们的税制设计有意无意地不将纳税明码标价。人民创造的财富中约有20%纳了税，而纳税人自己还感觉不到。

大城市之间的旅行可以选择飞机、火车、长途公共汽车或私人小汽车。比较起来飞机最贵，但也最快最安全（至少与私人小汽车相比是这样）。例如纽约到波士顿每小时一班的飞机飞行半小时，票价65美元，而火车或公共汽车约为30美元。如果开小汽车，汽油费加上汽车折旧大约是25美元（距离约350千米）。所以对这种中等距离的旅行以小汽车最节省，如果能找到一个同伴，两人分摊费用，则开销还可减少一半。所以在美国的校园内经常可以看到征求结伴驾车旅行的广告。

有的学校这种广告发展为非常有组织的活动。除了日期、目的地，还有各种附带条件可以双方协商，例如中途停靠地点，是否兼运行李，是否帮忙开车（长途开车是很辛苦的）。这种广告沟通的结果对个人来讲是节省了旅费，对社会来讲是充分利用了汽车的运载能力，减少了浪费。但是在我国，为了保证税收，打击地下经济，这种行为是非法的。在美国很普通的上下班拼车运动（几个住所相近的人合用一辆车）在我们这里理论上可认为是黑车，即偷税的出租车。

一个社会的致富之道，从根本上讲只有“人尽其才，物尽其用”一条路，而不是什么新奇的发明（除非这发明导致人才和物资的更好利用，或满足人们的新的感官及精神上的需要）。一个社会的每个成员能致力于提高各种资源的利用效率，则很快就能变富。把提高效率而节约的财富用来奖励这位有贡献的成员，就能动员每个人去堵塞浪费的漏洞。相反，如果眼睁睁看着大大小小的浪费而人人都无能为力，这就说明经济体制中存在着问题。用马克思的说法，是生产关系阻碍了生产力的发展。

长距离旅行还得靠飞机，因为从东海岸到西海岸即使以每小时 100 千米的速度每天开车 8 小时，也要一个星期才能到达。在美国坐飞机不一定要事先订座，在飞机起飞以前到机场临时购票就可以了。坐火车或长途汽车也都不必事先购票。不过大多数人还是愿意先买好票，这倒不是因为怕买不着票，而是事先计划可以选择标价较低的日期和路线。

美国大小城市都有旅行服务社，它们可以向你提供那些有折扣优待的机会，甚至为你安排一个具体的旅行计划。这样的服务并不收费，它们只从出售的票款中得到售票单位的回扣。换言之，你在旅行社购票并不比在车站机场购票付的票价高，有时候（特别是飞机票）还更低一些。旅行社为社会所作的贡献就是疏导旅客，事先从旅行计划上避免许多旅客不约而同地挤在同一列车或争上同一架飞机，同时又有另一些航班的座位闲置。尽管他们并未参与“生产过程”，而且这种旅行社实际上都是“皮包公司”，但他们为物尽其用出了力，所以也从中得到报酬。

现代社会之所以称作信息社会，正是因为社会创造的财富约有 2/3 是通过交换信息而使原有资源得到更充分利用而获得的，而直接从生产中得到的财富反而只占总财富的 1/3。这种乍看起来极其反常的现象却表明了世界上一切国家在发展过程中无一例外的趋势。这一事实无非说明在改善生产和消费过程中的组织和配合存在着巨大潜力。用快速、廉价、灵活、方便为特征的“行”的发展，是优化这种组织的必要条件，可见“行”这一行业对经济的进一步发展绝不是可有可无的。

比较各种运输方式的货运成本，以海运为最低，输送能力也非常强大，缺点是速度较慢。铁路运输在平坦地段的成本可与海运相比拟，但在山区不论建路成本还是直接成本都成倍上升。公路运输成本较高，近年有高速公路和大型拖拉车的广泛应用，降低了公路运输成本，但仍不能和铁路相比，降低运输成本对经济发展有巨大的促进作用。一个地方的生产优势由于运输成本降低可以惠及更远的地方。过去半个世纪中世界市场上的粮价降低了一半，其中一个原因就是运输的作用。在生产成本高的地方少种粮，从成本低的地方进口，使总的粮价降低。国内贸易也起同样的作用，所以强调粮食自给自足不是一个聪明的政策。过去几十年由于高效发动机的出现，船体设计的改进，船舶调度和吨位的充分利用，使国际贸易有了巨大的发展，其增长速度大约超出全球财富的增长速度。全球贸易与全球 GDP 的比例已从 20 世纪 70 年代的 20%左右上升到 2003 年的 55%。但这一趋势将来会有所改变。因为全球财富生产中有形的财富增加得慢，减少了对运输的需求。

小结：说明了边际分析的含义，它是对现状的分析；而平均分析则是总结过去。强调了交通发达如何提高土地利用。介绍美国提高交通效率的各种途径。

13

多生产未必多享受

我在美国租过几处房子，有的是向房东租的一间卧室，也有的是我联合几个房客向房产公司租的一套住宅。比较长的一段时间是和另外3个中国学生合租一套公寓住宅的一个楼层。

这层楼里有4间卧室，另带厕所兼浴室，以及一间客厅兼厨房。厨房很宽敞，有两个大冰箱。可是对我们4个单身房客而言，这仍旧不够用。因为大家平时都忙，只有周末才有时间去超级市场采购，一次要买一个星期的菜，所以冰箱常常挤不下。我们每个人还面临一个两难抉择：超级市场最小包的蔬菜也够一个人吃三四天，因此每星期买菜只能买两种，要买第3种菜调剂一下胃口，它们势必在冰箱里存1周以上，最后菜烂了，只好扔掉。好在美国的蔬菜相对很便宜，多数人采用了多买几个品种，到最后扔掉一部分的办法。但对我们在艰苦环境中长大的中国人来说，扔掉一些菜总觉得十分可惜。再说这也使冰箱显得更不够用。

这样的浪费有没有办法避免呢？

有的。一次我去探望另一位中国同事，他的居住情形和我的相同，也是4个人合租了一套住宅。他们的厨房比较小，冰箱只有1个。但这没有难倒他们，因为他们4个人合起来开伙，每个人轮流做1周饭。周末买一次菜足够4个人吃1星期。因为没有浪费，伙食开销还比较省。但他们的办法在我的住所行不通，一则因为4个人的口味各异，更主要的原因是出差引起的流动性，无法固定值日。因此我们的浪费就只好继续下去。这一个小例子说明了生产出来的东西未必都能正常地消费掉。

上述的浪费还有别的办法可以避免。例如大家不要都在周末去买菜，或者增加1台冰箱，或者超级市场将蔬菜的包装改小。但每一种办法都要引起不便或增加别的开销。一种无法避免的浪费，从严格的意义来看，就不算是浪费。

在美国生活，伙食不是开销的大头。在20世纪80年代每月花120美元大体上就够了，现在也不过200美元；住房却是大头，我住的几处地方，房租最低的是每月200美元，最高的是450美元。能在房租上节约才是真正的节约。例如，有一次我要去加拿大出差半个月，同时又正打算搬家。如果我能在出差动身的那天退租，在回去的那天搬进新房，可省出半个月的租金，就很可观了。不过靠搬家省钱也非易事，因为房东不会让房子空着。一间房子空上半个月，几百块钱就损失了。所以房东出租房子时就讲好退租的条件，一般要求提前1个月通知房东，以便房东物色新的房客，或者要求房客找人来顶替。为了防止房客不履约，在搬进新居时要求预缴一笔押金，押金相当于半月至1个月的房租，房客毁约时押金将被没收。

我们不难想象，一个地区每天都有几百上千个租户要找房子，又有大体上同样数量的房东要找房客，要使每个房间在老房客搬走的第二天就有新房客搬进来，实非易事。所以住房广告成为全美国大中小城市的一项最重要的广告。广告中简要地介绍召租的条件：面积或房间数、地点、有无家具及停车场、起租日期、租金、押金、联系方法等。

美国的房租是不是贵得不合理呢？并不是。一座3卧室的住宅，如果连土地在内售价15万美元，按年息10%计算，每间卧室分摊的利息就达每月400美元，这还不包括房屋的折

在美国，房东出租住房赚不了多少钱，关键在于房产本身的升值。

旧、保险、地价税和维修费。将它们统统加在一起，一间房的月租达600美元不是不公平的。

这还是20世纪80年代中期的价格水平，现在就更贵了。这样看来，大多数美国的房租并不比成本贵，或者说房东出租住房赚不了钱。房东购置房产的主要原因并不是出租赚钱，而是房产本身的升值。一些新兴城镇三五年内房产价值翻番并不罕见。这种购房待沽的现象，反倒便宜了买不起住房、只好租房子住的普通人。但是对他们而言，一家4口住3间一套的公寓房，每月要付租金上千元，占了收入的30%到50%，当然是一个沉重的负担。

从消费者的立场看问题，房租越低越好。岂止房租如此，任何商品的价格都是越低越好。但经济学家却不这样简单地看问题。经济学家也赞成消费者享受低价格。但如果这样的低价损害了生产者，他们拒绝生产，吃亏的还是消费者。所以价格的高低应在竞争性的市场上，由供应和消费的均衡来决定。这样定下来的价格不会低于条件最不利的，而又不得不动用的商品生产者的生产成本。所以需求高涨的时候不得不动用生产成本高的生产者，价格因而上升。也可以说因供不应求涨价，使成本高的生产者有利可图而投入生产。所以价格是提供给消费者的一个信息，即当他消费此商品时，社会必须为此付出的成本。价格定得过低，消费者的选择脱离了社会成本，将造成巨大浪费。

过去我国的房租标准，以北京为例，大约只及成本的1%到5%。在这种价格体制下，消费者的倾向是多占住房，不管它用得着用不着。在美国，人们出差半个月就想搬家，或者找个临时租户。在中国，出国一年也不会退租。你如果有兴趣不妨做个调查，晚上看看有多少家住房没有灯。这个数字肯定会使你大吃一惊，在普遍叫喊住房紧张的情况下竟有如此多的房子空着。也可以说，住房紧张的原因之一就是因为利用率太低，而这正是价格不合理造成的。这种情况自从住房商品化以来有了根本性的改变。

中国是一个发展中国家，生产能力还比较低。因此，我们更经不起浪费的折磨，生产出来的东西更应该珍惜它，高效率地加以利用。而在资源利用方面，除了纠正价格不合理，在许多做法上可以向美国学习。

我在《垃圾中的边际效用》一文中谈到，某个家庭不再用的东西还可以调剂给其他家庭加以利用。在美国普遍采用“后院拍卖”（或称“车库拍卖”）的办法，把不常用的东西处理掉。这样做的目的倒不在于能卖得多少钱，而在于腾出被这些多余的东西所占的地方，同时使得物尽其用。对于一些比较值钱的东西，则可在一种专门的“交易小报”上刊登广告。这种交易小报的发行办法非常值得我们借鉴。

人口达20万以上的大中城市多半有这种专门的交易小报，也有的附设在大报纸的星期日特刊上。专门的交易小报每一两星期出版一次，每次有30页到80页。广告按英文字母分门别类，从飞机（Aircraft）、古董（Antique）开始，到衣柜(Wardrobes)结束，每期刊登几万条广告。

小报规定的定价原则是：几乎全新的可定价为新品价的3/4；状态极好的定为原价的2/3；状态良好的是原价的1/2。物主刊登广告不用交广告费，但物品售出以后要交佣金若干，佣金按物品的售价高低规定从3美元到50美元。每条广告如果在刊出之后没有主顾，还可以免费再刊登一期，但定价要自动削减10%。物品售出以后物主应立即主动向小报交纳佣金。办报的一方可以假装顾主打电话去询货，从而得知该物品是否已经售出。有的顾客得知某件物品已经售出了，还会主动向办报人报告。这一制度建立在信用的基础上，如果物主赖账不交佣金，交易小报也无法追索，而且区区几美元也不值得去费口舌。这个例子也说明，诚实在商品经济中起着重要作用。

为什么办报一方能免费为物主刊登广告呢？因交易小报本身能卖钱。所以办这样的小报不会赔钱，又能为社会调剂余缺，做到物尽其用，实在是大有益于社会的善举。

我国改革开放以来，人民生活水平迅速提高，光是耐用消费品淘汰的速度就很快：黑白电视要换彩色，半自动洗衣机要换全自动，小冰箱要换大冰箱，搬新居后家具也要更新，互相调剂的需求是很大的。可是迄今为止，像北京这样的大城市还没有一家专门的报纸刊登这类广告。

调剂余缺的另一途径是通过旧货商店或委托商行。这在我国的大城市里并不少见。美国也有这类商店，但美国的旧货店普遍有一条规矩，即商品的标价基本上由物主自定，而卖不出去的话，每星期自动削价10%，有了这条规定，商品周转大大加速，而且顾客的人数大大增加。因为如果你看上了一件中意的商品，但又稍嫌贵了些，你可以等一个星期再来看看。然而你也不可以因贪心而等得太久，因为在这期间可能有别的人抢先买了去。所以按这个规定买方和卖方都不吃亏。

其实这种办法不仅适用于旧货，也适用于新货。波士顿就有一家百货公司采用这条规定以招徕顾客。他的广告上写道：本店所有商品每周降低10%，如果在五周内卖不出去，将捐给慈善机构。最后让我再举一个例子来说明如何将生产出来的东西最有效地消费掉。飞机的飞行成本与装载的旅客人数关系不大，增加一名旅客多耗的服务费和燃料费非常有限，所以满载飞行是提高经济效率的重要一环。大飞机一次可载客四五百人，其中总会有少数人临时改变旅行计划。他们的座位空出来应该让排队等候的旅客加以利用，这原是常识中的事。

国际航班上多运一名旅客价值上千美元。可是要做到这一点却远非易事。因为旅客订了座而取消飞行要到飞机起飞前20分钟才能确定。在这20分钟内，服务台要呼叫等待旅客的姓名，给他办理登机手续，分配座位，尤其难的是要将他已经交运的行李从另一个航班的几百件行李中挑出来，送上行李搬运小车，转去装入本航班客机的货舱。这一切都必须保证飞机正点起飞。我曾亲眼在旧金山机场和罗马机场看到过这一过程。那两次在等待线上的旅客非常多，人人都怀着焦虑的心情希望能提前出发，但每一个人又都非常有秩序地与机场人员配合，一切都能有条不紊地进行。这发生在短短十几分钟内的事情，却给我留下了难忘的印象。

为了利用买了票而临时改变计划不来登机的空余座位，有的航空公司故意超额出售客票，即售出的客票数超过飞机上的座位数，但也可能所有购了票的旅客一个不落地全部来登机，此时就发生座位不够分配的问题。解决的办法是航空公司出一个奖励，奖给愿意自动放弃座位改乘下一趟航班的乘客，只要奖金足够高，总会有旅客来响应。但此时航空公司可能会赔钱。如果做到利润极大化，需要通过专门的研究作出设计。

小结：让生产出来的东西都能物尽其用地消费掉，是提高经济效率的重要方面，绝不应被忽视。要建立各种使物能尽其用的制度和方法。但不可避免的“浪费”并不是经济学意义上的浪费，尽管它可以是物理学意义上的浪费。

14

环境保护的经济学

绿色商品近年来风靡美国。最初它主要是指那些不用农药、不施化肥的蔬菜和水果，以后它包括了一切对环境无害的产品。

以洗衣粉为例，过去的洗衣粉多半是含磷的化合物，这种洗衣粉通过下水道最终排向河道或海域，使水变得混浊。磷是植物生长的肥料，水草和藻类因获得此种营养而大量繁殖。这些水生植物死亡后吸收水中的氧分而腐烂变质，其后果是水中氧分减少使鱼类死亡，变质的水发出恶臭。改善后的洗衣粉不含磷，避免了对水体的污染。

1985 年，我第一次去美国时已经出现了无污染的蔬菜和水果，但价钱贵出很多，只有富人和特别关心环境的人才去购买。

7 年之后第四次访美时，情况完全不同，绿色产品的生产已发展成为一大专门行业。16 年后的 2001 年专营绿色商品已经成为普通商品，商品种类非常丰富，除了不用农药化肥的蔬菜水果和无磷的各色洗涤剂之外，还有用再生纸的文具纸张，不含氯氢烃（一种破坏臭氧层的人工合成剂）的喷雾剂，用各种可以回收的容器包装的商品，无镉的蓄电池，完全不用电池的手电筒（用手的压力做动力源），太阳能热水器和太阳能电池。

最近还出现了耗电极低的所谓绿色电子计算机。而且绿色商品的价格并不比普通商品的贵多少，这大概是因为关心环境保护的人越来越多，绿色商品的市场越来越大，生产规模扩大而使成本降低。

绿色商品与普通商品比较，是不是价钱要高一些？答案是肯定的，至少它不会比普通商品的价钱更低。因为普通商品的生产一定遵循成本最低的原则来组织，绿色商品的生产则多了一层环境保护的考虑，不得不偏离“成本最低”的原则。正由于这一点，环保和经济发展才有了矛盾。因为要保护环境所以使成本上升，这无疑对经济增长是不利的。重视环境保护的人出高价买一件绿色商品，对他本人没有什么特殊利益，却有利于大家共同生活在其中的周围环境，所以这是道德高尚的表现。一个人买一件绿色商品等于为社会做一件好事，所以绿色商品上都有明显的标志。从绿色商店走出来的人，手里提着此种标志的包装袋，显得有点自负，因为他感到为社会做了好事，理应受到人的尊重。我相信绿色商品近年来大行其道，与人们的这种心理有关。换句话说，与人们对环境保护的觉悟提高有关。从这件事我们看到，在环境问题上要依靠道德的力量。在一般的经济活动中却要承认人有追求自身利益的权利：消费者应寻求最便宜的商品，生产者应追求利润的极大化。在众多的消费者和生产者公平竞争的条件下，可以避免经济浪费。环境保护的要求对经济运行的自利原则提出了挑战。如果人人不顾对环境产生的后果，只求自身利益，环境问题将无从解决；相反，如果人人都买绿色产品，拒绝一切加害于环境的消费，环境保护才有希望。

说到底，环境保护要靠道德而不能靠人人逐利的市场力量。小到一种普通的绿色产品，大到因为人类活动中温室气体的排放导致的全球气候变暖。在后一个问题中气候变暖对每个国家造成的损失是不同的，有的国家还可能从气候变暖中获利。如果强调权利和责任，强调投入和回报，气候变暖便很难有各国同意的一致行动。追究气候变暖的责任，按过去和将来造成气候变暖责任的大小来分摊对策成本，也不可能达成一致的国际协议。因为气候变暖的因果关系过于复杂，不是市场原则可以对付的，所以最后要靠道德的力量。

说到这里，我们将发现资本主义经济所培养起来的道德观与传统的道德观有相当大的区别。最主要的区别有两点，即承认人有追求自利的权利（但以不妨碍别人同样的权利为限）和提倡物质享受。这两点在传统道德观中是没有的，甚至是加以反对的，然而在促进现代经济发展中确实起了至关重要的作用。现在环境问题的出现使这两点在资本主义制度下认可甚至鼓励的道德观点都成了问题。幸而人类的良知并没有泯灭，前面谈到的绿色商品的出现即为一例。

到过发达国家的人几乎都有一种共同的感觉，即生产中的高效率和消费中的巨大浪费并存。这种鲜明的反差，说到底与资本主义的道德观有联系。

在商品生产竞争的社会里，任何生产中的浪费都不允许存在，因为追逐利润的资本家会尽力减少浪费，将它转变为利润；同时有同行业的竞争，浪费将削弱自己的竞争力。这种竞争和淘汰法则逐渐形成一种观念，即生产中的浪费是不该发生的。而且这一规则确实为社会带来富裕和繁荣，因而发展成为道德规范。

但是在消费方面，盛行的规则是消费者有权处理他花钱买来的商品，不论这种处理方式是什么，甚至原封不动地扔掉也属完全正当，旁人无权干涉。在美国，中产阶级的家庭里无例外地有几乎从来没有穿过的衣服、从来没有翻过的书、积满灰尘的小摆设和昂贵但过了时的首饰。这些东西之所以被买回家，部分原因是当时的兴致所至，也因为莫名其妙的个人占有欲。其结果就是造成生活中的巨大浪费，然而这种浪费在经济学中没有任何统计。其理论上的原因是：一件生产出来的商品是在出售给消费者的那一瞬间实现了自己的价值，而不是消费者将它用掉的时候才实现价值。所以生产商品的目的是为了销售而不是为了消费。这种荒谬的逻辑在市场经济的社会里却是天经地义的。其另一个后果是在广告和商品包装上花的钱和耗费的资源越来越多。它们就是为了销售而不是为了消费的那一部分。这类浪费日益增加，其原因正是销售和消费脱节。

资本主义所鼓励的个人占有欲，助长了消费的浪费。自己喜欢的东西都要买到手才满足。在美国买一件大一点的东西，如计算机，打开说明书，往往进入视野的是“你的计算机……”。我的祖父叫茅乃登，他曾告诫大家庭里的女眷说：你们喜欢首饰，我不反对，我也喜欢，但不必买回家，店里陈列的首饰就当作是你们自己的，想的时候到首饰店去看看。他说得很有道理，首饰陈列在商店柜台里，在灯光的照耀下显得特别漂亮，买回家来反而逊色多了。如果真是喜欢首饰的美，而不是满足占有欲，大可照我祖父所说的去做。资本主义道德观导致的另一种浪费是过于强调消费者权利而引起的。比如人们在享受自助餐（一次付费可获得数量不受限制的消费权）时往往吃得过多，对自己的健康不利，甚至盘子里的食物装得太多，吃不完倒掉，造成浪费。这是强调消费者权利而明显造成的浪费。类似的浪费还发生在比较隐蔽的场合下。例如住旅馆过度地用水用电，糟蹋精心保持的整洁环境，买了公交月票而不节约出行。用公款消费则更破坏了经济的合理均衡。

飞机上的午餐，多数的乘客是将吃剩的随手倒掉，而作者却小心地保存好，此刻他想到的是非洲的饥民……

最近我出国参加国际学术活动，途经美国和非洲，绕地球一周，坐了12次飞机。每次飞行都有饮食供应，由于供应的品种和数量不容挑选，大约有1/3的食品，包括奶油、蛋糕、肉类、饼干、面包都当作垃圾扔掉了。当飞机飞行在非洲上空时，想起地面上因百年不遇的旱灾而哀鸿遍野，可是机舱内却把大量的食物扔掉，我为此感触极深。几百名乘客中大概我是唯一将剩余食品小心保存起来的人。其余的乘客，我相信他们不是道德败坏的人，却极自然地在浪费粮食。至于他们如何看我，认为我不讲究卫生，是来自穷国悭吝成习，或是行为怪僻，则不得而知。

绿色商品的兴旺发达说明了富国人民的环境道德觉悟在上升。美国不少城市居民将垃圾分类（正像20世纪五六十年代北京居民的垃圾分单双日倾倒煤灰和生活垃圾），以便于回收利用。超级市场里设置了各种回收桶（纸张、废电池、饮料罐、塑料），而且回收都是义务的。这都说明大家愿意为保护环境出钱出力。

但是这些迹象基本上未能改变生产高效率、生活滥挥霍的巨大矛盾。美国人均能源消耗为发展中国家的 8 至 10 倍，其他资源的消耗虽然差距没有这么大，也都在几倍以上。如果全世界的百姓都要提高生活水平，而且以美国的生活为追求目标，出不了一两代人地球上的资源很快就会耗尽。

出路何在？当然不是不让其他各国的人民追求富裕的生活，我想唯一的办法是使生产和生活都保持高效率，杜绝一切可能的浪费。这需要对现有的经济进行重大的改造，而且要改变人的道德观，改变制度设计。正像 200 年以前资本主义兴起过程中对封建制度曾进行的彻底改造一样。

让我们设想一下，如果生活也做到了高效率，杜绝了资源浪费，将会出现什么结果呢？

那时人们不以追求时髦为荣，而以节俭为荣。更正确地说，人们以节约资源的生活方式作为追求目标。节约资源意味着省钱，因为资源的开采要消耗劳动和其他物资。如果节约的是食物，相当于减少对土地的使用，也减少了农药化肥造成的污染。总之是省了钱。但如果人们将省下的钱去买其他消耗资源的产品，则整个地看，无助于资源的节约，只不过从消耗此种资源，转移为消耗彼种资源。

所以经济学家想出了全国节约的方法，即对一切资源开发、使用实行征税或收费。比如消耗一吨淡水，额外地征收 1 元钱；开挖 1 吨煤征收 50 元；捕捞一吨鱼征收 200 元等等。具体收款的标准则可由各种资源需要节约的紧迫程度而定。这种以环境资源税代替现行税种的呼声曾大大流行了一阵子。现行的税种不利于经济发展，尤其是所得税广遭诟病，因为它打击了创造财富的积极性。所以想用环境资源税来取代它。

这种政策看起来似乎有效，可是在执行过程中问题很多。根本的困难是自然资源没有所有权：淡水是在流动的；煤是在荒野中开采的；海洋中的鱼是国际的。因为没有明确的所有权，不要说偷偷摸摸地使用，即使是明目张胆地使用，又会有谁去负责地侦查和追索呢？侦查和追索要付出多少代价呢？可见碰到自然资源的使用问题，经济手段的作用受到限制。

近年来国际学术界在探讨借助道德的力量来保护环境。这就需要研究：决定道德水平有哪些因素；什么样的道德规范需要建立，而且有可能建立；新道德与人权和法律的关系如何；如何与违反道德的行为作斗争；传统文化、教育、科技如何与道德观念相互影响；这是一个既困难又有重大现实意义的，摆在各国社会科学家面前的新课题。

环境保护的基本问题是要发展经济还是要环境保护。人类的经济活动必然带来环境影响，绝大部分的影响是负面的。如果需要一个完全纯净的环境，我们只好放弃一切物质享受，回到穴居时代。所以环保和发展是一个选择问题。我们既要反对不顾环境只顾发展经济的倾向，也要反对只顾环境不顾发展的同样错误的倾向。

对于一个具体的工程项目，在开工之前先要做环境评价，看看它带来的正面效果和负面效果哪个更大一些。如果正面效果更大，工程就值得上马。所以就有了所谓环境评价的专门学问。它要解决的基本问题就是把环境影响折算成货币，并拿来和项目的经济效果作比较。这是一个理论上无法解决的问题。因为环境它没有所有者，它无法计量，不可交换，没有价格。没有价格的东西就不能用货币表示它的价值，所以环境评价只能猜测。猜测的方法有损害估计法，即估计该工程对受到影响的所有的人，每个人所受损害的经济值的加总。有恢复法，即计算将环境影响回复到原来状况所需要的费用。有防止法，即采取措施防止损害的发生需要花多少钱。还有主观评价法，即计算每个受影响的人愿意接受多少赔偿以弥补所受的损失。这些方法评价的结果往往是很不一样的，到底哪个正确是无法判断的，所以只能猜测。在环境评价工作中还要有机会成本的观念，即如果有其他的替代工程，哪个所引起的环境影响更低一些，或者说在所有可互相替代的项目中哪个项目对环境最友好。比如在三峡工程的环境评价中就提出来过，单纯从发电看，开发长江支流的水力资源比靠三峡发电更优越。在开发怒江的水力资源中我们也应该考虑，为了满足电力的需要，有没有更好的替代方案。

对一个已经受到环境破坏的地区采取措施改善环境是我们经常会碰到的问题。首先要确定哪些污染应该被首先治理。这就要比较不同污染源的单位治理成本（减少一单位污染所需的成本），成本最低的优先治理。其次再治理成本次低的。然后决定最终要达到什么样的环境水平，也就是要治理到什么程度为止。这取决于当地经济发展的水平和人们的收入水平，也取决于治理污染的最终成本。发展中国家环境政策所走的路线往往是先污染后治理。发达国家批评说，先污染后治理在财务成本上不如预先就采取预防措施，不让污染发生。这样的说法简单从财务上看无疑是对的，但是从经济学来看并不一定正确，因为人穷时的一块钱比富有时的一块钱有更大的价值。人在穷的时候先要顾吃饱饭，顾不上环境的好坏。只有吃饱了饭才有可能去治理环境。

小结：市场制度不能将损害环境的影响考虑进去，因此不能最有效地利用环境这种资源。市场制度鼓励消费，造成了消费的低效率。这方面如不能有所改变，当今的市场制度将受资源的约束而失败。改变的前途说到底，在于重整人们的道德观。

15

政府为百姓服务

我作为一名外国人，和美国政府打交道的机会比美国本国公民多。未去之前先要到美国驻中国大使馆花 7 美元办理签证（这项费用现在已经涨到 900 多元人民币，合 100 多美元），在入境口岸站通过边防检查时要交验护照和签证，并接受经过电脑检索的档案查核。在离开美国回国前先要到美国财政部的收入司去呈验纳税单据，证明该纳的税都已付清，本人已不是美国政府的债务人，这才能获得所谓“起航许可证”（Sailing Permit）。按理旅客在离境登机前要交验“起航许可证”方可离境。但事实上我曾十多次离开美国国境，可从来没有人检查过这种证件。离境时美国的边防官员连面都不露，只是把有关手续委托给航空公司的办理登机手续的职员。当然，这些啰唆找不到美国公民的头上。

美国没有户籍管理，搬家时不需要到警察局（相当于我国的派出所）去迁户口。和老百姓打交道最多的政府机构是邮政局，它不但处理邮件，还代表政府办一些事，譬如出国旅行申请护照多半就在邮局办理，政府颁发的调查表也通过邮局分发。

但按对老百姓生活的重要程度而言，最重要的政府部门是税务局。每年 4 月 15 日，每个有收入的人（或家庭的一对夫妇）要向税务局递交所谓的“退税表”。表内注明了一年各种收入的数目，然后由税务局计算出应交多少税，并把已交税款的余额退还给你。因为在美国，百姓得到的每一笔收入（包括工资、股息）都预先按估计的税率扣下税款存在税务局里。所以4月15日叫退税日而不称报税日。

每年4月15日，大部分的美国人都向税务局递交所谓的“退税表”。

在美国，政府是纳税人出钱养活和支持的。政府是为百姓服务的。而美国百姓日常生活中享受什么服务呢？最经常看见的也许是公路维修。每一段正在维修中的公路，两端必有穿黄背心的警察，而在繁忙街道的红绿灯前却没有警察。这些保证维修工程安全的警察似乎闲得发慌，荡来荡去，无所事事。据说，法律规定临时施工段必须有警察在场。

最近几年美国大城市里的犯罪率不断上升。1992年我途经洛杉矶机场和芝加哥的灰狗公共汽车站时，都看见有全副武装的警察在巡视。前几年我曾见到支持妇女堕胎的和反对妇女堕胎的两派人游行示威。双方群情激昂，互不相让，中间有警察维持秩序，幸亏没有打起来。

政府支出的主要项目还不是公路和治安，开销最大的是国防，其次是为国债支付的利息和教育，再后便是社会保险。总的来说，政府提供的服务有两重目的：一是保证治安，保证私人财产的所有权，让公民有一个适宜的生产和生活的环境并维持市场规则；二是保证社会中最富有者和最贫困者的生活差距不太大。国防、治安、公路等开支主要用于第一个目的；社会保险主要用于第二个目的；而教育兼对两个目的都有作用。公共服务的特点是无法向享用此服务的人有针对性地收费，我们无法判断一个人享用了多少国防服务，正好像广播电台无法向收听广播的人收费一样。所以政府只好采用统收统支的办法。这可能造成一种错觉，以为公共服务是可以免费享受的，既然可以免费享受，公共服务越多越好。其实任何有成本的享受都必须有人为此支付成本。公共服务只因为难于区分每个人所应支付的确切数量，分别收费，因而只能从大家交的税收中开销其成本。如果公共服务能够根据每个人消耗的量准确收费，就能减少浪费。正如前面讨论过的城市拥挤街道的用路收费和设立路灯问题的决策过程中所阐明的那样。

经济学理论证明，只要可能，享用任何一种服务都必须按质量付费；否则会造成使用的过量或不足，同时造成此项服务供过于求或供不应求。举例说，邮政是政府办的，但人们寄信寄包裹仍按件收费，而不是统收统支。在美国，印刷品和包裹的邮资还按投递的距离分成 8 档，随远随增。设想如果投递邮件实行免费，虽可以节省去邮票的印刷、销售及邮件的计量、盖戳、核算等等的成本，似乎是对社会大大有益的一件事，但这将造成前面提到的过度消费的问题。

普通美国人不都是经济学家，总觉得免费服务比收费服务好。公路路段要实行收费总要引起一番激烈的争辩。可是一切服务都是劳动创造的。享用了服务而不付费，提供服务的人就没有了收入。如果用统收统支的办法，将别人在别处创造的价值和应得的报酬挪到此地来使用，就会影响别人的劳动收入。所以统收统支不但有过量消费和供给不足的问题，还有收入分配中劳动贡献和报酬脱节的问题。关于这一点，我国人民恐怕有更切身的体会。

即使是政府提供的服务，只要有可能就应向顾客收费。外国人办入境签证收费也是基于这一原则。然而政府向顾客收费和普通私营企业的收费有一根本的不同，即政府提供的多半是垄断性的服务，如办理护照、公证、营业执照，通过公路、大桥、隧道，都不容顾客挑选，与理发或去超级商店买东西不同，后者是一个竞争性市场，顾客有充分挑选的自由。另外政府是一个有权威性的行政组织，它可以强制顾客购买他不需要的商品或服务。

由于政府服务的这些特殊性，产生了三个问题：哪些服务必须由政府提供，别人不容插手？这些服务的收费标准如何确定？如何保证服务质量？从经济学理论来看，这些问题都不难解决，但事实上或者由于官员无知和私心，或者因情况复杂，常常把事情办糟。尤其在一些发展中国家，更为经常。例如我国有的城市的海关在检查入境人士是否患有艾滋病的同时，强迫入境者接受与此无关的健康检查，量身高，测体重，并借此征收几倍于成本的费用；办一项简单的公证收的费超过一个月的工资，这种做法带坏了市场规则，降低了自己的威信。

人们享受政府提供的服务并因此而付税，税款在人们总收入中所占的比例表示人们享受公共服务与全部消费的比例。各国的统计资料表明，随着收入水平的上升，公共服务所占的比例也在上升。

在 19 世纪的百年中，美国政府开支始终保持一个很低的水平，同时生产能力有了空前的增长。到第一次世界大战时，全美国的政府开支在国民收入中仅占 8.5%。这一段的历史经验有人引用英国历史学家、哲学家卡莱尔的话，称之为“无政府主义加警察”。意思是政府只管治安，别的都不用管。但此后，特别是第二次世界大战之后，各国政府开支无例外地大幅度上升。到 1981 年，美国政府开支占国民收入的比例达到除第二次世界大战特殊时期之外的最高值 31%。里根执政的 8 年中，奉行大市场小政府的自由主义经济政策，力图使政府开支缩小，到他卸任的1988年，上述比例降到了28.2%。这个成绩受到自由主义经济学家弗里德曼①的称赞。但是到了20世纪末，这个比率又上升到38%。从变化趋势看，一些国家的政府开始感到政府开支的比例太高不利于经济，因此出现了将部分政府职能转交民办的趋势。在美国，邮政已不再是政府垄断。民办的特快专递发展迅速，抢走了很大一部分国营邮政的生意，政府出钱办教育的情况也在改变。无论中小学或大专院校，私立的比例都呈上升趋势，甚至治安工作中也有越来越多的私人保安公司出现。再加上冷战结束，国防费按理应该有较大的削减。但是世界上也有另外一种趋势，即北欧一些国家通过政府的开支占国民经济中的比率超过了一半。这些国家的福利非常高，而经济依然很有效率，并没有因为吃大锅饭而彼此依赖，磨洋工。简单地讨论政府开支所占的比率是没有意义的，它必须和政府提供了多少服务联系起来。

① 1912—2006年，1976年诺贝尔经济学奖获得者

我国在近十年来税收的年增长率几乎都超过GDP年增长率的一倍。结果是税收在GDP中所占比重从20世纪90年代初的9%上升到2006年的17%，几乎增长了一倍。此间政府的开支也大幅度地增加，豪华的政府建筑、频繁的官员出访和国事往来，都需要花钱。老百姓享受的政府服务也有所增长，道路、通信、城市规则、公共交通、环境保护，都有明显的改进。但问题是这种政府增加到什么程度算正好，不多不少。换句话说，百姓愿意花多少钱来购买政府服务。在美国这个问题由代表民意的议员们在国会上讨论，举手表决，但这种决策方式缺乏严格的经济学基础。从理论上讲，这个问题是可以解决的，我们拿一个具体问题来讨论。

假设有一条马路需要安装路灯，这些路灯该不该装，从经济学来判断，取决于安装的成本和得到的收益的比较。如果成本高出收益就不该安装。成本比较容易计算，只要把所用的人工、材料等费用加总就是了，难是难在如何测量收益

上，经济学家提出的办法是把公共物品当作私人消费品看待，即了解各家各户愿意为路灯所提供的服务出多少钱。可以预料，各家各户对路灯所提供的服务的货币评价是很不相同的。有的人家晚上根本没有人出进，也没有客人来访，他们的效益评价是零。有的人家晚上有人上夜班，很需要路灯的服务，对路灯的评价就高一些。更有的人家晚上有女职工出入，他们愿意花更多的钱把路灯装起来，更何况各家的收入水平不同，收入高的家庭愿意多花钱买公共服务，而收入低的人家由于经济紧张，想多出钱也不可能。所以各家各户愿意出的钱数很难得知，正因为如此，世界各国还没有用这种方法来确定公共服务水平。路灯问题一般由居委会和地方政府协商决定。这种方法显然过于粗糙。

能不能通过调查研究准确确定公共服务的合适水平呢？比如对每一户家庭作询问，按照你家的情况，愿意为安装路灯花多少钱？如果每个家庭都说实话，这个办法应该是行得通的，然而问题就在每个家庭未必能说实话。如果只是调查一下，并不要求按所报的数字出资，他们一定朝多里说，报得多了路灯就能立起来，多一个路灯肯定比没有好，反正由别人出钱，自己不出钱。但如果每个家庭要按所报的数字出资，他们又会朝少里说，这样自己可以少出点钱，让别人多出点，自己可以搭别人的便车。如果大家都这样想，本来可以造得起来的路灯，因为彼此搭便车，结果造不起来，损害了本来可能提高的生活水平，为了解决这个困难，经济学家设计了带有奖惩、能让人说真话的调查方案。但因过于复杂，实施有困难，所以公共服务的合理水平仍旧只好由模糊的集体谈判来决定。

小结：政府为百姓提供的服务，原则上也应和别的商品一样，按质量收费。但诸如国防、治安一类的服务无从区分每个人享用了多少，只好统收统支。收费的原则应使其等于成本。

16

节约能源（上）

美国人均能源的消耗量为除美国以外世界平均量的6.6倍，为发展中国家的10倍左右。美国是一个浪费巨大的国家，尤以能源的浪费最为典型。公路上穿梭奔驰的小汽车中绝大多数只坐一个人，公共汽车里也是乘客稀少。马路上的街灯昼夜都亮着，这是公家花钱点的灯；私人厂家的，甚至私人花园里的灯多半也是“与日月争辉”。能源是一切商品生产和运输过程中不可缺少的东西，它几乎和劳动一样重要。一切商品中都包含劳动；同样地，一切商品中也都包含能源。汽油和电力的过度消耗固然是能源的浪费，其他任何产品的过量消耗同样也是能源的浪费。当垃圾车装运着成吨废弃的饮料罐、报纸杂志、包装袋、广告宣传画册呈现在眼前时，使人进一步认识到美国能源浪费的严重性。要节约能源，不仅要节约汽车、电力、煤炭、天然气，还要节约一切用它们制造出来的各种产品。

1973年，占美国能源消耗总量47%的石油的价格在国际市场上猛涨了三四倍，石油的替代品天然气和煤炭的价格也随着猛涨。美国所消耗的石油中有一半来自进口，油价上涨意味着美国必须出口更多的商品，结果国内商品供应总量减少，物价水平上升。这就是“能源危机”。

今天看来，实际上并没有什么过不了关的危机，只是对经济的一个冲击。1997年世界的石油价格已回落到能源危机以前的水平（以可比价计算）。2001年石油价格再一次猛涨，比最低价涨了两倍，并且波及其他能源的价格。有了前两次的石油价格猛涨的经验，大家变得比较习惯了，没有引起恐慌。它真正的后果是提醒人们，矿物能源最终是会耗尽的。以后又发现由于燃用矿物能源产生二氧化碳等温室气体，会使地球变暖，其后果十分深远又难以预测，所以节约能源成为全世界的重大课题。

美国是一个能源浪费巨大的国家：街灯昼夜亮着，公共汽车上寥寥数人，私人花园也是“与日月争辉”……

对一般的美国家庭而言，最主要的几项直接能源开支是汽车用的汽油、用于冰箱及照明等的电力以及用于炊事、热水及采暖的天然气。有些地区电力价低（因为有水力发电供应），或者一些孤立住房接煤气管道太昂贵，则炊事、热水、采暖都用电力。

我在美国时既在高级住宅区的阔气房子里住过，也在近乎贫民窟的连暖气都没有的房子里住过。但不论是什么等级的住房，热水和洗澡缸是必不可缺的。在美国，除了在高楼里的公寓式房子，那里热水和暖气是集中供应的之外，一般独门独户的住家（这是美国主要的住房形式）都自备供热锅炉。锅炉是根据循环水的温度自动起停的，如果调整不好就会浪费燃料。而且燃料中煤气和空气的比例有一最适范围，偏离这个范围也会浪费燃料，住户就会多花煤气钱。这些调整工作都有专门技术，普通住户未必懂得其中窍门。于是专门帮助住户调整锅炉的各种名目的节能公司应运而生。住户只要每年付一笔服务费，节能公司就会按季节变化前来调整。我的一个朋友在美国北部买了一所新房子，搬进去后第一个月竟花了近500美元电费。后来请节能公司来检查和调整，以后电费降到每月100多美元。

节能公司的创建和发展虽然在美国的百行百业中算不上什么大事，但这里包含着一个重要的道理。即如果任何人能发现社会上存在的某种浪费，并且能想办法避免这种浪费，那么他就能从节约的金额中得到一部分。这得力于经济体制的安排。这种体制鼓励每个人凭自己的才智去发现和杜绝社会浪费，结果是各种浪费得以克服，社会的经济效率得以提高。以后我将介绍旅行支票的发明，也是一个类似的例子。

相反，如果存在着人人都能看到的浪费，可是大家对此无能为力，也没有人愿意去想办法加以克服，因为作了贡献并不能分得报酬，这说明经济体制中存在着问题。我理解马克思提出的一条极重要的原理：生产关系必须适应生产力，否则生产关系就必须加以改变，这正是说明了上面的现象。

在美国，大多数住户的电表和煤气表都设在户外，所以抄表不必进入门内。这大大方便了抄表，但抄表终究是一个耗费劳动的业务。在人工昂贵的美国，电力公司和煤气公司采取每隔几个月才抄一次表的办法来降低成本。用户每月缴的电费是电力公司根据过去耗电的记录测算的。但电话费却是每个月都寄来分项的账单，账单上详细列出本市通话次数、国内长途和国际长途次数，并记有受话者的电话号码和地区号，以及通话时间和通话日期。这些都与管理手段有关。电话账单之所以详尽且及时，是因为它是计算机管理的。

电费和煤气费几个月抄一次表，和每月抄表比较，公司和用户双方都不会吃亏。但当电价调整时就发生了问题，因为分不清用户用的电是在调价以前使用的还是在调价之后使用的，除非电力公司能在调价的当天将所有的表都抄一遍。在美国，解决这个问题的原则是信任顾客和不让顾客吃亏，也就是抄表以前所用的电一律按提价以前的电价计价。

与此相类似的一个现象是邮资调整。美国平均每两三年要调整一次邮资，每次调整大约要上涨10%左右，但调整以后的一两个月内，如果你仍按老标准贴邮票，邮局不会按欠资信退回来。这意味着假定寄件人还没有得悉调整邮资的消息，或者过去买的邮票还没有用完。这样一种互相谅解的习俗，使得人与人之间的关系较易于相处，有助于形成一个宽松的人际关系。这种做法的后果是无形的所得大于有形的所失，何况未必就真的有所失，因为电力公司和邮局可以把这一部分损失计入成本，他们未必就真的吃了亏，而且未消费而预先付费还赚了利息。

写到这里就想起我国邮局中办事员对投寄邮件的无理挑剔，造成时间和物资的浪费、人际关系的恶化。据说这是邮电部统一规定要求的。再如我国邮局出售3分钱一张汇款单和电报纸的制度，增加了窗口的拥挤，引起排队顾客之间的纠纷，邮局职员因为经常受干扰，降低了工作效率，甚至容易出错。统统这一切只是为了3分钱。前年起收费已改为免费，无形的所得将大于有形的所失。当然，话又说回来，如果多数群众不注意节约使用，这种信任制就会行不通。一个社会的工作效率很大程度取决于社会的道德水平。其实银行里的存取款单老早就可以免费取用，而邮局直到最近才改过来，可见这完全是认识问题。

根据1987年的统计（1987年以后美国统计摘要中不再包括下列数字，也许因为能源危机已经过去），美国平均每个家庭全年的能源支出（不包括汽车用油）为1 080美元。其中公寓式住房的平均支出为681美元，独立住宅的为1 226美元。因为公寓住房设计紧凑，又没有花园和游泳池，可以减少能源消耗几乎一半之多。这笔开销中用于电力的占63%，用于煤气的占27%，用于煤油等液体燃料的占7%，还有3%主要是木柴及少量煤炭。与我国比较，过去我国城市家庭的主要燃料还是煤炭，这与我国盛产煤炭而石油比较少的这种资源特点有关。现在我国大城市的家庭燃料迅速改变为煤气，这与生活水平的提高有密切关系。

按用途划分，美国家庭的能源开销中平均32%用于采暖，14%用于热水，10%用于空调，43%用于冰箱、照明及其他电器用具。家庭的能源开销又与家庭的收入水平有关。收入高的富有家庭用能也较多。例如年收入在5万美元以上的家庭，能源开销为818美元。而且富有家庭的能源开销中电力所占的比例也较高，因为电能干净没有污染，使用方便。美国1988年电力的平均价格是每度7美分，其中工业用电平均为5美分，居民用电平均为8美分。到2000年电价平均为6.9美分，十几年来电价变化很小，虽然在此期间物价上升了将近40%。再有一个特点是用电量越多电价越低，这正好与我国的做法相反。目前我国规定，用电量超出规定的要“罚款”5~10倍。对正当交易施以罚款在美国是闻所未闻的。偷电应该罚款，电价也可以调整，买电有何理由被罚款？这大概是因为电力短缺的缘故，也同原来的计划经济体制有关。而企业为避免高额罚款，安装了许多低效率的自备电站，造成投资与能源的巨大浪费。有的企业干脆贿赂分配电力的官员，增加用电计划以免挨罚，这些弊端都是破坏市场规则造成的。

小结：以节能为例，说明了美国如何利用市场机制减少浪费。尤其可贵的是如何创造人际关系的宽松环境，这是人们生活质量极重要的一个方面。

17

节约能源（下）

美国素称是一个市场经济的国家，但那里也发生过因违背了市场原则而导致重大失误的例子，一个明显的事例就是在第一次能源危机之后国家对于能源价格的干预。

1973年，海湾国家控制石油输出，造成全世界石油价格上升3倍。当时美国所消费的石油中约40%依靠进口。按照市场规则，国际石油价格上升，会导致石油进口国国内生产的石油油价上升到同一高度，其结果一方面是消费者的负担加重，另一方面是原来国内的石油生产者将获得暴利。

美国国会在关于国际油价飞涨对策的辩论中出现了两派尖锐对立的意见。一派主张按市场规律办事，油价该涨多少就涨多少，让市场去决定价格；另一派主张限制油价，减轻消费者的负担，并避免石油企业的暴利。由于辩论中石油消费者人数多，结果后一派的意见占了上风。最后决定石油生产者必须以高价从国际市场上进口一定数量的石油，此数量正比于该企业自产石油的量。然后将进口石油和国产石油合起来供应国内市场，在市场上形成一个供需均衡的价格。这个价格控制在国际油价和原国内油价之间（通过进口比例的调整来控制），既可以保护消费者的利益，又能照顾生产者的利润，似乎是一个既公平又合理的油价。

石油价格的上涨，对美国人来说是喜忧参半，有反对的，有赞成的。

由于美国采取强制国内石油业负担国际高油价的办法，使国内油价大大低于国际油价，所以当时美国的汽油价格在各个市场经济国家中是最低的，尽管和1972年相比也涨了将近1倍。

这个貌似公平合理的定价政策，事实上违背了市场运行的原则，实行不久就出现了问题。首先是本来可以用比国际油价低的开采成本从国内的油田采油，但由于国内油价低于国际市场上的油价，石油业不愿在低油价下扩大生产，于是国内的石油资源没有很好利用，反而去国外买高价油。外国的石油业生产者得到了美国所支付的美元，最终要用这些美元回到美国市场上买东西。和开采国产石油比较，美国要付出更多的经济代价来得到同样的一吨石油。

其次是国内的低油价妨碍了节能的发展。从经济学的观点看，“节能”的定义是用其他价值比较低的资源来代替价值较高的能源的消耗。譬如用较好的隔热材料以减少热量的消散，而且前者的价值必须比后者低，这才是真的节能。再如提倡随手关灯，其宣传也是有成本的。通过宣传节能确实是一项好的政策，但宣传的成本不得高于所节约能源的价值，否则从经济学上讲非但不是节约反而是浪费。

经济学中对于节能的定义强调了两点，首先是不仅要节能，而且应该节约一切资源，片面为了节能而浪费了更多的其他资源，则会对社会造成损害；这种思想方法的后果之一就是国家制定“可能法”。这里只片面地强调了节约能源，忽视了其他资源的节约。当大家关注节水的时候，则需要制定“节水法”，类似地需要制定成百上千的节约立法。可见经济活动是由市场规则引导的。法律只管权利和义务，不能直接干预经济。其次强调了各种资源的消耗存在着替代的可能性。绝缘材料可以代替部分能源，精确的自动控制（例如对室内采暖和空调温度的控制，对炼铁高炉和热处理炉内温度的控制）则是用精良的控制仪器代替部分能源。但是这种种的替代都有一个合理的限度，并不是绝缘材料用得越厚越好，能源用得越少越好。这个限度直接取决于各种资源和能源价格之比。

当国际市场上能源价格上升时，立刻出现成千上万种节能的机会。因为在老的能源价格下，节约已经达到了最适当的限度。现在能源涨了价，则此限度跟着变化。使用更多的其他资源代替能源成为合理的。

现在美国政府故意压低了国内能源的价格，使得理应实现的节能措施表面上成为不合理的节能，成为无利可图的节能，错误地压制了人们的节能限度，结果使美国每年多消耗几千万吨石油。一些以石油为生产原料并出口化工产品的企业因为国内油价低，还莫名其妙地发了大财，当然也增加了美国石油的进口。经济学特别强调各种资源消耗之间的可替代性。发 1 度电用的煤，如果我们追求效率不计成本，则可以降低到200克以内；如果我们因缺乏资本而用一些简陋的陈旧的发电设备，则要超过500克。这个比例的变化范围很大。可见国民经济的各个部门之间的产量并不存在一个固定不变的比例。

正因为如此，才有经济学这门学问，它研究如何随着资源的稀缺性的变化来选择生产工艺。如果消耗量之间存在着固定不变的比例，就不会有经济学，只存在物理学和化学。物理学和化学中充满着各种固定的比例。如光行走的距离与时间之比为每秒钟30万公里；又如水分子中氢原子和氧原子之比永远为2:1。但经济学中不存在固定的比例，每炼1吨钢要用多少电，并无一固定的比例。当电价上升时该比例降低，每亿元GDP消耗多少能源也是一个比，它同样取决于能源价格和产品结构。最近吸引大家注意的一种节能新产品是双动力系统的小汽车，它兼有汽油发动机和蓄电池动力，可以节能30%，但造价高。这说明虽然节了能源，却浪费了其他资源，所以推广很有限。如果汽油价格进一步上升，用其他资源替代能源便成为经济合理的。类似地，我们政府试图用行政手段提倡节能技术，关闭技术落后的工厂，却舍不得提高能源的价格，这种政策势必造成行政力量和市场力量的冲突，吃力不讨好。

1973年的能源危机之后，美国的能源价格虽然没有涨到应有水平，但也上升了1倍，并引起了更能节约能源的工艺的开发。从1973年到1987年的14年间，美国的国民生产总值增加了45%（以可比价格计算），而能源的消耗完全没有增加。1987年能源价格明显下跌，美国的能源消耗量开始上升。另一方面，也由于国民经济的增长，2000年美国的能源消耗比1987年增加了13%。

1973年以后，美国能源低价格对国民经济的影响远远没有结束。由于汽油价格相对较低，使得一些可以节约汽油的替代性工艺没有得到发展，特别是汽车的汽油消耗占了总能源消耗的 1/4 弱，约占石油消耗的一半。为了制止因油价偏低而浪费汽油，美国国会再一次犯了错误：他们没有改变价格而是企图用节能立法来避免汽油的浪费。1975 年通过了能源政策和节能法案（EPCA），其中要求从 1978 年以后生产的小汽车，必须满足以每加仑汽油行驶距离为指标的节能要求。1978 年这一指标必须达到 18 英里（合 7.65 千米/升），以后逐年提高，1985 年要达到 27.5 英里（11.7 千米/升），否则汽车制造商将被处以罚款，其数额是不足标准的汽车每差 0.1英里罚 5 美元。通用汽车公司 1985 年生产 400 万辆汽车，其油耗指标只能达到 25.5 英里而不是 27.5 英里，结果被罚了 4 亿美元。事实上这笔钱大部分被加到了车价上，由购车的人负担了。

粗看起来，这种用法律手段避免因低油价造成的浪费是合理的，它强使汽车制造厂用其他资源来代替能源，例如用高强材料以降低车身自重，用电子控制喷油来节油，然而事实上效果适得其反。原本计划要买新车替换旧车的消费者现在因为新车涨了价而推迟了新车购置，旧车虽然费油但油价便宜，所以更为经济。一辆汽车平均能用七八年，所以路上跑的旧车数目七八倍于新车的数目。如果汽油涨了价，不但车主会尽量提早更换新车，而且对旧车也愿多花些钱，精心保养，维持较好的机件状态而节约一些昂贵的汽油。

此例说明，法律和行政手段不能代替市场价格的作用。其原因是人们为了达到某一目的，可以选择的方法极多。价格的作用直接决定了各种资源的使用比例，当采用其他手段时，人们可以改变达到目的的方法，仍旧尽量利用低价格的资源，逃脱法律和行政规定的束缚。

用行政法规办事的另一个毛病是“一刀切”，不能照顾不同场合的不同需要。仍以汽车耗油为例，消防车的油耗经济性和出租汽车的经济性要求完全不同。前者难得出动一次，后者整天在马路上跑；前者首要的考虑是可靠性高，马力大，起动快，后者则要求油耗低。“一刀切”的办法只强调节能，反而造成使用不便或经济上的浪费。

事实上，我们要节约的不仅仅是能源，粮食、淡水、土地、钢材……都需要节约。如果用行政法规的办法搞节约，就得制定节粮法、节水法、节钢法等等。其中节能法就可能和节钢法矛盾；节粮法又可能与节水法矛盾，弄得我们无所适从。只有价格才能适当地照顾到一切资源的合理使用。当一种资源变得更稀缺时，由于市场的作用价格会自动上升，当事人便会更经心地节约它，用不着第三者操心。法规和价格各有其作用的范围，逾了界，事情就要乱套。

美国以市场立国，市场运行已经有了百多年历史，可是遇到了能源危机仍犯了被世界各国经济学家讥为笑柄的错误。遗憾的是这一类错误早已发生过几百次、几千次。因为不懂得经济学的人占多数，再加上手里有权，迷信行政手段的人常常决定政策。看来，类似的错误还会几百几千次地重复下去。

小结：不论生产和消费，各种投入品存在着相互替代的可能，而绝没有什么固定的比例。当价格变化时，利用替代关系就可以得到节约。用行政命令搞节约往往是节约了一种资源，却浪费了另一种资源。法律和市场各有其作用范围，不能误用。

18

没有替代便没有经济学

替代是一个极普通的概念。热水可以用电加热，也可以用煤气加热，因此电和煤气可以互相替代。但是，从生产方面看，电和煤气的生产完全不同。它们生产的方法、占用的资源、耗用的劳动等都不同，最后表现为成本不同。正因为使用效果方面存在着替代的可能性，而替代商品的生产成本不同，这就为消费者提供了选择的机会，他们可以用较小的代价达到同样的消费目的，而这正是经济学所追求的目标，也正是经济学存在的原因。所以我们说没有替代就没有经济学。

生产同一种产品，又因选择的工艺不同，而有不同的设备、不同的资源消耗。发电可以用水力，也可以用火力；火力发电可以用煤炭，也可以用燃油或天然气，可以用它烧锅炉产生蒸汽来发电，也可以用它加热空气用燃气轮机来发电。究竟应该用什么燃料，还要看当地各种资源的相对稀缺性而定，价格正是表示稀缺性的指标，所以人们会根据当地当时的价格选用成本最低的工艺方法。技术上的多种可能向我们提供了一些节约劳动、时间、物资等来实现特定的消费目标的机会。

从经济学的观点来看，不但热水器中电和煤气可以相互替代，或者猪肉和牛肉可以替代，而且穿的、吃的、用的等等都

同样烧开一壶水，是用电节约，还是用煤气节约？

可以替代。这是指人们在收入有限的情况下，可以多花些钱在这一方面，少花些钱在那一方面，也可以作相反的选择。一个家庭在安排生活开销时，可以在买彩电、买冰箱，或出门旅游等多种可能之间作出选择，这证明了这些选择之间存在着替代的可能性。我们绝没有理由坚持说，当家庭的年收入达到某一水平时一定会买彩电而不是买冰箱，这里不存在任何固定的比例关系。

由于替代关系的存在，使得经济学不同于物理学和化学。我们知道，1 000 克开水在常压下必须吸收 2 258 千焦的热才能变成蒸汽；两个氢原子必须和一个氧原子结合才能变成水分子。这些固定比例是丝毫不变的，甚至在地球之外的宇宙空间里它们也不会有任何改变。但在经济关系中由于替代的存在，一切经济变量之间不存在任何固定的比例关系。可是现实世界却如此捉弄人，当某种商品供不应求或积压滞销时，我们常说经济发展失去了比例。言外之意是，只要找到一个适当的比例，并按此比例去安排生产和消费，经济生活便能一切正常。可是几十年过去了，我们仍未找到这个“适当比例”是多少。今天，替代法则应取代按比例法则，否则我们永远不会入门懂得最起码的经济学，不懂按比例法则，不可能成为物理学家、化学家和工程师，然而要在经济学的学习中入门，就必须建立起替代观念。

人们选择消费品遵从什么规律？对于外行人来说，这里似乎没有任何规律可循。但经济学家发现，除掉个人的消费偏好确实不存在规律之外，人们在作出消费决策时明显地受自己的收入水平和商品的相对价格的影响。

例如美国的人均国民生产总值（按可比价格计）从1970年以后的20年内增加了约37%，从1990到2000年的10年中又增加了15%。这一收入的增加改变了居民的食物消费结构，从总体上看，改变最大的是软饮料，人均年消费量从1970年的51升增加到1990年的155升，到2000年又增加到200升；而粮食、肉类的人均消费量却极稳定，上下波动仅2%，分别为67千克和80千克；蔬菜的消费量还减少了20%，因为多吃了水果。食物结构受相对价格影响最明显的例子，是居住在美国阿拉斯加的少数民族因纽特人，由于当地蔬菜供应极少而鱼类肉类非常丰富，前者价高而后者价低，因此他们的膳食结构中鱼和肉是主食，蔬菜和粮食反而成了副食。因纽特在当地土语中的意思就是食生肉者。推而广之，我们今天所看到的消费现象或消费结构是地球上各种资源的供应丰度所决定的，资源的价格表现了资源的相对丰度。所以价格决定了我们这个世界的色彩和构成。各个国家所处的环境不同，资源的相对丰度不同，因此价格结构不同。我们到国外去旅行感受到异国风情，其中一部分就是价格结构不同形成的。

一个家庭在收入的限制下，每个月都要有计划地将有限的收入分配于衣、食、住、行等各项开销。一般美国家庭住房的开销要占收入的1/4以上，而中国在美留学生由于收入水平低，房租更是一项大开销。不断地寻求低租金的住房，或者寒暑假去外地工作学习时把房子让出来，是改善生活的一项重要活动。所以有“穷人忙搬家”之说。从经济学看，这就是通过替代使消费结构合理化。

说到这里使人想起国内的住房改革。房租太低，住房不能商品化是主要问题之所在，所以提高房租无疑是正确的。但与此同时，有的地方却限制住房与其他消费品之间的替代选择，例如禁止从住房节约下来的钱（有的地方发住房券而不是货币）用于别的消费，也禁止用钱去获得较多的住房。像这种限制替代的政策，即使提高了房租也不能提高经济效率。相反，如果允许替代，房租不论提高多少，只要确实发生了替代行为，就说明对提高经济效益起了作用。显然，提高得多一些，替代行为必定也更多。但如果房租高到出现了空房也没有人愿去住，则说明提高过了头，因为空房也是一种浪费。

小到每炼一吨钢要用多少电，大到农业产值占国民生产总值中的比例，没有哪项比例是固定不变的。这些比例变化的原因是什么？归根到底无非是两种力量在起作用。首先是人们消费偏好的改变。从较长期的演变来看，人们的物质消耗的比重在减少。例如美国的农林渔业的产值在 1950 年占总产值的 7.3%，到 20 世纪 90 年代降到了 2.2%；而非物质消耗的比重在增加，如美国第三产业①在同期内从 55%增加到 69%。第三产业产值比重的增加不但说明人们更多地消费于诸如旅游、电视、医疗等服务，也说明在物质生产部门中更多地依赖广告、金融、通讯等，使资源的使用更节约。

节约稀缺资源是推动经济结构改变的第二个原因。例如物质生产过程中更多地使用计算机，达到节约原材料或节约投资的目的；又如由于能源涨价，汽车制造厂采用更多高强度合金钢和塑料以减轻车身重量（福特汽车厂普通小汽车的重量从 1985 年的 1 1260 千克降到 1992 年的 1 163 千克），以节约燃料。有人认为科学技术的发明也是推动经济结构变化的力量之一。但我认为只有能满足人们消费偏好的发明，以及能节约稀

①第一产业是指直接从自然界取得资源的产业，如农、林、渔、矿业；第二产业是加工业；第三产业包括运输、金融、零售、服务等非物质生产部分。

缺资源的发明才会推动结构的改变；甚至可以说，科技发明本身就受到上述两种力量的推动。美国的冶金业在20世纪80年代中大量用铁基耐热合金代替了更昂贵的（因为更稀缺）镍基耐热合金。如果有人发明铂基耐热合金，就不会有任何意义，因为铂比镍更稀缺。人们常说科学技术是第一生产力。其实，科学技术只是开拓了新的替代可能性或资源的新用途。这些可能性值不值得应用，要看能否商业化，或者能否赚钱。在专利局注册的成千上万巧妙构思的新想法只有极少数能推广赚钱。我的一个朋友发明了高速列车不必停车旅客就能上车的技术。其构思不谓不巧妙，但所费巨大而效益有限，根本不可能实施，只有科学技术和市场相结合才能成为生产力。人们往往被科技的新颖性所吸引，而不注意处于我们周围市场的力量。

人们的收入中要减去向政府纳的税才是“可支配收入”。税收虽然是强制性的，但税率是议员们在议会中投票立法决定的，尽管它未必符合每一个人的心愿，然而从总体上是得到人民同意的。人们为什么愿意付税？因为政府向人民提供服务，包括国防、治安、道路、社会福利、环境保护。政府虽然有权威性，但它的权威只是为了服务的需要才发生的。政府和人民的关系是人民出钱养活政府，并授权给政府组织各种公共服务。这部分钱（包括联邦政府和地方政府的支出）占国民生产总值中的比例从20世纪20年代的不足10%上升到30%以上，其中大约有4成又以养老金、失业救济、贫困救济的形式返回到百姓个人手中。这也属于消费结构改变的部分。

消费结构的改变是选择的结果，也是替代的结果。可以说，经济学就是研究选择和替代的。首先，选择是一种权利。人们在收入约束的范围内可以把钱用在不同的地方，意味着人们有选择的权利。计划经济往往不让人有选择的权利。买粮食凭粮票，粮票只能用于买粮食，这就没有选择的权利（除非粮票可以买卖，把它交换成钱）。在生产方面由于物资供应的计划性，要改变产品设计、工艺流程，都非常困难。结果就是丧失了提高效率的可能性。所以，选择的自由是提高经济效率的必要条件。

其次，选择也意味着放弃。所谓选择就是你不可以两者得兼，你必须放弃某一个。因为有放弃就发生了机会成本。机会成本就是因为选择而不得不放弃的代价。假如有两个可选方案A和B。如果我选择A，意味着放弃B。选择A的机会成本就是选择B可能得到的好处。熊掌与鱼不可得兼，如果我选择熊掌，那么吃鱼的享受就是选择熊掌的机会成本。应该肯定，机会成本小于选择的收益，否则意味着选择错误。

两个方案之间如何作选择？为了获得电力，人们可以用水力发电，也可以用火力发电。选择的办法就是计算不同方案的成本。这叫做成本收益比较。成本收益比较的有效性取决于价格是否合理。一个合理的价格能够表示社会实现此方案的真实成本，它是用钱来衡量的。钱能够统一度量价值的基础是商品能够按照价格无障碍地自由买卖。没有因供不应求而买不到，也没有因供过于求而卖不掉。这是所谓经济的一般均衡。在本书附录一的第一篇《什么决定价格》中还会作进一步的讨论。

小结：论证了因为有替代才有经济学，经济事物之间不存在什么固定不变的比率。消费结构的形成是在收入约束下各种消费品按价格信号选择和替代的结果。住房改革如果只提高房租而不允许替代，将不能达到改进住房利用效率的目的。

第二篇

宏观经济学

19

让银行为您服务

在中国生活了几十年的人刚刚踏进美国，对于如何让银行为自己服务没有丝毫的思想准备。因为在国内普通人和银行的关系最多只是到储蓄所去存款取款。但是在美国，90%以上的收支都不用钞票而用支票。人类经历了用贝壳、用贵金属、用纸币作通货的阶段，现在已进入了用支票或信用卡作通货的时代。在美国生活时时刻刻都离不开支票，自然会感到对银行的需要了。近年来由于信用卡越来越普及，银行的电子转账越来越方便，美国人开支票的次数在减少。1995 年美国人共开出了 495 亿张支票，到 2003 年减少到 366 亿张，大大小小的人口都算在内平均每人每年开支票 120 张，但仍超过信用卡交易的次数。信用卡交易在 2000 年为 156 亿次，2003 年上升到 190 亿次。[①]

[①]参考消息 2007.03.01 转引自美国《侨报》

刚到美国的中国人大多数并不富裕，不大可能成为银行的大主顾。但由于美国有 5.8 万多家银行在竞争（20 世纪末银行及其分支机构增加到 7 万家，但近年来发生大批中小银行的合并，2005 年商业银行数减少到 7 527 所，另外有 1 305 所储蓄所和 8 695 所信用合作社），他们并不会放弃任何一位潜在的主顾。所以你刚到不久就可能有银行里消息灵通的业务员找上门来拉生意。美国比较大的银行有专门的国际部，那里外语人才济济，世界上的一切主要语言（自然包括汉语）都有业务员会讲。碰到一位业务员用乡音向你解释一大堆花花绿绿的广告和说明书，你多半会被他的热忱和负责精神所感动，因为你大概若干年没有得到一位服务员如此殷勤的服务了。于是你精神上解除了武装，对条款的模糊之处也就不会用疑虑的眼光仔细推敲，这时，你就成了这家银行的主顾。不过请放心，信用是银行的生命。大多数情况下银行不会靠欺骗赚你的钱，况且一旦不满意，你立刻可以换一家银行。对我们中国人来说最感奇怪的是这 7 000 多家银行没有一家是政府主办的，全部是百姓们自己办的。现在中国允许外国银行到中国来做业务，这些外国银行绝大多数也是民办的。但他们能享受中国国家银行的同等待遇。值得注意的是，中国的民间银行至今刚刚开了一条窄缝，即 2006 年 12 月 22 日银监会发布的放宽农村金融业准入的政策。

银行免费给你开户，你有了一个银行账号。以后你的收入不论是学校的奖学金、挣的工资，还是从别处来的汇款都直接进入你的账户。同时你要花钱印几本支票本，以后很大一部分开支，例如房租、水电费等都由支票支付。具体的过程是填一张支票，写上收款人姓名（或单位），签上名，用普通邮件寄给收款人。收款人在支票背面签字，将支票交给他的银行，通过银行间票据交换，你付的款就转移到收款人账下。到月底，银行将你一个月内开出的支票全部寄回给你，此时寄回的支票和收款人的签名使你知道这笔款确已被对方收到，这样你自己开出去的支票又变成了对方收款的收据。

顺便说一句，由于用支票支付每一笔账都有记录留下，因此违法的交易就只能用现款进行。譬如老板非法雇佣外来移民，或者支付低于法定最低额的工资等。毒品买卖金额巨大，

权模糊有关。私人债务中三角债就比较少。国有企业的三角债多半最终只能靠政府印钞票来解决。

在美国，为防止可能的支票流弊，有一套制度随之建立起来。例如用支票买东西，要出示自己有照片的身份证明，在美国最常用的身份证是汽车驾驶执照。一旦发现某人在使用支票上行为不轨，银行立刻将事实记入他的档案。以后他非但不会得到任何一家银行的服务，连求职买房也很难办成，他将失去在社会上立足的起码条件。美国虽说是一个自由社会，但有严格的禁区。超越雷池一步，一旦被发觉够受一辈子。银行和保险公司的档案是最厉害的，但这些档案都不是黑材料，本人可以随时了解档案的内容，如果发现内容不实，可以通过一定的手续来更正。违纪的条款也并不太严，开空头支票，即应支款比存款额大，不算严重违纪，罚十几块钱就了事。因为算错账不算大错误。假造签名冒领别人的钱，或者自己去用已经挂失的支票等，才是大事情（因为挂失后被冒领的损失由银行负担）。

话说回来，支票并不能完全代替现款。总会有一些零星开销，像在公共汽车上买票，用支票反而不方便，所以到银行提现款仍是不可避免的。同时出于安全和避免利息损失的考虑，不愿随身携带大数目的现款，也会不得不经常去银行提款。为了方便储户提款，也为了降低银行因雇佣大批职员的成本开销，大约在20世纪70年代前就出现了电子自动银行，它的基本功能是存款提款和查询交易记录。你在银行开户以后，银行发给你一张里面含有只有你自己知道的密码的银行卡。把银行卡插入电子银行，并在键盘上按入密码，当机器确认这两者相符时，你可以每天从电子银行取出不超过500美元（或某一数目）整数数目的现金，也可以存入你收到的支票和现款，操作完了还打印出一张结算清单。电子银行不但设置在银行里，而且分布在大的超级市场和闹市区的街头巷尾，无人值班管理，使用起来非常方便。为了严格管理和防止垄断，按美国法律的规定，一般情况下不许银行跨州设立分行（最近这项限制有所松动）。但电子银行却可以跨州设立。现在全美国有几套各个银行共同使用的联网机，你在别的州旅行时同样可以向自己的银行支取现款，收取的手续费仅一两美元，它相当于汇款的汇费，在账户上自动扣除。由于电子银行的出现，取现款更方便，用现款的交易又取代了一部分原来用支票的交易。

到美国以外去旅行，可以用旅行支票。花1%的手续费，到银行去买票面额为20到1 000美元的旅行支票。在支票上有两行签字的空档，当你从银行购得旅行支票时立即在其中一个空档上签上你的名字，最后当你用它付款时当着收款人员的面再在另一个空档签上字。收款人确认两个签字一致，支票就像现款一样有效。万一旅行支票遗失，拾得支票的人也未必敢于当着收款员来伪造签名。而且支票持有人可以用电话挂失，挂失以后如有人伪造签名冒领，由银行赔偿损失。银行靠旅行支票赚的钱，主要还不是1%的手续费，而是从购票到付款这一段时间内的利息。旅行支票的出现比电子银行早。由于这一巧妙构思而发明旅行支票的人后来成了百万富翁。不过现在信用卡可以跨国使用，不同国家的货币可以按当天外汇牌价折算，旅行支票的用场大大缩小了。

美国银行存款分支票（即活期）存款和储蓄存款两种，前者非但没有利息，还要扣除办理支票的服务费；后者虽有利息，却不提供支票服务。20世纪70年代开始流行两便存款，既可开支票又有利息可拿，但最低存款额不得低于某一标准，譬如1 000美元。美国存款的利率比较低，1986年经济增长相当高，那时大银行的利率一般为5%~6%，而且利息还要交20%的所得税，当时通货膨胀率为4%左右，所以实际利率微乎其微。银行的贷款利率经常变动，但远高于存款利率。在轻微通货膨胀情况下，利率对吸引存款的作用不大。储户存钱主要是图方便，而不是图利息。真正靠资本赚钱的人，把财产用到买股票、公司债券和购置房地产上去了。

近十几年来由于计算机及信息储存和传输技术的发展，电子符号越来越广泛地取代了传统的货币。国际金融市场每天都有上千亿美元在流动，它们全部是一串串的电子符号，完全不用纸质钞票。从小数目的交易看，电子货币也在更多地取代硬币和纸币。公交付费都用刷卡，连出租车也可使用信用卡或储值卡付费。过去人们认为货币必须有其自身的价值，所以只有贵金属才可当货币用，以后推广了纸币，货币的面值和它本身的价值完全分离。现在又用上了电子货币，变成了一连串的符号，而它的基本功能，比如支付、储值、资源的调拨，都没有变。这使得我们对货币的本质有了更深刻的理解。电子货币有它自身的优缺点。它避免了印制假币的犯罪，但发生了网络犯罪。它可以在更多有电信联络的终端上作交易，例如用手机付款，交易的双方不需有银行账户。但没有终端设备的交易，例如马路上的摊贩，就不能利用这种方便。电子货币的收支双方都是记名的，因此比较安全，但记名制有碍于隐私，政府为了不漏税收，不希望交易不留踪迹。电子货币向人类社会提出了新的挑战。

小结：货币的实质是支付能力的信用凭证，凡能起到信用凭证作用的，都可以当货币来流通。支票和钞票的主要区别是它的记名性，它提高了交易的安全性，在许多情况下还能降低交易费用。

20

个体经济规律和总量经济规律

现代经济学常分为微观经济学和宏观经济学。前者研究个体经济规律，后者研究总量经济规律。

微观经济学从狭义来看，是研究家庭作为消费者以及企业作为生产者如何共同形成市场价格，以及如何按照价格来决定自己的行为，从而改变资源配置效率的学科。譬如说，一种商品的价格上升，会使消费者减少消费，并寻求此种商品的替代品，从而引起替代品的需求增加和价格上升等。另一方面，生产者会增加涨了价的商品的生产，从其他方面转来更多的资本和劳力，期望获得更多的利润，同时又抑制了价格的进一步上升，并满足消费需要。

宏观经济学又称为总量经济学，它研究消费的总量和生产的总量（只能是以货币表示的价值总量，否则不同的产品无法相加），各自取决于什么，以及它们如何对价格水平（不是某一种商品的具体价格）作出反应并保持均衡。因而它要研究居民的总消费量和总储蓄量随什么而变，研究为什么投资会超过储蓄从而产生通货膨胀的压力，以及为什么投资会低于储蓄从而引发失业和萧条。它还要研究货币供应增加或减少对总量经济会有什么影响，研究税收与供给和消费中间的关系等等。宏观经济学虽然只研究微观行为的简单加总，但宏观上的规律却不同于微观规律，有时两者截然相反。

萨缪尔森教授是美国获得诺贝尔经济学奖的大师，他在大学生中的影响或许超过了其他几位诺贝尔经济学奖得主，因为他写的《经济学》教科书不但在美国，而且在全世界发行了几百万册，修订了15版。在这本书中他举了一个例子来说明微观规律和宏观规律之不同：当一群人在观看马路上的游行时，如果某人把脚踮起来，他可以看得更清楚些。这是微观规律。但如果大家都踮起脚来看，则谁也不会比原来看得更清楚，这是宏观规律。这里可以看到，微观规律不同于宏观规律。

拿经济现象来看，有一类似的例子可以说明两种经济学规律的不同：如果我的工资得到增加而别人的工资不变，我可以改善自己的生活；但如果所有人的工资都同样地增加，则谁也不会因加工资而改善生活。因为总体的生活水平取决于社会的生产总量。如果生产不增加，光增加薪水，物价水平就会上升，结果把增加工资的效果全部抵消。

相反，从理论上说，如果生产总量增加而工资水平不变，物价水平就会下降，生活照样会改善。不过第二次世界大战以后，世界上主要国家的人民生活虽然大大改善，但还没有出现过长期稳定的通货收缩、物价水平降低的例子。

在美国，工会组织的主要目的就是为工人争工资。但是在市场经济中，没有工会的话个人也会向雇主争工资的，有了工会只是提高了佣方的谈判地位，并不能改变工资决定的规律。

专门的研究证明，在市场经济社会中，全社会创造的价值以一定的比例在资本和劳动之间分配，或者说，资本产出的价值和劳动产出的价值有一个相当稳定的比例，这个比例并不因工会的出现而改变。但这是一个宏观规律，从微观看则不然，有工会组织的地方工资水平明显地高于没有工会的地方。微观规律与宏观规律之所以不同，是因为工会将工资抬上去以后，资方将减少雇佣的工人人数，总体而言，社会产出总价值中分配给劳动的部分并不增加。

美国另一位诺贝尔经济学奖金得主弗里德曼反复强调，如果政府设置最低工资标准（即企业付给工人的工资不得低于此数），将导致失业的增加。此时政府相当于扮演了一个大工会的角色。经济规律具有客观性，资本所得和劳动所得的比例并不能随心所欲地改变仅是一个例子。

附带提一句，中外经济学家研究中国经济后发现，中国社会产出的总价值中劳动所占的比例低于美国的比例。这个现象很容易从观察中得到说明，中国城乡有大量的普通劳动力，由于缺乏资本的结合，只能从事产出价值很低的劳动。近十几年来，由于我国居民的储蓄率非常高，我国经济已经从资本缺乏转变成资本过剩。但是劳动者因缺乏资本而只能从事低工资的打工获得收入的局面并没改变。只要看农民为了买化肥买种子告贷无门，城市失业人员想创业而没有资本，就可发现事实上资本仍是供给不足。但这并非因为总体上缺乏资本。银行里有几万亿的存款因为没有可信赖的

美国的工会在五六十年代取得了巨大进展，这是工会带领工人罢工的场景。

客户而贷不出去，造成资本闲置的根本原因是社会信用体系没有建立起来。信用不足成为资本无法和劳动结合以生产财富的根本原因。

美国的工会在20世纪五六十年代曾取得巨大的发展，工会会员大量增加。尤其在汽车和钢铁工业中，几乎一切企业里都有工会组织，其结果是这两个行业的工资水平大大高出平均水平。但这产生了三方面的副作用。一是许多工人都希望转到这两个行业中去，但行业容纳的劳动力有限，工会取代资方，成为雇佣的垄断者。谁可以入厂，谁不可以入厂由工会说了算。二是工会为了增加雇佣人数，反对资方采用节约劳动的先进设备，阻碍了技术发展。三是使此两行业的成本上升，在国际上丧失了竞争能力。

到了20世纪70年代，大量价廉物美的日本汽车拥进美国市场，使美国大量的汽车和钢铁企业关门，失业增加。这个事实教育了美国的工会组织，80年代以后工会不再坚持增加工资，工会会员数开始略有减少。

1986年，我在哈佛大学访问时，教职工开始组建工会。但从权利与义务的条款看，参加工会益处不大，所以响应的人并不踊跃。但工会在保障工人的政治权利，使工人不受资方欺侮、改善劳动条件等方面则起到过极重要的作用。

政府对工资是什么态度呢？可以相信，世界上没有哪个政府不希望自己百姓的生活能够提高。可是政府不希望工资水平提高得太快，否则会造成通货膨胀，对谁都没有好处。和美国政府一样，我国政府三令五申要控制工资总额，但就国有企业而言，总希望多发一点钱给职工。企业的钱是国家的（全民所有），厂长拿国家的钱做人情，讨好职工是很自然的。现在国有企业改成公司制，筹建了代表股东利益的董事会，企业要独立核算，情况有所好转。但代表全民利益的董事并非真正的利益相关者。他们从个人利益出发未必肯负起责任来。在美国，工资的提高受市场的制约，过高的工资会使企业亏损，资方只好关门大吉。但我国的许多企业是国有的，高工资即使造成亏损，自有政府补贴。所以厂长们没有受到私营企业那么大的约束，而提高工资的内外压力却极大，这成为国有企业的一大基本矛盾。

企业国有制的根本问题在于模糊了利益关系，不能形成合理的价格，本来价格是由供需双方各自从自身的利益出发，在竞争的条件下讨价还价形成均衡价格的，此价格表明了一物的相对稀缺性，是一切经济计划的基本信息。在企业国有化的情况下，人民是企业的老板，供需双方的利益统一起来了，不可能再有讨价还价的价格形成的过程。商品价格定低了，企业亏损，但消费者得益，亏损也无所谓。商品价格定得太高，消费者吃了亏，但企业利润增加，这利润仍用之于民，价高也无所谓。所以企业国有化的结果必定是价格信号的混乱，资源配置的错乱。但是在私营企业的汪洋大海之中有几个国有企业的孤岛，是可以有效运作的。因为国有企业可以利用私营企业所形成的有效价格系统。个别国企有效，全面国企无效，也是微观规律与宏观规律不同之一例。

另一个宏观规律不同于微观规律的例子是关于人口增加对经济的影响。

从宏观来看，土地、淡水等自然资源总量是一定的，人口越多，则人均资源成反比地减少，所以人口越多越穷。可是从一个家庭来看，多一个人即多一份劳动力，显然可以增加收入。这两者的矛盾在于：人均资源减少的影响由社会上全部人口来负担，而增加劳动的收入增加却归家庭所有。然而实际情况远比上述的规律复杂得多。既有人口增加伴随着经济增加的例子，也有人口增加导致贫困化的例子；既有人口密度高的穷国，也有人口密度高的富国。人口学家和经济学家在这方面从事的研究成果可说是汗牛充栋，可是并没有一个简单的结论。人口多少对经济增长的影响是移民政策的一个基本考虑。正因为没有一个简单结论，美国的移民政策才经常引起争议。

美国是一个移民国家，它的绝大多数人都是15世纪末哥伦布发现美洲以后迁来的移民，土著的印第安人及少数因纽特人现在只占总人口的0.6%。在20世纪初以前，美国对欧洲来的移民实际上没有什么限制，但渐渐地早期移民当家作主以后，就要考虑一下新来的移民对原来的移民有何利害得失。有人认为新移民扩大了美国的经济规模，补充了劳动力的供应，因而利大于弊。也有人认为新移民抢了大家的饭碗，但这些考虑是从整体上作的宏观考虑。

从微观上看，美国各州、各城镇之间争夺居民是一普遍现象。因为居民增加首先是增加了政府税收。其次每个人都有衣食住行的需要，都要在市场上买东西。美国是一个需求不足的社会，只愁没有人买，不愁生产不出来，增加需求就可使市场繁荣、就业增加。第三是许多公用事业的成本与人口规模有关。像公共交通、邮政等都是规模越大单位成本越低。我在底特律市中心的一个区亲眼看到过由于人口流失而呈现出衰败的凄凉景象，几乎有一半的房子门口都写着“待售”的广告。我也在北卡罗莱纳州的查贝山市体验过因人口流入而呈现的繁荣欢乐气氛。空地上升起脚手架正在营造购物中心，市政府发给我们介绍材料的封面上印着“欢迎前来投资”的大字。人口现象是最使人迷惑的宏观与微观矛盾的现象之一。

美国移民局的实际做法，过去是将移民人数控制在每年45万，这占每年人口净增额230万人（为人口总数的1%弱）的1/5。1990年开始移民人数增加到每年100万，这一趋势一直维持到最近。2006年美国人口总数达到3亿，每年人口增加约 1%，其中约 1/3 是进入的移民。如果不计移民，美国人口的年增率为 0.7%，与中国人口的年增率大体相同。移民中亚裔比例越来越大，在美国任何一个大中城市都可以看到黑头发、黄皮肤的亚裔人。原来就有唐人街的较大的城市，则更显得比以前繁荣了。

在我国，近十几年来人口增加的规律发生了十分重大的变化。简单一句话，人口的增速越来越慢，1998 年的人口增加了 1 700 万，以后每年增加的人口数直线下降，到 17 年后的 2005 年只增加了 700 万。依此推算，到 2016 年人口的增加为零，再往后人口总数将减少。我国正在迅速地进入老龄化社会。由于长期实施严格的一胎化政策，我国将比其他国家更快地老龄化。那时将发生劳动力短缺，而要抚养的老人却很多。社会发生生产不足而需求过高，结果将是整体上生活水平的降低。为了缓解这一窘境，有识之士建议放松或取消违背自然规律的一胎化政策，但遭到国家计生委的坚决反对。他们反对也有他们的理由。

小结：经济现象中宏观规律往往不同于微观规律，举了几个最经常提到的例子来作说明。文中也介绍了宏观经济学和微观经济学的主要内容。

21

美国人如何存钱（上）

一个人挣的钱或者存起来，或者花掉。因此不论在某一年中，或者在某人的一生中，挣的钱应该等于储蓄的钱加上花掉的钱。也有个别的人花的钱比挣的钱还多，他的储蓄是负的，或者说，临死还欠着一屁股债。从宏观来看，一个国家一年内创造出的财富总值（即国民生产总值），或全国每个人一年中挣的钱的总和等于全体百姓的花销加储蓄。但是在社会主义国家中个人创造的财富有一部分没有返回到个人手中，直接变成了国家的积累。这主要是因为生产资料归全民所有，每个公民不计报酬地为社会主义大家庭工作，而国家则负责照顾每名职工的生活乃至生老病死。

从国际比较来看，美国人的储蓄率很低，是世界各大国中最低的。以 2000 年为例，它只占国民生产总值的 19%，同年日本的比例是 29%，英国是 16%，德国是 23%，中国是 40%。世界各国中只有新加坡的 40%、韩国的 34%可以和中国的相比拟。到 2005 年美国的储蓄降低到了 13.5%。有许多穷困的小国储蓄率比美国还低，甚至是负值，他们靠借债维持生计。①

①世界银行：世界发展报告，2002，附录表 9。

人们之所以从事储蓄，动机有二：一是为了防老、防意外，在美国还要防失业；二是为了盈利。为了储蓄养老的需要，美国政府规定，职工每月要缴本人工资的5%，在某些情况下资方（或雇方）也要缴同样数目，作为养老储蓄金（其实是资方将职工应得的工资直接扣缴了）。职工退休以前不能动用这笔养老金，而且养老金由政府代管，职工调动工作也不受影响。这一制度的设计思想是每个人自己解决自己的养老问题，在年轻时多储蓄，以备年老时花费，政府不予补助。本来嘛，政府又不会创造财富，何来钱财补助老人。所谓政府补助，无非是政府强制从一部分人应得的收入中转移给另一部分人。

除掉政府规定的养老储蓄，还有各种由私人组成的公司，经办不同目的或额外的养老金储蓄，实际上相当于一种专门的银行。

不难想象，这些经办养老金储蓄的银行或机构手中聚集了一大笔钱，成为重要的资金供应者。他们或者贷款给企业家，从中收取利息，用以支付存款人的利息并维持自己的运转。他们也可以自己举办实业，用这笔钱来生利。在美国这样一个分工极为细密的社会里，银行从不自己去办实业，他们致力于提高银行的效率，降低自己的成本，以便和同业竞争。

虽然有88%的美国家庭在银行里存钱，但这并不是储蓄养老的唯一办法，甚至也不是主要的手段。买房子才是主要的手段。

大多数美国人从结婚组建家庭开始就存钱买房子。具体的办法是向银行或专门的抵押购房银行贷款，贷款期一般都是30年。美国政治安定，财产所有权有严格的保障，所以贷款期虽然长达30年，借贷双方并不感到不放心。每月扣款还本付息，实际就是用买房子的方式来存钱。买了房子不影响搬家，因为整个产权和债务关系可以一起出售给别人。我认识的几个美国朋友都有这样的经历：年轻时住一所小房子；壮年时收入高了，子女也大了，换一所大房子；将来退休之后准备再

换小房子。

根据美国的统计，65%的家庭拥有自己的住房，35%的家庭租房子住。这个比率近十年来没有多少变化。买房子作为储蓄的一种方式有其独特的优点，既存了钱又有了住处，一举两得。而且房子是实实在在的资产，不像钞票、股票等有价证券只是一张纸，风险比较大。所以购置房地产比较安全。当然，房地产也有涨价跌价的问题，弄得不好也会亏本。但是地球上的人口在不断增加，土地这种资源在不断变得更稀缺，所以从机会上看，涨价的可能性比跌价的大。

买黄金也是一种储蓄手段。在美国黄金是自由买卖的，非商业性的进出海关也没有限制，这种流通的自由使得黄金成为一种灵活、方便、可靠的储蓄手段。但是用黄金作储蓄有两个主要问题：一是金价的波动很大。从历史上看，黄金的最高价和最低价可以相差 5 倍以上；二是黄金虽然不怕火烧，但有被盗或失窃的可能。如果将它存入银行出租的保险柜，则将来黄金的所有权取决于谁能控制保险柜的开启，这又增加了某种程度的风险。所以黄金并不是美国人的主要储蓄手段。

存钱生利和存钱防老并不矛盾，最理想的方法是存的钱既能生利，又可将来防老。从这一点看存黄金不是一种理想的储蓄方式，因为黄金不会生利。严格地讲，买黄金并不是储蓄。储蓄是将自己省下来的钱通过金融机构借给别人去用，别人用钱作投资能够获利，因此储户能够从中分得一部分。万一投资亏损，储户也可能要承担一部分损失。买黄金则不同，其中没有资金的借贷，而是买了一件本身有价值的商品。唯一的区别是黄金不可能被消费掉，将来总有一天会重新把它卖掉。将储蓄的钱存银行则不同，储户可以有固定的利息收入。但存款利息要缴所得税，再减去通货膨胀的损失，所剩虽不会变负，也微薄得很。当然，银行存款比较可靠，万一银行倒闭，存款仍能从银行的存款保险中得到补偿。美国政府规定一切银行存款都要有保险。万一银行倒闭，存款在10万美元以下的可以得到全额赔付。比银行存款生利更大的便是买股票。所谓买股票就是向某一企业投资。投资不同于贷款。投资是没有归还期的，除非企业宣布结业，此时每份股票所能分得的钱，等于企业清算时的资产除以股数。但股东每年可以分得企业的红利，股东也可以将自己持有的股票出让。投资一家经营情况好的企业，不但年末可以分红，股票本身还可能升值，所以获利相当丰厚。但如果企业亏损，损失就会很大。获利高的，风险也大，这是经济活动的一般规律。据统计，有19%的美国家庭拥有股票。

获利更大，风险也更大的，是金融投机活动。由于风险大，很少有人会靠存钱于金融投机事业来防老，因此它主要的目的是生利。金融投机包括买卖黄金、外汇、股票、政府债券(相当于我国的国库券)。他们买进的目的是为了卖出，换言之，他们自己并不需用黄金、外汇等，只是为了赚取买卖的差价。经济学的理论可以证明，只要金融投机商能赚得利润，这种活动就有利于社会。或者说，金融投机买卖与其他各种买卖并无本质上的不同。只要交易是在平等自愿的基础上达成的，它就为参与交易的双方带来利益。[1]所以美国政府并不限制金融投机和其他任何投机买卖。

①茅于轼。投机行为对经济运行的影响。《走向未来》杂志，总第7期，第108页。

但是金融投机需要高超的技巧，灵活的信息，正确和果断的判断，它并不是一般人能胜任的。另一方面，具有这种特长的人又不一定具备投机需要的资本。于是金融代理商应运而生。这是一批具有投机专长的人开的金融公司，他们向社会上集资，赚得的利润按一定比例与投资人分享，但万一亏损要由投资人承担。这类公司在20世纪80年代中如雨后春笋，大多数都相当成功。他们向潜在的投资人寄送各种广告，主要是说明过去几年他们为每个投资人赚得了多少利润，借以证明他们的能力。在20世纪80年代中期每100美元在一年中扣除他们分享的部分，赚得30美元是很普遍的。但近两年金融投机的利润下降了。

索洛斯先生就是一位很成功的金融投机家，他在20多年内从几百万的家当发展到十几亿的资产。曾在中国设立了“开放改革基金会”，每年赠款100万美元。但在1988年的黑色星期一事件中，因各种股票狂跌，他损失了1亿美元。全美国著名的金融公司中只有两三家逃脱了那次噩运。其中一家称为“桥水金融公司”，它的总裁曾几次来我国访问。我曾问他的诀窍何在，他毫无保留地告诉了我。大概他知道我这个穷汉不会成为他的竞争者。而我呢，也知道发财与我无缘，竟把这个可算无价之宝的诀窍忘记得一干二净。

小结：从总量平衡看，产出等于消费加储蓄（或再加出口）。储蓄有两种目的，目的不同，选择的储蓄方式也不同。储蓄如果以投资的方式进行，风险大的获利也可能更丰厚。

22

美国人如何存钱（下）

俗话说“勤俭起家”。勤，用现代语言讲就是要有干劲，不论这个干劲出自建设国家的热忱或出自个人发财致富的愿望，反正懒洋洋是不会有经济发展的。

事实上，上述两种不同的干劲都曾导致经济的高速增长，我国在20世纪50年代初期的增长，可说是前一类例子的典型。香港的增长，或许可说是后一类的代表。当然，这绝不是说香港人不爱香港。由于干劲能导致增长，因此一个政策能激励人的干劲的，就是好政策；反之，一个政策执行的结果是苛待了有干劲的人的，必定不是好政策。

然而有了干劲却未必一定导致增长，问题在于这个干劲用得是否得当。拿科学家的干劲去种田，砸了铁锅去炼钢，这种干劲非但不能导致增长，还可能造成灾难。如何能使物尽其用、人尽其才，大体上做到似乎并不难，但一切活动都要做到恰到好处，则是一个极难解决的经济问题，在经济学中称之为“资源的最优配置”。好的经济政策不但要奖励有干劲的人，尤其要奖励改善资源、利用效率的人。

再来说“俭”，俭就是艰苦朴素的精神。拿家庭来看，把挣来的钱吃光花尽，不留后备，难免有时会紧张被动。一个能发财的家庭绝不是吃光花尽的，而一定是多有积蓄而且善于经营的。拿国家来讲，如果生产出来的东西全部被消费掉，那么就没有余力搞扩大生产能力的投资。近年来美国经济走下坡，不是因为美国人懒，也不是因为资源利用效率低，一个主要原因是“俭”字上出了问题。他们的积累率从1965年的18%降到了1988年的13%（1990年上升到15%，2000年又上升到19%），以后又显著地降低，是现在世界各大国中比较低的。

我和一位在美国留学的中国留学生聊天时，无意中谈论起一般的美国人到底是穷是富？

从表面上看，他们几乎每个家庭都有汽车，不少家庭甚至有两辆，住的房子和室内陈设都很讲究；从工薪收入看，知识分子和专业工人的年薪多半可达6万美元以上，许多家庭还有股票的红利收入。在哈佛大学负责清扫的一位黑人老工人在每年一度的休假中都要去南方几个州游玩，有时还出国到牙买加去。他们这样花钱必定是家里存有很多钱。

可是从另一方面看，马路上跑的汽车多半是旧车，新的豪华车为数很少；他们虽然多半拥有自己的住房，但大多是借债买的，每个月都要用工薪的几分之一还债。他们用钱虽然阔绰，其中却有不少人是赊账摆阔气。没有到发薪水，已经伸长了脖子等薪水过日子。经济系一位心直口快的女秘书说，她在洗衣店里洗的时装要等发薪水才有钱去取，这耽误了她去参加宴会。所以到底他们有多少家底真很难猜测。

一年多后，我从美国商业部统计局发表的数字中找到了问题的答案。数字显示，1984年美国家庭的平均净资产（存款、房地产、股票及债券之和减去贷款及各种债务）为6.6万美元。但此数不包括诸如汽车、冰箱、首饰之类耐用消费品之价值及预期养老金和保险收入。6.6万美元的数字确实不算多，

嗷嗷待哺的人们：怎么还不发工资？我急着用呢。

大约只相当于家庭两年半的收入。尤其叫我吃惊的是，美国家庭净资产的中位数只有 2.5 万美元，合不到 1 年的收入。所谓中位数是将家庭净资产数从大到小排队，在队列正中间的那个家庭的净资产就是中位数。换言之，有半数的家庭的净资产高于 2.5 万美元，半数的低于 2.5 万美元。平均净资产则是全国家庭资产总数被家庭数除所得的商。

中位数远低于平均数说明大量资产集中在少数家庭手中，大多数家庭的资产是偏低的。美国的统计资料也表明，资产分配的不平均程度，大于收入分配的不平均程度，又大于纳税后可支配收入的不平均程度。这里累进所得税起了均衡贫富的作用。

2004 年美国人的非金融资产的统计说明他们持有的财产有了明显变化。汽车的中位数为 1.4 万美元，第一住宅的中位数为 16 万美元，第二住宅别墅的中位数为 10 万美元，从事投资于办企业的 10 万美元。每户非金融资产的总数的中位数为 17.3 万美元，它不等于上述分项之和，因为有些家庭没有买住房或别墅等等。

种契约，不到期不能兑现，但可以出让而变为现款。债券的利息高于定期存款。家庭买某单位发行的债券，实际上就是向该单位作短期投资。

按照2004年的调查，有69%的家庭自己拥有住房；有13%的家庭购置别墅；有86%的家庭有汽车；还有12%的家庭自己开办企业，或者说向自己办的企业投资。还有2%的人没有任何财产。但买黄金的行为则完全不是投资，这和买一个冰箱或一部汽车的区别仅仅在于你不可能消费掉它，所以终有一天你会再次将它出卖。

小结：说明储蓄如何转化为投资，不同投资有不同的规则，这些规则决定了投资者的风险、获利和资金注入方式。投资者的分散决策决定了整个经济结构朝什么方向调整。

23

美国人一年生产多少财富（上）

美国号称首富之国，其人均产值，除掉某些年份低于瑞典、瑞士、日本、挪威外，经常名列世界首位。今天我们来讨论财富的确切意义是什么，它的生产又是如何统计出来的。

经济学中的财富未必一定指物质财富。所谓财富既包括物质财富，也包括非物质财富，如商誉、信息、专利发明和各种服务。而且物质财富也并非指物质本身，因为稍具物理化学常识的人都知道，物质既不能被生产也不能被消灭（除掉涉及原子核的反应）。所以生产物质财富只是改变物质的理化特性，移动其位置，改变其排列和组合。而物质财富的消费也同样是这些性质转化的过程。

以吃东西为例，精美的食物被细心地焙制出来，成为价值很高的产品；它们被吃下肚去，最后成为屎尿汗等各种排泄物。从化学元素组成看食物和排泄物并无多大差别，他们的差别只能用经济学中价值的观念来概括：食物具有价值，排泄物则没有价值。因此生产是生产价值的过程，消费则是耗掉价值的过程。

如果再要问，价值是什么？答复是有用而稀缺的东西具有价值，它的高低或大小在竞争性的买和卖中形成。为了满足喜欢打破沙锅问到底的人的要求，经济学建立了效用理论或价值理论，它经得起最严格和吹毛求疵的人挑毛病。但它的事实依据却极简单：消费者按自己的价值判断承认共同形成的市场价格。因此价值可以用价格表示。

生产财富就是生产有用而稀缺的东西，不论这东西具有物质形态或非物质形态。美国是首富之国，其确切含义是美国人享受的这些有用而稀缺的东西比别国的多。令人感兴趣的一点是，随着经济的发展和生活水平的提高，生产出来的财富中具有物质形态的部分占的比例在降低，而非物质形态的部分比例在增加。这个规律不但在美国的发展过程中得到证实，也在别的许多不同发展程度的国家中得到证实。

例如在低度发达程度的国家里，农林牧渔常占总产值的1/3以上。在我国，农业是国民经济的命脉，天气影响农作物歉收，这对一年的国民经济有决定性的作用，但是美国农林牧渔业的产值不到生产总值的2%，只有国防开支的一半。尽管如此，美国还出口大量小麦和玉米，成为世界上的主要粮食供应国之一。

从事非物质生产的部门包括交通运输、通讯、金融和保险、商业、各种服务行业（旅游，政府提供的服务如治安、救火），医疗和教育也在内。这些部门是独立地创造出了财富，还是靠创造物质财富部门的职工养活，是一个长期以来有争议的问题。当物质部门的产值占绝对大部分，非物质部门只占小部分时，后一种看法曾经占过上风。即从事物质生产部门的职工对交通、服务等部门有需要，因而从他们创造的财富中分出一部分给非物质生产部门，以交换他们所需要的服务。但现在在发达国家里，非物质性的产值已超过了物质性产值。例如美国非物质性的产值已达生产总值的72%，物质性产值则只占28%，这就很难说前者创造的价值是从后者分出去的，因为部分不可能大于整体，总体上看，少数人创造的价值不可能大于多数人创造的价值。

对经济学说史的研究可以发现一个类似的有趣现象，几百年以前人们普遍认为只有金银才具有价值，一块面包并不具有价值，因为它被生产出来旋即被消费掉。大约在200年前认识有了大变化，逐渐懂得劳动可以创造价值。但当时经济学界的普遍看法是只有农业才是真正创造财富的行业，工业只是附属于农业的一个次要的“服务”部门。连经济学奠基人，其学说至今还有巨大影响力的亚当·斯密也持这种看法。只是到了发达国家完成了工业化过程，后进国家在总结他们的经验时才发现，工业部门的发达才是一国致富的必由之路，这就是我们今天说的“无工不富”。

十多年以前我们面临的一场争论是服务业是否能独立创造出财富来。今天这场争论已经过去，大家承认服务业是能够创造财富的。如果我们总结发达国家的经验，认为工业化以后要继续提高生活水准必须发展非物质生产部门，我们就应制定一个积极扶持非物质生产部门的政策。

现代经济学承认非物质生产部门也独立创造价值，它与第一产业（以自然资源为劳动对象的产业，如农、林、渔、矿业）、第二产业（即加工业）并列为第三产业。当人们吃饱穿暖以后，更多的需要转向旅游、保健、教育、文艺欣赏等方面，而且第三产业可以提高前两种产业的效率，所以第三产业占的比重在不断上升。

生产总值，是不是将市面上出售的商品的价值相加就能得到呢？没有那样简单。因为有些商品被买去作为原料用以制造别的商品，别的商品的价值中包括这些商品的价值，所以把它们的价值统统加起来有些价值就被重复计算了。例如，用电炉炼钢，钢的价值中包括炼钢用电的价值，如果把这两者相加，电的价值就被重复计算了。为避免这个毛病，计算国民生产总值时必须将最终产品和中间产品区分开来，只将最终产品的价值相加。

最终产品是指将被消费掉的，亦即价值即将被消耗的产品。它们包括消费品、基建投资用品和出口品。而中间产品则指将被买去做进一步加工，其价值还将继续增加的产品。

服务业的特点是它的价值在创造的同时被消耗掉。它必定是最终产品，因为它不可能储存或转移，去做进一步加工。医生治病、出租车司机开车、消防队员灭火都具有这种性质。

假设某人受雇于人，修饰园子里的草坪，并得到50美元作为酬金。这50美元就是该人创造的价值，理应列入国家统计的国民生产总值中。但事实上50美元是私相授受，是没有任何记录的，所以在国家统计中也无从表现。这类不列入国家统计的产值称为地下经济。每个国家都有规模不等的地下经济，因为这种交易逃避了税收，美国政府禁止这种做法，但无法完全避免。

再一种情况是自己修饰自己家的草坪，这用不着付钱，更不可能进入国家统计。不仅修饰园子，一切家务劳动都是创造价值而无法计量的部分。它们应该计入国民产值，然而又不可能计入。所以有人说美国的国民生产总值要加上1/10以计入剪草坪的劳务（美国人每一两周便要在自己的园子里剪一次草，以保持整齐）。

同样地，农民种地产粮又自己磨面，最后做成面食消费掉，这些产值理应列入国民生产总值，虽然统计上有其困难。在美国这种情况很少，因为农民都在市场上买主食和副食。这是分工发达为群众提供的利益。对我国而言，商品粮在粮食总产量中占的百分比很低，其余的部分都是农民自己消耗掉了。统计总产值时必须对此加以修正，否则就会产生较大的误差。

出租住房是一种服务，因此租金应计入生产总值。我在波士顿租了一位老太太的一层阁楼，一年租金是5 400美元，但她供我两顿饭食，此外她还要为住房维修、保险、折旧等支付成本，所以她的净收入估计只有3 000美元。这笔钱是应列入国民生产总值的部分，而且她还要为此而支付所得税。但当我搬走之后，如果她不再出租而自己使用，就出现了与前面说的自己动手修理园子相同的情况，即相当于自己出租给自己。当然她不必为此而交所得税，但在国家统计中规定要对此作出修正，即把因自己住房而未付的租金计入生产总值。

将全美国一年中生产出来的最终产品的产值相加，再加上提供服务的价值，得出国民生产总值。此数在1990年已达到5.5万亿美元，粗算起来约合每名美国人（包括男女老少）2万美元。但这并不等于每个4口之家一年有8万美元可用，因为从国民生产总值中要减去折旧（固定资产的损耗），减去公司利润中未作红利分配的部分，减去各种税收，才得国民的可支配收入。此数在1990年已达每人1.4万美元。2005年美国的国民生产总值已达到12.5万亿美元，人均4.3万美元。但是在此期间人均收入并没有像数字所表现的那样增加了两倍，因为在这15年中物价上升了1/2。

小结：劳动能创造价值，资本和自然资源也有助于价值创造；非物质生产也有益于社会。文中强调了经济学意义的生产是生产价值而不是生产物质；说明为了计算国民生产总值(GNP)应将最终产品的价值相加，这样才能避免重复计算。

24

美国人一年生产多少财富（下）

美国是一个人人买、人人卖的社会。一个国家的富裕就是靠大家做买卖，靠你赚我的钱，我赚你的钱，并不是一定要靠赚外国人的钱才能变富。跟外国人做生意赚钱，也不是剥削外国人，而是双方同时都能赚钱。我国有些地方政府的领导常常问我们怎样发展当地的经济，眼睛往往盯住赚别人的钱，而不知道发掘当地内部的商业机会。我的房东雇人来修饰园子，自己又给人熨衣服；我朋友的太太送孩子去游泳池花钱学游泳，星期天花钱学钢琴，自己晚上去餐馆配餐赚钱。他们所有的进财和出财都通过市场，通过钱的流通。照外行人看来，这样一个社会你赚我的钱，我赚你的钱，彼此抵消之后没有剩下多少。然而应该看到在彼此赚钱的同时彼此提供了优质的商品和服务。自己有钱去让别人赚，但享受了别人的服务；自己的钱又是从别人那里赚来，但赚这些钱并不容易，你必须为别人制造出满意的商品或提供满意的服务。

上文谈到，有人以为只有物质生产才创造财富，服务业只是瓜分了他们创造的财富。这种想法错就错在没有看到服务业赚钱的同时也提供了服务。他们购买别人的商品和购买别人的服务没有什么两样，同样都是在被别人赚钱，但绝不是自己的钱平白无故地被别人分掉。一个人或者从事物质生产，或者从事非物质生产，总要创造财富才能获得报酬。然后他又用这笔收入去购买别人生产的物质和非物质产品。

这个简单的事实为我们指出了计算一国生产总值的另一条路，即计算总共生产出了多少财富，或者说，百姓一共赚了多少钱，而不是一共花了多少钱（用于购买最终产品和服务）。从一国的总量来看，赚的钱正好等于花的钱。一般人以为赚的钱不等于花的钱，两者的差是储蓄。这在家庭会计中是对的。但在国家会计中家庭开支是消费，而家庭储蓄则转变为建设投资。家庭储蓄表面上只是一张储蓄存单，还可能是股票、债券，总之只是一纸文件，但此文件的背后实际上是机器、厂房、矿山、铁路。所以就实物而言，生产出的一切货物或服务，或用于消费，或用于建设，要不就是用于出口，此外没有别的去向了。但这是指全社会的储蓄百分之百地转变为投资的情况。也可能有一部分储蓄没有转变为投资就会发生总需求不足，物价水平降低，失业增加。另一种可能是投资超过了储蓄，这时发生总需求过旺，超过了社会的供给，物价水平将上升，发生通货膨胀。

投资超过储蓄或投资低于储蓄，两种情况都可能发生。两者是否均衡取决于许多因素，银行的利息率是因素之一。另一个非常重要的因素是人与人之间的信用水平。因为钱从储蓄者的手中转手到从事投资的企业家手中，全凭双方的信任，信任的不足导致钱流动的障碍，投资和一手交钱一手交货的即时交换不同，它是一手交钱，一手交一张借条（或存单，或股票），这张借据到期能否本利归还首先取决于借方的信用。信用差的人根本借不到钱，所以获得投资资金的难易取决于整个社会的信用水平。一些信用水平差的国家获取投资资金非常困难，因此感到资金极度缺乏，经济发展受阻。信用好的社会情况就好一些，但总体而言，人与人之间不可能有百分之百的信任。因此资金从储蓄户流向投资者总是有阻力的。这就解释了为什么当今世界总体上是一个需求不足的社会，需求是消费加投资形成的，投资因信用而受阻，所以总是供给过剩而需求不足。世界上大多数商品都有剩余的生产能力，只是因为买的人有限而不能开足马力生产，乍一看来似乎很矛盾，人的欲望无穷，为什么不充分利用潜在的生产能力去满足人们的物质欲望？原来障碍在信用不足。

要问百姓创造了多少财富或赚了多少钱，首先要解决百姓除了通过劳动赚得工资外，还有什么渠道可以赚钱。换句话说，除了劳动，还有什么因素可以“创造财富”。

经济学的研究指出，资本和自然资源可以起到和劳动类似的作用。因此，我们可以认为它们也能创造价值。同样的劳动，当有机器帮助时可以生产出更多的产品，所以在某种程度上机器可以替代劳动，而机器是由资本转化的，所以说资本可以“创造”价值。同样，较好的自然资源，如肥沃的土地，埋藏较浅的或品位较高的矿藏，也都可以帮助劳动者创造出更多的价值。从这个意义上说，自然资源也可以“创造”价值。因此，劳动、资本、资源称为生产三要素，只有这样分析才能完全地理解价值的来源；否则我们将无法解释像科威特这样的国家何以如此富有。

生产要素能创造财富的确切意义是，当它们被投入到生产

过程中去时，能使生产中所使用的原材料、动力、辅料等，通过形态的转化增加它们的价值。例如，在美国买一瓶墨水大概要花 2 美元。但制造一瓶墨水所用的化学品、玻璃瓶、包装盒等原材料加起来只值 0.8 美元，其余的 1.2 美元是因为投入了劳动、资本、自然资源（如工厂用地）而创造的财富。

要素创造财富的另一种解释是，要素是没有成本的，但在使用它的过程中却能获得财富；也可以说它的成本和它所创造的财富无关。如果使用它的成本和它创造的财富一样多，这意味着它不能创造新的财富。

土地资源的存在不需要任何成本。劳动力的维持则需要成本，这是指吃饭、穿衣、住房、教育等开支，但这些开支并不是因为使用劳动力而引起的，它本来就需要开销。而且这些开销和它能创造的价值无关。作出伟大贡献的企业家、科学家、艺术家并不是因为他们的食物格外精美。作为资本的机器、厂房在使用过程中有磨损和腐蚀，但同时有资本折旧在补偿。当它们最后报废时，折旧基金可以保证买一套新的设施。所以说资本的使用除了折旧外并没有其他的成本，而折旧是和作为投入的原料同样看待的一种开支。资本本身使用到最后仍原封不动地存在着。

生产要素可以创造出财富，谁有权使用生产要素谁就能够得到财富，因此就出现了对生产要素使用权的争夺。在市场经济中这个问题通过市场竞争来解决，即谁出的价格高，谁就有权使用生产要素。结果生产要素就出现了价格，劳动的价格是工资，资本的价格是利息，资源的价格称为租金。要注意，要素的价格是使用要素的代价，而不是占有要素的代价。工资是在一定时期内使用劳动的价格，而不是把劳动者买来当奴隶使用；租金是一定时期内使用土地或其他资源的代价，也不是买卖土地的价格；同理，利息是一定时期内使用资本的代价。所以要素的价格都是指使用一定时间的代价，都有时间单位。

要素是可以再生的，至少它不会在一次使用中就消耗掉，这是要素和其他生产中投入品（如原料）的又一根本区别。土地可以永久利用；劳动虽不可以永久利用，至少也可使用若干年；从理论上讲资本也可以永久利用，只要不发生类似革命的社会大变动。再如淡水资源，它可以再生，一般也可以永久利用。但矿藏一类资源却不可以永久利用，过去对这一点认识不清，把它当成了一般的可再生资源，所以只收取一般的租金。现在还没有找到合理可行的办法来处理这类资源的使用代价，因为这涉及几代人的利益分配问题。

要素的质量有优劣之分。劳动、土地，它们的质量差别极大。优质劳动，地处繁华地段的土地，比一般的劳动和土地可以多创造出 10 倍以上的价值。资本的差别不那么大，但也有长期短期，能否及时供应以及对使用对象的选择性等质量的差别。为了获得更高的使用要素的报酬（即要素价格），要素的所有者将努力改善要素质量。

在现代社会里劳动只可能属于劳动者自身，而在奴隶社会劳动不属于他自身。资源的所有权随社会制度而异。资本的所有权，在资本主义国家都属私人所有。在我国，家庭储蓄的资本属私人所有，国家积累（国有企业的利润、一部分税收）属国家所有。在改革开放之前的 1978 年全国储蓄存款仅 211 亿元，而 2006 年底仅居民储蓄已达到 16 万亿元。另外还有企业存款 11 万亿元，政府及机关团体存款 3 万亿元。过去，投资主要靠国家财政收入，现在主要靠银行贷款，一部分靠股票市场。它们都来自居民的储蓄。要素的所有权对要素的使用效率有重要影响。私人所有的土地绝不会长期搁置而不加利用，私人的资本绝不会投资于无效益的生产。但私人占有要素的制度可能产生贫富悬殊。美国解决贫富悬殊的办法是征收累进所得税。

将三种要素恰当地组合起来，制造出产品或提供服务，实现要素创造价值的过程，这就是企业家的任务。他们在市场上出售产品，用得到的收入去支付要素价格以及原料费用。如果还有剩余，就是企业的利润，否则企业就发生亏损。企业家自负盈亏，他们有时暴富，有时破产。但企业的利润也是一国所创财富的一部分，将要素所得和企业盈利合在一起就是一国所创造的全部财富。有企业家和没有企业家作比较，有企业家组织要素从事生产能够创造更多的财富。这就是企业家的贡献。我国改革之前没有企业家，创造财富的效率很低，改革之后仍旧是这块土地、这些人民，但创造的财富增加了10倍，其中企业家起了非常重要的作用。而且在平等自由的市场上，一切交换都是双方自愿的，因此必定是双赢的（有损于一方的交换达不成协议）。企业家如果在市场上赚了100万元，与他交换的另一方，不管是另一位企业家，是消费者，是工人，必定也赚了大体相当的钱。认为企业家赚钱是剥削，赚钱有罪是毫无道理的。

在美国，任何人得到的一切合法收入，货币的或物质的，目前的或将来的，除掉少数亲友馈赠或国家救济外，无不来自要素的所得。换句话说，只有你提供要素创造了财富，才能取得合法收入。那里没有按人头分配的奖金，没有按城市户口分配的涨价补贴，没有离退休的加薪，没有可报销的私人消费，机关团体也从来不分食物、饮料、日用品。因为财富都是要素创造的，如果某人没有提供要素而获得收入，则必然有另一些人创造了财富而没有获得报酬。严格地讲，这就是剥削。从创造财富的一面来计算美国的总产值，1990年劳动所得占70.5%，资本所得占28.1%，租金所得占1.4%。第二次世界大战结束以后，劳动所得的份额呈缓慢上升趋势。到20世纪末，劳动所得只增加到70.7%，资本所得降低到27%，租金所得上升到2.3%。

小结：计算国民生产总值也可以从要素创出的价值来计算，说明什么是生产要素，其特点是要素没有成本，它的价格等于它产出的价值，此价值正比于它被使用的时间。在市场经济中权力不能得到收入，除掉施舍和馈赠，人们的一切收入来自提供要素得到的报酬。

25

美国经济为什么会衰退

正如许多人都会骑自行车，但很少有人想过为什么两个轮子的车不会跌倒一样；大家都会用钱到市场上去选购商品，但很少有人想过，为什么用钱可以选购任何一种商品。也许很多人认为这个问题不成其为“问题”，可是实际上这是货币经济要解决的最基本的问题。在计划经济时代，有许多东西买不到，又有许多东西积压卖不掉，就是因为这个问题没有解决好，生产的品种和消费的品种不匹配。在以货易货的市场上，如果我要用羊去换别人的斧，首先必须找到市场上有斧的人。其次要知道他是否正需要羊，最后才谈得上以什么比例来交换。有了钞票，买卖双方都大为方便，但钞票并没有改变一个基本事实，即消费者用掉的每一件商品没有不是生产者生产出来的；而且生产出来的每一件商品都应该被消费掉。所以每一种商品的生产和消费在数量上必须保持平衡，而且要有一条渠道使这种商品供需的双方能互相找到对方。

在完全是计划经济而没有市场的国家，可以安排生产衬衫的工厂生产一万件“最优”牌衬衫，同时将一万张分配券发出去。这样不会发生供需数量上的不相等。可是在消费者有权选择商品的市场经济中，要使每一种商品供需相等便远不是一件简单容易的事。

假如我手上有10块钱，可以买两双袜子或一盒冰淇淋。如果我买了袜子，织袜工厂必须为我生产出一双袜子。供应原料给袜厂的企业，从种棉花到纺纱，从化工原料到染料工厂都要为我的购买增加生产。如果我买了冰淇淋，则生产牛奶、白糖的企业应该作出反应。我的购买行为如何能通知到每个相关的行业，实在是一个复杂得无以复加的难题，计划经济完全没有能力解决这个难题。但市场经济用最简单的办法把它解决了，这个办法就是每种商品通过价格信号保持供需均衡：供不应求涨价，抑制消费，鼓励生产；供过于求跌价，鼓励消费，抑制生产。

撇开许多市场调查和预测，在市场经济中解决该问题的基本方法就是让价格起传递信息的作用。企业和消费者各自追求自己的利益，价格就可以起到平衡供需的作用。这就是我们熟悉的价值规律：供过于求的产品价格下跌；供不应求的产品价格上涨。根据美国等市场经济国家的经验，价格的信息作用和激励作用可以解决在钱的持有者有选择自由的条件下，每种商品保持其供需相等。虽然在这个调整过程中需要社会付出一定的代价：有不少企业莫名其妙地破产倒闭，大致也有同等数量的企业莫名其妙地发财致富。总的看来，这一现象并没有成为市场经济运行的大障碍；相反，它倒成为市场经济运行的正常机制。钱可以选购任何一种商品，保证有钱就有东西。不会发生“虽有资金却缺乏物资”的现象。

可是，如果消费者拿了挣来的钱不到市场上去选购商品而是将它储蓄起来，问题的性质就起了变化。此时不再是个别商品的供需失衡，而是总量的失衡，即总的购买量少于总的生产量。

要理解储蓄引起经济问题的关键点，在于懂得在市场经济中每个为社会创造了财富的人都从社会获得了大体上相当于他所创造的财富的钱。所以当他虽然参加了生产，但生产出来的产品不能转变为财富时，或者说他虽然制造出了产品，但消费者因为把钱储蓄起来而不去购买时，他将得不到收入。

在一个由中央控制的经济中，情况完全不同。因为社会成员得到的收入与他为社会创造的价值无直接关系。举一个极端的例子，在一个由领导分配购买力的社会内，领导负责每个成员的衣、食、住、医疗、教育等，另外再给一点零花钱，每个社会成员的收入与他创造的财富无关。如果社会成员把零花钱存起来而使购买总量小于生产总量时，领导可以叫政府来购买，例如增加基建投资，或增加每个成员的零花钱（例如增加“薪水”），从而注入额外的购买力，使供应总量和需求总量保持平衡。日后一旦人们将储蓄重新投向市场时，主管可以用各种方法约束购买力，包括限制百姓的货币收入（降低工资或裁员）、提高物价水平、从国外进口商品以增加供应等等。

在一个由千百万个消费者和生产者分散作决策的市场经济国家内，政府也作为分散决策者之一参加市场中的买卖，但它既不能控制工资，也不能决定物价。当消费者因储蓄而减少购买时，政府无权命令雇主增加工资，也没有钱来搞基本建设，除非政府向老百姓借钱。在市场经济中百姓的储蓄并非都进了银行，而是大部分自己找机会投资。例如买股票、买房地产、自己开店做买卖等。只要百姓拿自己的钱去投资了，不论是买股票，买房地产，做小生意，这些钱就形成购买力，社会上的总供给和总需求就能保持平衡。但是不论何种原因，钱在某处沉淀下来，退出了市场周转，总需求就会减少，市场就出现萧条。在我国，大部分居民的储蓄都进了银行，而银行又没有将钱全部借出去，总的购买力就会小于已经生产出来的东西。这就是市场不振，通货紧缩。此时利息率降低，手持货币的利息损失很小，百姓会增加手中的钞票，这些钞票退出市场周转，进一步加剧了通货紧缩。相反，在通货膨胀时手持货币的损失较大，大家把原来存的钞票也投入到市场中，使得购买力进一步超过总供应，更激发了通货膨胀。在市场经济国家，如果产品卖不出去，雇主可能减少雇佣，或降低工资，使社会上的总购买力进一步削弱，造成恶性循环。衰退便由此产生了。

然而，不论在何种社会制度下储蓄原是每一个家庭都在从事的经济活动。因此，从全社会来讲，家庭消费掉的产品价值永远比生产出来的价值小。这里的差额是生产出来不用于家庭消费而用于基本建设的产品。

因此，我们发现，家庭的货币储蓄总额必须等于全社会的投资总额。当这两者相等时，社会上生产出来的商品总值全部被消耗掉，或者用于家庭的日常消费，或者用于基本建设。可是问题恰恰在于家庭储蓄总额未必等于社会投资总额。家庭的储蓄总额是由各个家庭独立决定的，而社会的投资总额是由各个企业家独立决定的。家庭将储蓄的钱存入银行或别的金融机构，企业家作出投资决定后从银行等机构借钱去搞基本建设。但存的钱未必等于贷出去的钱。在凯恩斯之前，经济学家以为银行的利息率能够调整资金的供应和需求。利率提高时货币的供应增加而需求减少，利率降低时则相反，所以利率的高低可以平衡资金的供需。凯恩斯发现利息率的作用没有那么大，市场活跃不活跃所起的作用更为重要。除此之外，在我国（其实其他国家也一样）社会的信用水平也会影响资金的流通。当信用水平很差时，尽管资金有供应也有需求，但是借钱不放心，钱流动不起来，储蓄很难转换成投资，市场就会萧条。在计划经济国家里就不会发生储蓄不等于投资的问题，因为计划中的基建项目由国家决定，可以做到投资额等于储蓄额（即国家代替家庭储蓄的钱，还有国有企业的利润、政府的税收等，连银行里的储蓄如何使用也是由政府控制的）。仅当投资部门不遵守国家计划决策，例如，各工业部投资超过计划指标或少于计划指标时，储蓄才不等于投资。即使发生这样的情况，国家也可以及时调整基建规模而使两者保持平衡。

在美国这样的市场经济国家里，要使由家庭决策的储蓄恰好等于由企业家决定的投资，确实是难上加难。一直到 20 世纪 20 年代，经典的经济学理论认为，存贷款的利率也是一种价格，当存款超过贷款时利率降低，减少了家庭储蓄的积极性，同时却增加了企业家贷款办企业的积极性；银行里的钱供不应求时则发生相反的过程，因此和其他任何一种商品一样，利率的浮动可以使储蓄与投资保持平衡。

虽然这个理论早在19世纪已经不太经得起事实的检验，资本主义国家不断地经历了衰退和繁荣的交替，但经济学家们拿不出更有力的理论来解释，只能说价格的调整需要一段时间才能起作用，经济的波动只是调整的过程而已。

可是1929年美国发生的大萧条证明了上述的经典理论不足以解释资本主义经济动荡的原因。因为在那次大萧条中美国的社会总产值连续三年急剧下跌，直到10年以后，即第二次世界大战前夕，生产才恢复到原来的水平。这次大萧条损失的财富大体上等于第二次世界大战中美国的全部战争开销。美国有1/4的劳动力失业，许多家庭受冻挨饿，流离漂泊。在那次萧条中利率降得很低，但投资仍非常微小。因为老百姓没有钱买东西，企业家不会为了生产卖不出去的产品借钱开厂。换句话说，投资的积极性不仅取决于利率的高低，而且取决于市场的兴旺。只要产品卖得快，建厂的成本即使高一点，也仍旧有利可图。

1990年秋季，美国发生的经济衰退再次证明了利率对经济的促进作用相当有限。老布什总统相信降低利率可以刺激经济，所以政府和美国联邦储备银行（相当于中央银行）合作，接连5次降低利率，利率已经低到近20年来的最低点。但投资仍未有明显上升，整个经济仍处于供过于求的状态。或者说，生产出来的总价值大于百姓的消费加投资；更确切地说，企业家眼看生产出来的产品难以销售，干脆减少生产。国民生产总值不但没有上升，反而连续几个季度出现负增长。在2001年“9·11”事件以后，美国的利息率降低到30多年来的最低点，投资依然活跃不起来。美国在1929年10月开始发生的令人谈虎色变的大萧条还不仅仅是因为投资低于储蓄。如果仅仅是由于这一点，它只不过是一次比较严重的衰退，这种衰退在美国历史上早已发生过许多次。由衰退演变成为大萧条主要是另外两个因素促成的。第一是百姓听信谣言，纷纷到银行里挤兑，把银行挤垮了，并发生了连锁反应。第二是美国的中央银行减少了货币供应，使资金更短缺，物价降低，企业家更不愿投资（存钱获利比办企业获利大）。

1991年国际商业信托银行因发生巨额贪污，资金不足以抵债，造成存户的存款不能兑现。如果存户有灵通的消息，就可以事先将存款提出来避免损失。1930年12月初，群众在经济衰退造成的恐惧心理影响下，听信谣言，到美国银行（事实上是一家普通的商业银行，不过起了一个大名称似乎是美国政府开的银行）去挤兑。美国银行因此倒闭，结果引起一连串小银行雪崩似的跟着倒闭。银行倒闭给工商业和储户双重打击，经济进一步收缩，使经济雪上加霜。当时美国银行界未能挽救这家殷实的兄弟银行，据说是因为人事纠纷，歧视犹太人，再加上同行的忌妒心理所造成。按照银行界的惯例，任何一家银行受到挤兑威胁时，只要他在经营中信用良好，他有权请其他银行借钱给他对付一时的周转困难。其他银行也有义务这样做，因为这对大家都有好处。可是当时这种惯例并未成为一种

制度，结果导致衰退发展为大萧条。后来有鉴于挤兑对金融界造成威胁，美国法律规定大多数银行必须对储户的存款保险。万一银行倒闭，存户不会吃亏，这就消除了挤兑的根源。

当时这家美国银行破产后，它的资产被拍卖清理，拍卖所得显然低于资产的真实价值，何况在经济萧条的背景下。最后对储户的每一元钱偿付了 92.5 美分。这说明如果储户不去挤兑，他们一分钱也不会损失。

以上的种种分析也可以用一句话来归纳，即社会的信用问题导致了总需求的不足，信用不足使储蓄不能顺利地转为投资。这个道理我们在第 24 章里已经交代过了。在一个和平时期，美国的经济在十年时间里凭空损失了几千亿的财富，给百姓造成了灾难性的痛苦。以后虽然有凯恩斯的理论指导，由政府来调节总供给和总需求的平衡，但从那以后金融危机导致的经济衰退曾一而再、再而三地发生过。人类社会的组织越复杂，信用的重要性也越明显，社会的稳定性也越来越依靠信用。但信用具有先天的不确定性，人类社会的巨大灾难很可能由于信用链的断裂而再次发生。

小结：当购买总量少于生产总量时发生经济运转的障碍，这是由于投资少于储蓄所引起的。使投资恰好等于储蓄是一切经济所面临的困难课题。讨论了决定投资的一些因素。利率的波动可以调整投资和储蓄，但所起的作用很有限。20 世纪 30 年代的大萧条是两个额外因素所诱发，即挤兑银行和减少货币供应。

26

美国如何对付经济衰退

我国经济也有高速增长的年代和停滞倒退的年代，但除了三年灾荒以外，这些经济波动并没有给百姓的生活带来多大的影响。因为农民的生活很大部分是自给自足，较少依赖于货币经济。城市居民因为大家就业有保障，基本生活条件如住房、医疗、教育都由国家供应。一般百姓甚至并不知道国家的经济是在增长还是在停滞。可是在美国则不然，每个人的收入直接从市场得到，经济繁荣或衰退立刻给每个家庭带来影响，所以经济的荣衰是全国百姓最关心的大事。现在，我国的经济也逐渐转到市场经济的轨道上来，市场的景气或萧条也会影响一大批人的收入和就业。衰退造成的第一个影响是失业，不但新毕业的几百万大学生很难找到工作，已经就业的也被大量解雇。失业意味着失去稳定的收入来源，虽然不致立刻挨饿，因为过去有节余，国家有救济，但贷款买的房子因付不出每月该付的款将被收回，贷款人将被赶出自己的住宅，贷款买的汽车则可能因不能按时付款而立即被没收。1986 年美国经济还没有衰退，但因世界石油价格猛跌，盛产石油的得克萨斯州的许多油田因无利可图而停工，我亲眼目睹失业造成的阴郁气氛笼罩着街头巷尾，出售旧汽车的停车场停满了待售的汽车，一眼望不到边。有不少经济繁荣地区的人专程赶来买旧汽车。有 140 万人口的休斯敦市内，大街小巷几乎看不到一张招人的广告。青年人纷纷出走到外地谋生。过去10年内因油价猛涨而发了大财的公司盖了许多在美国也算豪华的高楼大厦，闪光的大橱窗下站着一堆堆神色委靡、茫然失措的各种年龄的失业者。我虽然没有品尝过失业的滋味，但我非常理解失业给社会带来的严重后果。

衰退造成的第二个影响是家庭资产的丧失。多数美国家庭存钱的主要方式不是银行存款，而是买股票和房地产。在经济衰退时企业预期的利润降低，年终分红减少，股票当然不值钱。原来值10万美元的股票在衰退时可能只值8万美元甚至5万美元。在衰退时房地产同样要跌价，家庭资产因经济衰退而大打折扣。受到这样的打击，当然要更谨慎地花钱，力图恢复自己的资产。结果是进一步减少购买，使衰退更难恢复。

上文谈到，衰退的原因是总购买量（用于消费的加上用于投资的）小于总生产量。要纠正经济衰退就得想办法增加消费或增加建设投资。可是在一个市场经济中，消费和投资是由无数个体的家庭和企业家决定的，他们在衰退的大气候下不可能无缘无故地去增加开销。当然，几年之后衰退会结束，经济会再次进入繁荣。改变局面的主要原因是陈旧的设备更新，促使了投资的增加。然而要用政策去扭转衰退，当然不能坐等设备报废，而是要主动寻求积极措施。这个办法后来由著名英国经济学家凯恩斯提出来，就是由政府来当一个大买家，政府出钱去投资。市场受到这个巨大的新主顾的刺激，就会终止不景气，转入兴旺。

现在看起来，凯恩斯的办法很简单。为什么过去的经济学家就没有想到呢？这里有几层原因，首先是政府从哪里拿钱去投资。如果政府向百姓借钱，压缩百姓的购买力，把借来的钱拿去投资，这并不能解决多少问题，因为购买力只是从百姓转移到政府，总的购买力并未增加，不足以从根本上使总需求扩大到与总供给相等。

凯恩斯提出来的办法是政府把居民已经决定用于储蓄的钱借来，或者说，向银行借钱投资。这笔储蓄原是准备借给企业家的，现在企业家不愿投资，那么政府就代替企业家作出投资的决定。

另一个办法是政府向未来借钱。这主要是印发钞票（事实是银行在政府的账户上加一笔款子，政府给银行出一张借据，即政府债券），用新钞票支付政府的投资开销，待投资得到了效益，再将赚的钱收回来还债。

第二个问题是一般经济学家认为要弥补总需求与总供给之间的巨大差距，需要的资金太大。但凯恩斯发现，如果政府投资一块钱，市场就可以增加大约 5 块钱的购买（具体比率取决于百姓的收入中有多少用来储蓄，多少用来消费），所以一笔相对小的启动资金就可以使市场活跃起来。因为政府投入一块钱去搞基建，如果这一块钱用于购买水泥，这钱最后发给工人作工资，一小部分成为资本家的利润。工资也好，利润也好，除了小部分储蓄起来，大部分又投入到市场去购买商品。这笔拿来买商品的钱，又变为另外一批工人和资本家的收入，他们储蓄了一小部分之后，又将大部分钱用去买东西。如此周而复始，使最初的一块钱产生出 5 倍以上的购买力，所以政府投资有启动市场的杠杆作用。

在萧条的时候，政府借钱投资，不但投资有回报，更由于政府能够增加税收，因此不愁所借的钱无法归还。百姓的每一项购买，以及他们的各种收入都为政府创造了税收。

第三个问题是经济学家认为政府像企业家一样，在衰退的环境中缺乏有利的投资机会。何况根据美国的法律，政府不得利用自己的特殊地位经营与民争利的实业，除非那是垄断性的行业，如邮政、电力、铁路（现在这些方面也变成非垄断的民营企业了）。但事实上政府可以从事公共事业的投资，如公路、绿化、城市污水处理、水土保持、河流的区域治理和综合开发。这种为社会所需要的工程，一般的私营企业不会去投资。

所谓“四两拨千斤”，就是以最小的投资获取最大的利润。

退一步来说，哪怕是政府投资于完全无效益的工程，例如雇一批工人去挖沟，再雇一批工人去填沟，虽然投资完全浪费掉，但启动了经济，防止了全社会生产力的巨大浪费(工人失业、机器闲置)。所失甚小而所得甚大，仍是值得的。

凯恩斯于1936年出版了他最重要的著作《就业、利息和货币通论》，但这本书被经济学界抵制长达10年之久，直到1946年他去世之后才逐渐为大家所理解和接受，现在已成为西方大学经济系的必读书。凯恩斯本人也被公认为继亚当·斯密和马克思之后，作出了划时代贡献的经济学大师。他的理论之所以不被同代人所接受，最根本的原因是当时大多数经济学家过于迷信传统的经典理论。所以他在该书写道：“本书之作，对于作者是个长时期的挣扎，以求摆脱传统的想法与说法。”他又说：“我们大多数都是在旧说下熏陶出来的，旧说已深入人心。所以困难不在新说本身，而在摆脱旧说。”

凯恩斯的理论创建至今已经过去了半个多世纪，但它仍用来作为西方国家制定宏观经济政策的主要理论指导。当然，由于实践经验的丰富，加上几代人的继续钻研，使得大家对这个理论的细枝末节以及相关的条件了解得更清楚了。现在的问题已经不是推广和应用凯恩斯理论，相反，倒是防止他的理论被滥用。如果一种经济原来处于正常运转状态：想工作的人都有工作做，机器设备都在满开工状态，或者说，总需求和总供给大体上是均衡的。此时政府想使经济进一步繁荣，再采用借债或发钞票的办法增加开支，造成总需求超过了总供给。此时生产已无潜力可挖。更多的购买力寻求供应有限的商品，结果必然导致物价水平全面上升，引起混乱。

事实上美国经济已经多次处于这种性质的混乱。由于经常在经济繁荣时政府实行赤字财政，因此必然诱发通货膨胀。作为一个有机体，经济产生了“抗药性”。即使在衰退时，需要政府注入额外的购买力刺激生产，由于“抗药性”的作用，整个经济的反应不是增加就业和生产，而是物价上涨，失业却依然高居不下。这种经济停滞加上通货膨胀的现象称为滞胀。它是20世纪70年代曾经困扰美国和不少其他资本主义国家的经济问题。

美国还会不会再次发生20世纪30年代的大萧条？90%以上的经济学家都说不会。因为现在有了凯恩斯的经济理论，政府和中央银行不可能在衰退时再执行收缩经济这种倒行逆施的错误政策。

确实，经济理论对于人类社会太重要了，不懂理论而去制定国家的经济政策太危险了。但是美国经济是否永远不会再出大的问题，照我看来，这是完全没有把握的。当然，我也同意像20世纪30年代那种总供应大于总需求造成的大萧条现在已经有了对付的办法，但别的大问题不是不可能出现的。20世纪90年代初发生的美国银行的信用危机暴露了这种潜在的危险。

小结：萧条是市场经济的主要危险，它打击每一个社会成员。凯恩斯的理论指出政府作为一个大买主可以制止经济衰退的持续和扩大。但在繁荣时再增加政府投资，想进一步促进繁荣，结果适得其反，最后发生失业和通货膨胀并存的滞胀现象。

27

美国的通货膨胀（上）

通货是指流通中的货币，膨胀则指过多地发行。然而仔细推敲起来，“通货”和“膨胀”都包含了许多含混之点。

先说通货，除了钞票和辅（硬）币，还有支票，它也能起到货币的作用。在美国买东西，你可以开一张支票（同时出示有照片和签名的身份证，如果款额不大，什么证件也不用）；发工资时可能是老板开一张支票给你，凭这张支票你可以到银行支取现款，也可以将它存到你的银行活期存款账户上。有了活期存款就可以开支票，活期存款和你口袋里的钱没有多大区别，所以通货就应包括活期存款。

定期存款在一定的条件下也可以转为活期存款，从 20 世纪 80 年代初美国推广了“定活两便”存款以来，定期活期的界限已很模糊。定期存款虽然不参与流通，但遇到急用，它是最接近于市场的流通手段。因此有时定期存款的增加也可被视为通货的增加。

进一步来看，国库券虽然不能流通，但它很容易通过转让而取得现金，至少它可以作为抵押而得到现金，所以它成为货币的替代品。

这样推广下去，甚至房地产也可以转变成货币，但这个过程至少要好几个星期。使用货币作为支付手段原是为了方便，用房地产作为支付手段还不如物物交换来得方便，所以房地产不大可能作为支付手段来代替货币。

上面的讨论无非想说明，除了钞票之外还有多种可以部分地起到货币作用的流通手段，但它们接近流通的程度和当作支付手段被接受的程度各不相同。研究通货膨胀时把通货定义到哪一级为止是有讲究的。多数经济学家同意算到活期存款为止，因为90%以上的交易是用支票作为支付手段的。如果不把活期存款算作通货未免太脱离实际。当然，支票和钞票仍有重要的区别。例如，我接受别人付给我的钞票后，立刻可以将这笔钞票用来买东西，付给另一个人，支票则不行，因为支票上写明了收款人。这个例子说明活期存款的流动性远不如钞票。但从 20 世纪 80 年代以来，个人接受的支票也可以转签给别人，只要在支票的背面写上新收款人的姓名。这样，支票的流动性就接近钞票了。

按照上述定义，美国在 2000 年底的钞票加活期存款的通货总量约为 11 500 亿美元，平均每个美国人 4 000 美元（事实上很大一部分美元在境外流通，东南亚、中国、非洲、东欧都有大量美元在流通），其中钞票及硬币为 4 500 亿美元，活期存款 4 100 亿美元，其他各种名目可流通存款约 3 000 亿美元，另外还有 80 亿美元旅行支票。如果将定期存款也包括进去，则通货总量约为 41 000 亿美元。定期存款约为活期存款的 3 倍。将 11 500 亿美元与美国当年的国内生产总值 GDP 约 91 000 亿美元作一比较，可知国内生产总值约为通货总量的 8倍。因为生产出来的每一元 GDP，不论它是货物还是服务，都要经过市场交换才能被消费者使用，每一次交换都要用通货，而通货只有 GDP 的 1/8，说明每一元的通货在一年中必须被使用8次，才能将全部GDP通过市场交换提供给居民消费。按照2005年的统计，该年的GDP为12.5万亿美元，通货加活期存款及其他支付手段为1.37万亿美元，故货币周转数为每年9.1次。

我们注意到，GDP只包括最终产品的价值，中间产品不包括在内，而中间产品的交换也要使用通货，所以每元通货的实际周转次数要大大超过每年的9.1次。“膨胀”一词不确切的地方则更多了，因为我们不知道什么样的通货量算是“不膨胀”。新钞票每年不断地被印出来，首先用来更新那些被磨损了的旧票子，但这还不够，因为人口在增加，用钞票的人在增加。假定每人持有钞票的量不变，新增的钞票量至少要和新增的人口量成正比。何况每人持钞票的量也在变化。举一个极端的例子，如果明年人民的收入忽然增加了一倍，每人消费于衣、食、住、行的价值提高了一倍，当其他条件不变时，每人持有的货币量理应增加一倍。如果银行不增加货币的供应量，就会发生“缺乏现金”的严重问题。

缺乏现金将给人们带来巨大的不便。我的朋友或商业伙伴从邮局汇来一笔钱，可是我凭汇款通知到邮局提款时，得到的答复是没有现款；或者存户到银行提取自己的存款时，银行抱歉地要求存户再等几天，理由是没有现款；或者农民向政府或私人商号出售农产品时，得到的不是现款，而是一张欠条（俗称白条）。

这些情况说明货币供给相对不足（例如银行的货款到期收不回来，超额借贷去做生意。也可能是钞票调度上出了问题，但此时必有另一些地方通货过剩而积压）。不难想象，货币供给不足会造成多大的不方便。它使本应得到这些货币的人由于得不到这笔钱而被迫中断其经济活动。

正因为“通货”和“膨胀”两个词都存在着许多界限不分

明的定义，所以给它们的研究者增加了不少困难。但如果我们不作定量的深入研究，只讨论最基本的概念还是办得到的。

在纸币流通之前，贵金属是大家同意接受的通货。19 世纪时纸币在美国虽已流行，但它只是为了携带方便而使用，人们心目中只有贵金属才有价值。纸币之所以被接受，是因为它随时可以兑换成黄金。那时 20 美元的钞票上印着："美利坚合众国将兑给持票人 20 美元"（当时即指黄金），钞票上有财政部长和银行行长的签名，以示郑重。正因为美钞可以兑换成黄金，所以美元习惯上被称为美金。到 1934 年美国废止了以黄金支持美元的金本位制，从那以后美钞已不能兑换成黄金，不过人们仍习惯于美金这一称呼。为了防止联邦储备银行（美国发行货币的中央银行）滥发纸币，国会规定银行必须有相应的黄金储备（不一定正好等于纸币）才可以发行纸币。到 1968 年，连这一点联系也取消了。美元钞票上的那句话也改成了"本券为公私债务的合法支付手段"。美元虽已不能兑换成黄金，但它具有购买力的事实却丝毫未变。

从这一点看，货币并不因为本身具有价值才为大家所承认。严格地说，将贵金属作为货币还保留着以货易货的特点。或者说，黄金的购买力，或与别的货物的交换能力，取决于黄金本身的价值。如果发现了大的金矿，或新的炼金工艺，使黄金的生产成本降低，黄金作为货币的购买力将降低，表现为其他商品以黄金标价的价格普遍上升。纸币却没有这个缺点，它不会因某种商品的成本变化而使物价水平发生波动。

纸币优于贵金属的另一个重要原因是贵金属本身具有价值，将它用作流通中的支付手段是积压了资金，损失了利息。或者说，一个国家如果用贵金属作货币，就要有一大批劳动力和资金用来生产黄金以供流通之需，而纸币的生产容易得多，大量用于生产黄金的劳动和资金就可以节省。管理得好的话，纸币是一种更为优越的货币。当今世界上已没有一个国家继续使用贵金属为货币了。

纸币只是一张纸，它之所以有购买力，纯粹是因为接受纸币的人相信别人同样会接受它。但一张纸币的真实购买力是会变动的，它取决于流通中通货的总量是多于还是少于"适当的量"。当货币流通量太多时，物价水平将上升；太少时则下降。

前面谈到，当货币量太少，不足以满足周转所需时，到银行和邮局提现款提不出来，出售商品只能得到一张欠条而不是现款。一些急于用现款去做别的交易的人，宁愿自己遭受一些经济损失也希望立刻得到现款。他们可能向银行提出，100 元的存款能付 95 元现款也可以同意；出售商品的店家也可能向顾主提出，如果能付现款，商品可以打九五折。当货币普遍紧缺时，上述追求现款的交易也普遍存在。此时，昨天卖 100 元的商品今天只卖 95 元，出现了普遍的货币升值。这一现象曾发生在大萧条时期的美国，从 1930 年到 1933 年的 3 年内美国的物价水平下跌了 23%。在用黄金作通货的 16 世纪，英国也曾发生过因黄金供应不足，而各种交易迫切需要黄金，致使黄金价格上升到超过它本身价值的现象。这个例子进一步说明了货币的购买力与货币本身有多少价值无关，而与货币的供应和需求有关。和别的商品一样，当货币供不应求时，货币的价值上升，它的购买力提高，这就是“通货紧缩”；相反，货币供过于求时，货币价值降低，物价普遍上升，这就是“通货膨胀”。但是，自从世界各国采用纸币以来，通货紧缩的现象很少发生，倒是通货膨胀不断地困扰着大多数国家，不论是发达国家还是发展中国家，也不论是社会主义国家还是资本主义国家。

即使通货膨胀率为零，现在的 1 元钱也不等于一年后的 1 元钱，即使具有同样的购买力，它们的价值也是不同的。如果有人给我 1 元钱，我可以选择马上就给我或一年后给我。无疑，我会选择现在就给我，因为一年后的事很难说，万一我出车祸死了（人都要死的），岂非丢了一块钱。更何况今天拿了一块钱可以存银行，一年后连本带利就不止一块钱。一年后一块钱的利息所得称之为贴现率。如果利息是 3 分钱，那么贴现率就是 3%。从理论上讲，贴现率也是人们对现有购买力超过将来购买力的主观评价。如果这个主观评价超过 30%，人们会选择即时消费，拒绝把钱存入银行，结果银行因为资金减少而提高利息率，一直到与主观价值评价相等为止。

由于现在一块钱的价值超过将来一块钱的价值（或者将来一块钱的价值低于现在一块钱的价值），因此要用贴现率将这二者联系起来。举例说，一项工程今年投入 1 亿元，5 年后投产。5 年后投产时今年投入的 1 亿元已经增值为 1.16 亿元（$1.03^5=1.16$）。如果 10 年后该项目产生了 2 亿元的收入，折算到今天它只相当于 1.49 亿元（$2\div1.03^{10}=1.49$）。这种计算投资和收益的方法称为动态法。它的特点是选定一个时间坐标（比如 2007 年），把一切不同年份的收入和支出都用贴现率折算到这一年来作比较。比如说，一座核电站30年后报废，报废后处理反应堆的成本为2亿元，在今天作财务分析时它只相当于0.82亿元（$2\div1.03^{30}=0.82$）。以上都假定贴现率为0.03。这的确是可以实现的。如果今天将0.82亿元存入银行，年息3%，30年后就可增值2亿元。根据贴现率的理论，对遥远的将来，一切成本和收益在今天都可以忽略不计。100年后的1块钱折算到今天只有5.2分。有人怀疑，对一些重大的环境变化，例如气候变暖，它们的损益都将发生在百年之后，难道真的无关紧要吗？有人提出对人类而言，长远的贴现率应该等于零，因为现实世界中贴现率大于零，人都是要死的。就人类而言，相当于一个永远不死的人，撞车、地震、火山爆发都不会死人，对这样一个永远不死的人，事情无论发生哪一个点上，都是没有区别的，所以他的贴现率为零。

小结：首先讨论了什么是通货，从现钞到国库券都可能作为支付手段，但其灵活性大不相同。黄金作通货有种种不便，纸币是更为优越的一种货币。通货供应不足会引起经济活动的中断，供应过多则引起物价水平上升。但多少通货供应算是恰到好处，则是一个未能解决的难题。

28

美国的通货膨胀（中）

大家都讨厌甚至痛恨通货膨胀，但如果和中国比起来，美国人讨厌的程度大概不像中国人那样厉害。因为绝大部分美国人的收入来源于市场，当物价水平上升时，他们的收入随着上升，水涨船高，所以他们的购买力并没有受多大影响。而大多数中国人是拿固定工资的国家职工，如果工资不相应调整，涨价就等于降低生活水平。

通货膨胀如此可恶，那么通货紧缩，物价水平降低应该受欢迎吧？

的确，就个人而言，把钞票锁在抽屉里就增加了购买力，财产可以从天而降，确实是求之不得的好事。但经济学家从更广的角度看问题。因为财富不可能无中生有，一切财富都是人类创造性活动生产出来的，如果财富不归生产它的人所有，而分配给了将钞票锁在抽屉里的人，生产财富的积极性就要受打击，这显然对社会不利。所以经济学家既反对通货膨胀，也反对通货紧缩。

上文提到，美国在20世纪30年代初经济大萧条时，3年之内物价下跌了23%，其直接的原因是货币供应大幅度减少，其后果是打击各个从事创造性经济活动的人，使得大萧条肆虐

达7年之久。经济萧条时减少货币的供应，是倒行逆施的经济政策。当时凯恩斯的理论还没有问世，决策者的无知造成了巨大的灾害。

我们反复提到，要保持一个“适当的”货币流通量，然而这个量既无法观察到，也无法计算出来。使问题更加难的一个现象是，美国经济对货币流量的反应相当迟钝。多发了钞票要隔一年半之后物价才会上涨，等到发觉物价上升再来控制货币流通量时，为时已晚。这使人们更难从物价变化上去判断当前货币流通是多还是少。

在20世纪80年代以前，美国用银行利率作为通货流通量的指标，利率上升说明大家对货币的需求殷切，意味着需要增加流通中的货币。所以货币的发行盯住银行利率，这在相当一段时间内是有效的。但在市场经济中，利率原应起到平衡储蓄和投资的作用，当储蓄少而投资过多时，资金供不应求。此时由于市场规律的作用利率上升，从而可以抑止过热的投资活动。可是如果用发行钞票来抵消利率的上升趋势，利率就不能抑制经济热。这一调剂作用的丧失，曾使美国连年货币发行过量，发生两位数的通货膨胀。

在此期间，一种新的经济理论逐渐为更多的人所接受，这就是由1976年诺贝尔经济学奖获得者，当时在芝加哥大学执教的弗里德曼所创立的货币主义。货币主义建议每年增加的货币发行量完全与国民生产总值的增加量成正比。这个理论认为每一元通货在一年内被使用的次数大体不变，或者说，通货的周转速度不变。因此生产总值的增加，要有同样比例的货币增加来保证新增的产品有足够的支付手段在市场上交换。货币主义甚至还认为，在一定条件下，通货量增加的百分比可以决定国民生产总值增加的百分比。

货币主义的理论是弗里德曼利用美国过去一个多世纪的统计数字研究出来的。虽然他的理论还有不少争议，但他确实揭示了过去大家所忽略的许多重要关系，使人们对货币与经济运行的相互作用，有了比以前更深的理解。然而由于这一理论的前提条件太复杂，在理论的应用上还有许多问题。

举一个例子，近一两年来东欧诸国的经济大大地开放，交易中广泛使用美元和马克；这使相当数量的美元流入东欧，如果不加补充，原来使用美元的地方将发生货币供应不足的现象。可是究竟有多少美元流出（或流入）了美国，这是很难估计的。再说，假定货币周转速度不变也未必符合事实。计算机的应用、电子银行的出现、新金融规则的实施都影响周转速度，而且影响的程度很难定量估计。所以只把国民生产总值当作货币发行量的唯一指标显然不够周全。

为什么当今各国政府十分警惕通货膨胀？因为通货膨胀是政府（或有权使用新印钞票的机构）不费力气就可获得购买力的方法，它的诱惑实在太强了。让我们把从印钞票到物价上涨的具体过程作一番追踪。

假设钞票印刷厂开动印刷机印出100万元钞票，政府下令将这些新钞票用直升飞机沿着马路散发。行人拾得这些钞票后，将投向市场去买东西。显然，总生产量并未增加，而总购买力增加了100万元，如果原来的总生产和总购买相等，现在则总购买力超过了总生产。由于供不应求，在价值规律的作用下，物价水平将上升，最后在新的物价水平下建立起新的平衡。当然，事实上没有哪个国家在马路上发钞票，但因货币供应增加而引起物价水平上升的过程，其本质就是如此。

在美国，政府发行债券（相当于我国的国库券）。如果债券出售给百姓或私营企业，其结果是购买力从百姓或企业手中转移到政府手中，总的购买力并未增加，因此不会引起物价上涨。但如果债券出售给联邦储备银行，银行用新印的钞票付款，或者干脆在政府的活期存款的户头上加上一笔数目来付款，就形成了政府新产生的购买力。这笔钱不论用于政府雇员的工资，或购买国防武器，或救济老残病贫，还是弥补政府的收支赤字，结果都是因新增钞票或活期存款（也是货币的一种）而新增了购买力，当它投入市场去采购时即引起物价上升。

这里我们必须注意一个重要区别，在马路上撒钞票和政府拿新印的钞票去办一件必要的事终究是有区别的。前者除了通货膨胀没有任何好处，而后者则可能解了燃眉之急。因此，有一部分经济学家认为适度通货膨胀可能利大于弊。实质上争论的性质是：用什么方法支持政府开销更好，是增税还是发钞票。

按理政府以债券形式借钱以后是要归还的，但那是几年之后的事，而就目前来说，通货膨胀已经成为事实。实际上几年之后需要还钱的时候，政府继续举新债，而且新债比旧债更多。还钱本应使通货收缩，但因新借的债比归还的旧债多，通货继续膨胀。

这里有两点值得注意：一是政府不论向谁借债，每年都要付利息，由于政府积累的赤字越来越多，债务利息已成为美国政府的一大开支，大约为每年国防开支的一半；二是由于通货膨胀的作用，钱越来越不值钱，过去借的债务10年之后通常贬值一半左右。这是名正言顺的赖账。

银行接受贷款，也可以创造出购买力，或者说，创造出货币。当我将100美元以活期存款的方式存入银行之后，这100元钱的购买力并未丧失，因为，我随时随地可以提出来，或者开支票付款购物（美国银行中开活期存款的公私户都有权签发支票）。银行收到众多的活期存款后，知道他们不可能同时来银行提款（除非发生挤兑），所以敢于将活期存款总额的90%甚至更多借出去，以获得利息收入，主要用来支付存户的利息。余下的10%就足够应付日常提款周转之需，这一部分称为准备金。从银行贷款的多半是企业，他们用经营中的利润来支付贷款利息。尤其妙的是，他们从这一家银行贷到款子后，又将它存入别家银行。因为他们贷款的目的是借来一笔购买力，并不是要把钞票放在口袋里。上面的过程还没有结束，收到存款的第二银行又将存款的90%借出去，于是同样的过程再次重复。

学过代数的人都知道，最初的1元储蓄存款按上述过程不断发展，当准备金比率为0.1时结果会产生10元的新增活期存款，这是一个无穷等比级数之和。上次我们已经说过，活期存款等价于货币。因此银行的存贷作用会增加货币的供应。但银行创造的货币一般不会引起通货膨胀，因为银行的存在已经几十年、几百年，今年和去年比并没有新增货币的供应，除非银行界突然降低了准备金比例。而且伴随着银行贷款过程，又有大体上相仿规模的还款过程。

美国通货膨胀的过程中，联邦储备银行将新增加的货币供应到流通中，并不只有消极的作用。不论货币进入流通渠道通过什么方式，终会有一部分货币为企业家所得，他们得到这笔新增购买力会从事生产活动，增加社会的总产出。如果不增加货币供应，这种活动原本不会发生。所以通货膨胀在短期内会刺激生产的增加。可是如果原来生产水平并非受货币供应不足的限制，而是由于其他的原因，则短期增加货币的刺激作用很快就让位于其他限制生产的原因，留下来的唯一后果只是物价上涨。

通货膨胀是物价水平的上升，它完全不同于某一商品价格的上升。如果货币供应量不增加，一种商品价格上升只会引起另一些商品价格降低，而物价水平仍保持不变。因为消费者多花钱去买涨了价的商品，剩下较少的钱去买其他商品。如果其他商品不跌价，它们只好放在仓库里，因为没有足够的钱把它们买走。市场规律将迫使这些商品降价出售。

单纯从商品的成本构成来分析，一种商品涨价只会引起涨价的连锁反应，不存在因此而使其他商品跌价的因素。这种分析的毛病是以为价格由成本决定，而与消费者的购买力无关。我们经常在报纸上看到，埋怨诸如能源、交通等基础商品的调价而引起物价水平上升。其实这是莫大的冤枉。事实上对不合理价格的调整可以改进有关物资的利用效率，从而增加社会的总产出。当货币供应量不变时，物价总水平还会降低。这正是我们调整物价的目的。以为任何一种商品的价格总是低一点比高一点好，实在是一种幼稚的想法。然而它确实是当今最普遍的经济学的盲区。

小结：进一步阐明了确定合适的货币供应量的困难，介绍货币主义学派对此问题的看法。通货膨胀除引起物价上涨之外，还有其他作用，这些作用引起了对通胀利弊的争论。讨论了新增存款使银行创造货币的过程，最后批评了认为物价低一点总是好事的观点的片面性。

29

美国的通货膨胀（下）

本文一开始就讨论了通货的定义，接着讨论了美国按不同定义的通货流动量。近几年信用卡在美国大行其道，总的发行量已超过10亿（人均4张），在商店购物可凭信用卡付款，信用卡代替了货币的作用。于是有人问，信用卡是不是也算通货的一种？回答这个问题不妨作如下的探讨：如果信用卡算作通货，其通货量应如何计算？总不能说一张信用卡相当于1美元或10美元。可见，信用卡本身并不是通货，它的支付能力才是通货，如我持有的信用卡有500美元的通货。事实上，美国开办信用卡的公司还允许持卡人善意透支。如果透支限额是1 000美元，那么我这张卡相当于1 500美元的通货。所以信用卡本身不是通货，它允许动用的钱数才是通货。

从信用卡和通货的关系可以发现一些有趣的现象：货币本是一张纸，它之所以有购买力是因为这张纸表明了持有人的支付能力。信用卡则表明了持卡人有一定量的货币储备，是货币的代表，或是支付能力的代表。

信用卡或各种银行卡与钞票的最大区别，在于前者是记名的，后者则不记名。前者除持卡人外，其他人不能使用；后者则任何持有此货币的人都能使用，显然前者比较安全。

现在美国有人开始研究电子货币，它把个人的生理特征，如指纹、嗓音、眼底微血管的形状和该人持有的银行存款相联系。将来人不必用钞票，也不必开支票或出示信用卡，只要按一下手印，就可买东西，将自己银行里的存款转到商店账户下。此时不但节省了钞票的磨耗、点数钞票的人工，而且不可能再有伪钞，也不必为了防止钞票被偷盗而设置保险柜、运钞车。无形的信号取代了人类用了几千年的货币。那时你出门旅行永远不会忘了带现金、支票簿或信用卡，你的银行永远是“随身携带”的。

电子货币的出现将引起一系列理论问题和制度问题。例如什么条件下会出现通货膨胀，会不会发生货币供应不足，如何建立全球化的货币交换系统，如何从制度上进行监督防止舞弊和破坏。

20 世纪 50 年代以来，美国的通货膨胀在 1974 年以及 1979 年到 1981 年，曾达到过两位数（最高也没有超过 14%），其余年份均低于 10%；1983 年以来很少超过 5%。就日常生活中的感受而言，物价水平上涨并不明显。原因之一是超级市场里商品的价格几乎每周都在变化，非涨即落。所以一年内总水平上升 5%就很难觉察。但有几件事会提醒大家物价水平的变化。一是每年租房要签一次租约，房租涨落虽然并不代表全面物价水平的变化，但多少与此有关，而且其心理影响是直接的。其次是当地各种公共事业的收费标准的调整，如公用电话、公共汽车、电费。还有就是全国性的邮资调整，近年来平均每两三年要调整一次，每次调整幅度大约为 10%。确切的物价变化，美国商务部每月都要发布。他们采用三个指标：一是消费者物价指数，二是生产者物价指数（过去称批发物价指数），三是国民生产总值折减系数。每种系数统计的内容有所不同，例如国民生产总值折减系数包括了政府投资品的价格变化，如国防工业产品，这在前两项指数中是不包括的。用得最经常的是消费者物价指数，它包括衣、食、住、行、医及其他一切日常开销的价格。通过对全美国 85 个地区 2.5 万户租户及 2 万户自备住房户以及 3.2 万家企事业单位作的价格调查，再以每种商品在总销售额中所占比例为权数，加权平均计算出来。从经济理论来看，不存在一个绝对准确的物价指数，因为严格地讲，不同时期的物价水准不具有可比性，或者说，没有一个绝对的标准可以用来度量物价变化。正好像在宇宙空间中不存在一个绝对静止的坐标，用它可以测量出物体的绝对位移。每年都有大量新产品问世，对于这些产品，找不到它们去年的价格，当然也无从比较这一年来的价格变化。即使同一种产品，质量在提高，价格也没有可比性。

再有是人们在每种商品上的消费比例在变化，例如美国家庭开销中用于食物的部分 20 世纪以来不断在下降，而用于旅游的部分近年来有明显的上升，这使得计算平均物价中的权数发生变化。所以物价指数只能给人一个大概的印象。

发生通货膨胀时，钞票的购买力在降低。如果通货膨胀率是 10%，则钞票在年底的购买力比在年初时降低 10%。在这一

年中钞票（包括活期存款）不是在此人的口袋中就是在那人的口袋中。损失的10%的购买力就是由这一年中在口袋里保存了钞票的人分担。为了避免损失，每人都倾向于尽可能少地保存现款；一旦收到一笔现款立刻将它用来买东西，或者存入定期存款。因为定期存款支付的利率至少会相等于通货膨胀率。

上述的倾向会使货币的周转加速。当通胀率为5%左右时这种倾向还不明显，但通胀率超过10%时周转速度加快是明显的。

前文曾提到，美国每一美元的货币平均一年要周转9.1次，第一次世界大战后德国发生恶性通货膨胀，物价在一个月之内即上涨3倍，货币在一个月之内就易手3次。第二次世界大战后匈牙利曾发生每月涨价200倍，货币每天周转4次的超级通货膨胀。那时人们做买卖都用跑步的速度。新中国建立前国民党统治区下发生的恶性通货膨胀也达到惊人的程度。买东西要用麻袋装钞票；刚印好的面值2元的邮票还未投入使用就加印上“暂作100元”；最后物价都以亿为计算单位。由于当时的法币贬值太快，美钞和银元开始流通。人们愿意保存币值稳定的美钞和银元，而将法币尽快花掉。所以市面上一旦出现美钞和银元就被人保存起来，而大量流通的仍是那种飞速贬值的法币。这种现象称为劣币驱逐良币。

持有货币的人损失了购买力，那么这部分损失的购买力为谁所占有了呢？因为财富不会自动消失，正像它不能无中生有一样。在通货膨胀过程中，人的货币利益关系受到广泛的影响。例如在借债当时未估计到通胀的话，债务人将因借债而受益，债权人则受损。但有一点是任何人都逃脱不掉的，即每一名通货的持有者受到购买力的损失，这部分损失是被发行货币并有权将它推入市场的人或单位所攫取。一般来讲，这就是政府或由它控制的中央银行。在美国也不例外，联邦政府发行债券，由联邦储备银行出钱买进，这笔钱就成了政府额外的购买力，其实是从每一个口袋里存钞票及银行里有存款的老百姓那里强行剥夺来的。这是不需要经过议会通过增税法律就可敛财的捷径。

美元至今仍是国际贸易中最主要的计价单位。石油、粮食、煤炭、黄金的市价仍以美元为单位。国际贸易中的支付手段，第二次世界大战以后几乎全部用美元，近几年来，日元和马克的比例在上升，但美元仍占优势。国际投资和债务关系中，美元更占着主要份额。别的国家（公私企业）向美国投资，买美国债券，或在美国银行存钱，等于是借钱给美国。目前美国已成为世界上最大的净债务国。但这些债务绝大部分以美元计算。美国如果打算归还债务，可以有两种选择：一是出口美国货给债权国，以货折成美元抵债；二是印一批美钞出口还债。当然，后一种情况下债权国仍会拿美钞到美国来买东西。但至少美国不可能还不起债，而且通过通货膨胀可以名正言顺地赖掉一部分债。不像别的国家借了以美元计价的债务，还债的唯一方法是出口货物换成美元。如果找不到买主不能出口，就无法还债。所以美国由于美元在国际财务关系中的主导地位而占有很大的便宜。

但是美国很少有可能用滥发货币的办法来处理他的债务。如果真是这样的话，美元将立刻丧失其国际货币的地位。一种货币要有资格成为国际货币，要为各国的买方和卖方所接受，首要的一条是币值稳定。滥发货币还将造成国内经济的混乱。因为货币是用来度量商品价值的尺度，在通货膨胀时货币的此种重要职能部分地丧失掉了。投资、储蓄、保险、期货交易等都将面临巨大的不确定性。当未来事物的不确定性普遍泛滥时，人变得只顾目前，对将来的影响和后果采取漠然的态度。这将导致道德水平的降低。我们知道，人类社会的存在，依靠法律、道德和市场。恶性通货膨胀将有力地削弱道德和市场，它是使社会关系变得脆弱的一个因素，我们怎能不对它严加防范呢!

在人类的货币史中欧元的出现是一体化时代的大事。经过20年的充分准备，欧洲货币体系于1999年1月1日欧元正式启动。现在已有包括法、德、意、荷、奥、西、比、卢、希、葡等31个国家使用统一的欧洲货币欧元（英国例外)。统一的欧洲货币不仅大大方便了人们的旅行、货物的贸易，也方便了资金的流动，从而提高了欧元区经济运作的效率，欧元的使用仅仅是欧洲一体化的一个方面。百姓在欧共体内旅行不需办签证，就像在国内旅行一样，现在已经有十几个欧共体国家的议会批准了共同的宪法。国家与国家的界限变得模糊，国家的观念越来越淡薄，而个人的权利得到尊重。这显示了人类理想大同世界的现实可能性。

小结：通过想象中（实际上是可行的）电子货币，对通货的性质作进一步的探讨。物价指数只能给出一个物价水平变化的大致印象，它缺乏严格的理论支持。通胀会加速货币周转，因它使持币人受损，明显的通胀会削弱道德约束。美元被用作国际债务计算单位，使美国具有特殊的有利地位。

30

现在如何与将来做交易

交易最原始的形式是物物交易。货币只是到后来为了交易的方便而发明，并为大家接受的。货币的出现容易使人产生误解，以为钱和物的交易在一切情况下都是可能的。现在我们来讨论，用钱做交易的媒介，能不能实现现在和将来的交易。

什么是现在和将来的交易？一种是期货交易，即现在交割钱款，将来交割货物。一种是银行存款，即现在存钱将来提取本息（也可以是现在借款将来归还本息）。保险、养老储蓄等都属于这一类。还有一种是投资，现在建厂将来生产。这些交易对我们每个人都很熟悉，不大会去追究在用货币做交易的中介时，不同时间的交易是否有可能的问题。

严格地说，东西还没有生产出来，何以不同时间上的买卖可以成为现实呢？如果东西已经生产出来，暂时放在仓库里，到将来再行交货，从严格意义上不能算是不同时间的交易。仔细分析起来，不同时间上的交换只有在能找到另一位也有不同时间交换需要的人才有可能。例如把钱存银行，只有当有人愿意从银行借钱的情况下才有可能；否则银行将拒绝吸收存款，或者拒绝支付利息。其结果和你把钱放在家里没有区别。期货交易的情况也与此相类似，现在交钱将来收货，必须找到一个现在交货将来收款的对象才有可能。

从个体来讲，从来没有人顾虑银行会拒绝吸收存款或支付利息，但从总体来讲，存款的数额恰好等于借款的数目却只是偶然的事。如果这两者不相等，而且无法加以调整，那么这种交易就不可能进行。

作者在《个体经济规律与总量经济规律》一文中，曾讨论到“局部看的经济规律与从全局看的未必一样”。有的学者认为，美国由于工会的作用，把工人的工资抬上去（资本家受到剥削），使劳动密集产品的价格上涨，于是创造了从发展中国家进口劳动密集产品的条件，美国自己则成了技术密集和资金密集产品的生产地，从而变成了富裕大国。当然，更多的学者则认为美国是资本家剥削工人。但不管谁剥削了谁，靠剥削制度只能使一部分人变富，同时另一部分人变穷，总不可能使整个国家变富。因为自己剥削自己不会使总体的财富有所增加。现在我们又找到一个个体和总体不一致的例子，这就是不同时间的交易。从个人来看，到银行存钱是可能的，但是，从整体来看，必须同时有人去银行借钱才使个人存钱成为可能。个人储蓄以养老，可以解决退休以后的生活问题。但是，如果同时劳动力在人口中的比率降低，从社会整体来看，造成每个劳动力的负担增大，这就不能单纯用增加个人储蓄的方法来解决。美国的人口还没有面临减少的危机，平均每年还增加约0.8%（包括移民），但美国人口平均寿命近20年内延长了5岁；死亡率减低，20年内从0.95%减低到0.85%；妇女总生育率稳定在2%左右。其结果是65岁以上的老年人比例在稳定地上升，1970年是9.8%，1980年升到11.3%，1990年升到12.5%，2000年又增加到12.8%。老年人比例增大也意味着劳动力的负担加重。可以肯定，如果人类社会能避免人口无限增长，必然会经历劳动力负担加重的阶段。因此这将是具有全球性普遍意义的大问题。

每个美国公民都有一个“社会保险号码”，这个号码终身不变。当个人有收入时，不论是工薪、小业主的盈利或别的劳动或非劳动收入，每个月都要将一定比例的钱存入这个号码的社会保险账户。当个人职务变动时，保险账户跟着人走。当本人年满 65 岁时便可享受社会保险（但要求曾经工作过一定年限，这个年限定得很低）。

社会保险涵盖的面很宽，不仅包括老年退休金，也包括长期丧失工作能力补助、死亡抚恤、失业救济、遗属救济、医疗补助。美国法律要求每个公民都加入社会保险，而且这笔基金是由政府管理的。

从 1975 年以来，在这个项目下支出的各种补助和救济的总额，稳定在国民生产总值的 19%左右。除了政府管理的社会保险金，还有各种私人保险机构。这部分支出的金额占国民生产总值的 9%（1980 年）到 12%（1991 年），到 15%（2000 年）。公私款源相加，社会保险支出已占到国民生产总值的 30%。目前美国社会保险事业面临最大的危机，就是因为人口结构的变化使每年收入的基金相对减少，而支出相对增加。1974 年以前收大于支，以后变为支大于收。准备金率（指年初基金余额与预计当年支出之比）逐年降低。1974 年时准备金率为 73%，1982 年降到 15%。里根上台之后采取紧急措施，才阻止了情况的进一步恶化。懂得了现在和将来做交易的限制条件，对美国的债务问题便有了新的认识。1992 年美国政府的债务累计已达 4 万亿美元（以后议院立法要求政府降低负债，债务逐渐减下来），相当于一年国民生产总值的近 2/3。如果再加上私人和企业债务，总数还要大得多。这是不是意味着为了清偿债务，将来美国人必须在半年多之内光生产不消费呢？不是的。因为从总体上看，现在不可能向将来借债。换言之，这笔债务的债权人也是美国人，内部债务必定是互相抵消的。美国国债的真正问题并不是现在向将来借钱，使将来还钱时美国从总体上变穷（因为政府还钱给百姓，百姓变富了），而是扰乱了金融秩序。政府不用增税或节约开支的办法对付赤字，而是通过发行国债向百姓借钱，结果与民间争资金使得企业该投资的项目得不到款源。从实物上看，生产出的用于投资的产品如钢筋、水泥等，从民间投资转向了政府支出（这是一个简单化了的比喻，事实上基建工程也要使用办公用品；而且投资用途变化时，其具体构成也要变化）。如果美国政府向联邦储备银行（美国的中央银行）借钱，结果便是增加了通货（包括钞票）的发行，造成通货膨胀。这些都是扰乱金融秩序，而不像个人借钱的经验那样，把将来可用的钱移到现在来用，将来还钱就要受穷。

国与国之间的借贷关系就不同了，今天向外国借钱可以改善目前境况，但将来还钱就要困难。所以解决人口老龄化负担过重的办法之一是将钱借给外国，将来用外国偿还的贷款（它具有在世界市场上的购买力）来减轻国内的负担。然而老龄化是一个全球性问题，所以从全球的角度看，彼此借贷无助于问题的解决，除非借的钱能在将来增加国内的生产能力。

有两种情况使得向将来借钱成为可能，一是对资源的滥用，例如，滥伐森林，造成水土流失；对农田不施有机肥，破坏土壤结构；对矿藏滥采滥挖，使本来可以利用的矿藏报废；只顾生产而污染环境，破坏了人类生存条件。其次就是减少固定资产的折旧提成，从实物上看就是不对设备作大修和更新改造，小车不倒只管推。然而与此相反的政

越来越多的负债，我该如何是好？难啦！

策却不存在，即我们无法用提前大修或更新改造来存款给将来使用。我们也没有办法鼓励先开地质条件不好的矿藏，将来再开采地质条件好的矿藏（这相当于储蓄）。与这种政策比较接近的办法就是投资。

投资是一种最主要的使对将来存钱成为可能的办法，它是通过对目前消费的压缩来增加将来的生产，因而也提供了将来增加消费的可能性。但是我们必须注意到，投资所建的工程将来投产时也要求有劳动的投入，如果没有足够的人力，投资未必能解决老龄化所引起的负担率过重的问题。真正要有针对性地解决老龄化问题，必须投资于节约劳力和节约资源的项目，例如自动化生产线、用机械力代替人力、提高生产的速度等，而不能只是简单重复性地扩大现在的生产规模。

从整个经济的互相联系来看，任何节约资源的新工艺（不一定是节约劳力）都有助于解决老龄化问题。因为资源也必须通过劳动的作用才可以使用，节约资源意味着节约劳动。举例说，如果一种新锅炉比原来的锅炉有较高的热效率，用它代替老锅炉时，产出不变而投入的煤炭减少，因而可以节约采煤的劳动和采煤所消耗的其他资源，而其他资源也是劳动创造出来的。

为了发明节约人力和资源的新工艺，必须投资于科研，也可以投资于制度创新，两者都能起到提高劳动生产率的作用。农民如果没有一年的粮食储备，是不敢试用新品种的。但有了保险公司，农民只要交少量保险金就可以试验新品种了，因此，开办保险公司可以提高劳动生产率，而办保险是要相当资金投入的。这是制度创新可以节约资源的一个例子。为了确保保险公司在用户遇险时能按约支付赔款，还要完善法律和健全司法，这些都需要投资。健全制度对提高生产率的作用有时比之科学技术更重要。只不过它不像新发明那样看得见摸得着，所以常被人们忽视。

与现在和将来做交易是否可能有关的另一个重要问题就是

社会保险基金的建立问题。社保基金是全社会为每一个成员准备一笔钱，以备他将来退休后养老之用，社会保险基金要求每名工作人员在退休之前每月交纳一定的钱，此钱要从工资中扣取。社保基金有两种管理方式，一种叫随收随支制，即全社会从每年收取的养老社保金的总额中支付给当年所需的退休人员的养老金。这种方式的缺点是随着全社会人口的变化和年龄结构的变化，基金总额会发生过分的盈余或严重的不足。当年轻的劳动者人数众多而退休人员人数很少时，基金会出现盈余，而社会出现老龄化现象时，交钱的人少，花钱的人多，基金会发生短缺。因此又出现了第二种管理方式，即建立一笔社保基金账户，能将盈余时的社保基金放到短缺时使用。这就发生了现在把钱借给将来使用的问题。从个人来看，现在借出，将来收回，这样不成问题。但就全社会而言，情况就不同了。其原因是任何一个时代，当代人的消费只能是由当代人生产提供的。它不可能是过去生产出来的产品给将来的人消费，社保储蓄的钱并不是将钱买成大米，放在米缸里给将来的人吃，任何一代人吃的粮都是当代农民生产的。由此而产生的问题是如何能使当代人存入的社保基金成为将来子孙后代的生产力，可供选择的方案有：借钱给外国人，通过投资扩大将来的生产力，治理好环境，维护好设备以减少将来人的负担。总之，从整体来看，现代人储蓄供将来人使用，不是简单的借钱还钱的关系(除非借钱给外国人)，而是投资还本的关系。

小结：从总体上看现在无法向将来借线，也不可能为将来储钱。懂得这一点对解决我国将来因人口结构改变而使劳动力负担加重的问题极为重要。解决的办法是通过储蓄来扩大投资，而且投资不能是现有生产结构的比例扩大，而必须是能节约劳动或节约资源的结构性改变。此外，懂得这一点对正确理解美国政府的债务也是必要的。

第 三 篇

经济体制

31

经济活动中的是非观（上）

人类或许有共同的是非观：杀人越货是坏事，乐善好施是好事。但是在一些细节上，在对某种行为好恶程度的判断上，各个民族却有各自的特点。当然，是非判断是个人的事，就一个民族而言，并无一个全民一致的标准，所以说一个民族在是非标准上有异于另一个民族，是一种相当含糊的说法。但这种差别又确实可以在日常生活中感觉到。这种情况造成了我们探讨各民族是非标准差别的困难：我们探讨的对象是一个确实存在而又无法精确界定的事物。可是，是非标准、道德规则、价值判断又是一个人行为的理性基础；当他面临选择时，究竟如何抉择，最终将取决于这些最基本的观念。如果我们对大众的是非观一无所知，我们就没有办法保证一项政策能取得预期的效果。所以对这些基本观念的研究成为社会科学研究的一项重要内容。仔细想来，美国人在经济活动中的是非观大不同于中国人的。首先给我深刻印象的区别就是对于“拾金不昧”的看法。6月间，我去休斯敦开会，因天气炎热，我来到一家小杂货铺买饮料，忽然见到地上有一张5美元的钞票。按照中国人的习惯，我很自然地拾起来交给掌柜的。可是掌柜的拒绝接受，他回答我：Who found it who got it（谁拾到归谁所有）。再有一次在哈佛大学的一间教室里，我见到课桌上留有一支精致的钢笔，肯定是前一堂课的同学遗忘的。新进来坐在这个座位上的同学随手就将这支笔插进了衬衫口袋，继而他忽然想起什么，又将这支笔拿出来欣赏一番，并用它往笔记本上做记录。其神态之自若，绝不像做了什么不应该做而需要隐瞒他人的事。正巧，就在当时，《人民日报》（海外版）报道，建国门外的一位售货员因疏忽而少找给一位外宾 30 元人民币，她自己花了 80 元在用英文出版的《中国日报》上刊登广告，寻觅这位外宾。最后居然找到了那人，并把钱找还给他。我把这个故事讲给美国朋友听，并期望能得到几句称赞的话，可是出乎意料，我得到的反应是冷冰冰的"为了 30 元钱，花去 80 元钱，太不值得"。事后我捉摸美国人是如何算这笔账的。从售货员的角度看，她既还了30元又花去广告费 80 元，这两笔钱显然不能相抵，而是应该相加。但从社会角度来看，确实是用 80 元的代价去伸张了 30 元归还原主的正义。

美国人信奉基督教，基督教的道德观同样鼓励拾金不昧，但他们同样重视道德的功利效果。道德的原则是牺牲自己的利益去照顾他人的利益，如果到头来社会并未得益，那么这种行为就

花 80 元的广告费去寻 30 元的物主，这种赔本买卖美国人肯定不屑一顾。

变成了损己不利人。这正是道德上也不值得称颂的事。

道德要讲利益，所以英国哲学家边沁（1748—1832）曾说过道德的标准必须符合最大多数人的最大幸福，但道德的特点是牺牲自己，帮助他人。这两种不同的主张是否矛盾是一个值得讨论的问题。按照多数人的最大幸福的原则，一种行为损人较小而利己较大是符合道德的，但按后一种道德主张任何损人利己的行为都是错误的，我们可以举一例来帮助判断。飞机上的座位靠背可以稍为向后倾斜，这就是以侵犯后排旅客的空间为代价得到自己的舒适，并没有人认为这样做不道德，这种习惯做法的特点是大家同意侵犯空间的损失小于靠背向后倾斜的得益，而且此项做法可以无差异地实施于每一位旅客，然而这个原则——损人较小而利己较大——绝不可以不受限制地随便推广。因为利害的判断带有极大的主观性。人们往往看重自己的利益而轻视他人的利益，人际纠纷的大多数都是对人己利害的判断不同而引起的。90%以上的民事官司都属这种性质。如果双方都有克己的精神，社会上这种非生产性的摩擦损失本不至于发生。然而，相反的行为却是值得鼓励的，即损己较小而利人较多。经济宽裕的人出钱帮助贫困的人就是例子。

确实，我感到美国人的是非标准很大程度上是功利主义的，至少和中国人相比，这个特点一目了然。应该说，功利主义并没有什么不好。如果道德与一切人的利益恒相对立，我怀疑这种道德原则能否坚持下去？它和苦行僧哲学有多大差别？它是不是人类理智的产物？问题只在于这个功利是个人自己的功利，还是全体人群的功利。美国人的道德标准是和它极其发达的商业相联系的。商业活动中最重要的品质是什么？是信誉和诚实。这也许出乎我们许多人的意料，因为中国传统中商业倒是和欺诈密不可分的，打击商人常成为统治者的政策，且常常得到百姓的拥护。不但我国历史上屡屡出现打击商人的合法和非法的记录，近几十年内东南亚一些国家也多次出现过打击商人，特别是华侨商人的非理性行为。其结果当然是两败俱伤。到那时才看出商人对社会的贡献。

美国讲究诚实和信誉的精神，一次考试安排给了我极其深刻的印象。我参加了一门研究生课程的学习，在期中测验时教授询问同学们什么时候大家有空来参加测验。可是全班16名同学竟凑不出一个大家都合适的时间，最后教授决定分两次进行，一次在星期三下午，另一次在星期五下午。我参加了星期三的测验。令我惊讶的是竟没有人监考，教授发完考卷就回办公室去工作了，考场上没有任何人交头接耳或翻书偷看。更使我惊讶的是，星期五的试题竟和星期三的一模一样。而在我国的某些地区，考试作弊的现象时有发生，社会上说假话的现象相当普遍，连天气预报都可以造假。我回国之后一个月内就“被迫”说了一次假话，那是我想买一本火车时刻表，而时刻表只有在北京站二楼才有卖，但进火车站必须凭当天的有效车票，而我没有，当我往里走被问到有没有车票时，我随口回答了“有”，幸亏把门的人没有认真，否则不但时刻表买不成，恐怕还要挨罚。从这个例子中我悟出一点道理：一个社会内如果条条框框太多，有时甚至多得彼此冲突，人们就会试图用说谎来逃避管制；相反，如果条条框框很少，说谎而逃避管制就会成为一件严重的过失。当然在特殊的情形下，说谎本身不一定是坏事。例如，为了安慰病人而不告诉他实情，就算不上是什么坏事。但为了逃税而说谎，则是把自己应该负担的经济责任转嫁给了别人，是损人的行为。至于缺斤短两、以次充好、赖账不付、毁约失信等更是损人利己的缺德行为。我们可以归纳说，一个真正诚实的人不大可能做坏事；反之，一个经常撒谎的人，你就必须对他加以提防。所以诚实乃是人与人相处中一个最重要的原则。

人类从事交换的历史至少已有两千年，但商业以贱买贵卖为特征，始终和欺骗难解难分。虽然商人贱买贵卖是事实，但他们提供了供应的方便，将大宗批发改成容易计量的小包装，把商品精细地分类，适应不同消费者的需要，从而赚得蝇头之利，他们对社会是有贡献的。近一两百年又出现了以信誉至上为经营方针的商号。而将诚实守信作为道德第一要素的社会风尚则更是近几十年才出现的。改革十年来，我国的商业活动有了空前的发展，但信誉并未成为经济活动的原则。相反，流行的倒是“漫天要价，就地还钱”。

我的分析是：当欺诈流行而诚实成为稀缺品时，按经济学的一般规律，稀缺的东西有更高的价值。所以在漫天要价的集市中如果出现一家不二价的诚实商号，他立即可以占领大部分市场，赚得巨额利润，并使其他商贩黯然失色。而常见情形是，正因为害怕其他欺行霸市商贩的拳脚交加的报复，没有一家商贩敢于冒险成为诚实商号，于是市场风气只能继续以欺诈为本。

在整顿经济中，整顿市场是极重要的一个方面。可是市场如何整顿？既要保护商业的继续发展，又要打击不法商贩，其界限何在？从根本上说，解决经济活动中的是非标准恐怕是市场活动长治久安的一项基本建设。

小结：市场经济的道德标准与传统观点，有一些细微的，然而又是极重要的不同。这种不同主要是突出全社会的利益。诚实与守信能给市场经济带来整体利益。

32

经济活动中的是非观（下）

市场经济之不同于计划经济，就企业经营的目标而言，前者以盈利为目的，后者以满足人们的需要为目的。乍一看来前一个目标显然是错误的，但经济学的理论告诉我们，企业必须通过赚钱来满足人们的需要。为什么企业不能直接去满足人们的需要，而要通过赚钱来满足人们的需要？因为企业不可能知道人们最迫切需要的是什么。在一个价格可以自由浮动的市场上，缺的商品会涨价，追逐利润的企业就会去生产它，所以在市场经济中我们没有理由指责企业只顾赚钱不顾社会的需求。赚钱就是满足了社会需求，当然也有例外，比如价格因政府受制而失灵，供不应求仍不许涨价。2007 年的春节铁道部为了照顾回乡的农民工而决定车票不涨价，结果因为供不应求而使车票更难买，而且还给票贩子创造了倒票的机会，更不用说因为列车严重超员，极大地降低了服务质量，车票不涨价并没有给农民工带来实惠。从一般人的心理来看，价格越低越好，但经济学家不这么想，只有一个正确的价格才能为社会带来福利。所谓正确的价格就是自由浮动形成的、使供需达到均衡的价格，当供不应求时价格上升，企业会按照价格信号增加投资扩大生产。以为坚持不涨价就是造福于民，恰好是错了。价格可以自由浮动，企业追求利润是有益于社会的，这是市场经济中的是非观的基石。百姓的需求通过价格来反映，社会能够做到物尽其用。社会的财富迅速增加，百姓的生活总体上得到巨大改善，但自由经济也引起了另一种社会矛盾，即财富分配的不平等。

“不患贫而患不均”，这是中国人的传统信条。可是，至今我们未能发明一种分配方式，可以保证所有的人齐步致富，于是，先富的人在他人眼中总是横竖不顺眼，他难免受非议、遭怨恨，甚至被抄家被瓜分。“不患贫而患不均”的结果是“大家一起受穷”。

老实说，人与人的不平等不是市场经济所特有，从古代奴隶社会以来就从来没有消灭过。在计划经济时代全国人民都是穷人，看起来似乎很平等，但它压抑一切有才能的人发挥自己的才干，搞得有几亿人口一年里有半年吃不饱肚子，更不用说三年灾荒饿死了那么多人。而且这种经济上的平等是以权势的不平等为代价来维持的。

改革开放以来，党的政策允许一部分人先富起来，这立刻改变了大家受穷的僵持局面，20 多年来中国人民的生活有了改善，我们不但有目共睹，而且是亲身感受。可是，上述这条传统信条在大家的观念中究竟改变了多少实在很难说，一遇气候适宜，它恐怕又会怂恿一些人出来“造富人的反”。

贫富悬殊有可能但并非必然引起社会的不安定，理解这一关系的关键因素是弄清贫富不均的原因。如果富人是靠偷盗、欺诈、贪污、勒索而发家，贫富不均成为社会的不公，这将引起社会不安；但如果富人是靠勤劳、创新、敏捷、灵活而致富，则在一定范围内贫富差距大反而成为鼓励社会成员创造更多财富的动力。我们需要的是铲除社会的不公，而不是完全消灭贫富差别。

然而“公”和“平”是有联系的，历来的政治家、革命家都把公平作为奋斗的目标之一。贫富悬殊极易造成社会上的丑恶现象。尽管钱的来路正当，但富人的颐指气使，穷人的委曲求全，仍然会使许多人感到压抑。于是难题出现了，什么样的贫富差距算是适当呢？

这种贫富差距极易造成社会的不稳定。

在一个法治社会里，这一类纯属价值判断的问题可以通过议会中的辩论、投票，最后制定所得税法来解决。美国的经济学界和政界不断在搜集社会收入分配的变化动向的资料，并展开讨论，以确定当前对富人课的税应增加一些还是减少一些。对于合法收入（不论这种收入有多高），美国人几乎从来不用“剥削”这一易使人情绪激动的说法。他们用收入分配差距这种中性的指标：最常用的衡量办法是看收入最高的20%的人的人均收入是收入最低的20%的人的人均收入的几倍。

从20世纪20年代到第二次世界大战结束的25年中，美国人的收入差距明显缩小。但20世纪50年代以后，收入差距变化甚微，1965年以后略有缩小，近三五年来又略有扩大，1999最富有的20%的人的平均收入约为最穷的20%的人的平均收入的8.9倍上下。在国际比较中，这样程度的收入差距属于中等偏高，换句话说，是差异比较大的，比德国、法国、荷兰、丹麦等国更大。在10年前，美国的收入分配比这些国家更平等。根据世界银行2005年发布的统计，以最富的20%的人群的消费额为最穷的20%的人群消费额的倍数计，现在中国的倍数达到10倍，而美国为8.4倍，其他有印度的4.6倍，德国的4.3倍，日本的3.3倍。巴西则达到32倍，南非为33倍。美国用累进所得税来调整收入分配中的过度悬殊，越是高收入的部分税率越高。不过，从最高部分的税率演变可以看出美国人不断变得更加容忍高收入。第二次世界大战时最高税率超过90%，以后降到70%，1984年降到50%，而1988年又降到33%。最后的一次减税发生在里根当政的时代。这位共和党总统一向以观点右倾保守著称。在酝酿减税时，许多人攻击他是劫贫济富，可是最后在国会投票表决时却顺利通过。

除了个人所得税，美国还有公司所得税、遗产税、馈赠税，这些税虽然并不明确针对富人，但富人的这类活动远多于穷人，因而有助于缩小收入差距。

嫉妒别人的富有，如果说这是一种毛病的话，原也是人之常情。问题是如何避免这种情绪被挑动和被激发，保持社会的安定与和谐。打土豪分浮财，斗地主抄家，都靠了激发这种情绪才能成功。当时痛快于一时，可是后患不小。谁要是比别人富了一点，立刻变为众矢之的。原本想打倒了有钱人自己可以富有一点，没想到最后谁也不能变得比别人更富，迎来的是一个大家受穷的结果。美国人有一些习惯有利于保持人际关系的平衡。他们互相不打听收入水平，问别人“你一个月挣多少钱”是很不礼貌的，正好像问一位女士“你多大岁数”一样。除了在正式社交场合，人们不注重衣着，所以很难从衣着上去猜测此人是阔老还是寒士，当然也很少凭衣着取人的风气，大学教授过去上课时还打领带，但最近几年有些年轻教授穿着却非常随便。在大城市，邻里之间的交往非常有限，多半只限于说一声“Good morning”之类的问候话，很少串门聊天。家里开宴会，出席者很少，仅仅因为是邻居而受到邀请，这避免了比阔气比排场引起的邻里纠纷。

别人富有，本来就是引人羡慕甚至令人眼红的事，如果再怀疑富人的钱恐怕是从自己身上刮去的，不平的情绪便会油然而生。所以避免产生不平心理的重要条件是“把账算清楚”——在每一笔经济往来中既不让别人占了便宜，也不要去占别人的便宜。其实对于社会来讲，占别人的便宜和被别人占了便宜是同一件事的两种不同的说法（对个人讲当然完全不同)。只要设想：如果一个社会内没有一个人被别人占了便宜，则其必然结果是没有一个人占了别人的便宜。因为不可能存在只有人占便宜而没有人吃亏的事。一个人之所以可能占别人的便宜或剥削别人，是因为他有权有势，别人奈何他不得。过去人类几千年的历史就是因为有特权阶级，所以才有剥削。皇帝高官是特权阶级的典型代表。法律对他们无效，他们本身代表了法律，人类社会转入市场经济之后，强调了法治，人人都要守法，剥削越来越困难。不过像拖欠工资的事还屡见不鲜。工人投诉无门，说明法律的贯彻还很困难，这类事情在美国极少发生。

过去我们认为富人都是剥削致富的，而不懂得有特权才能剥削。所以把斗争的目标瞄准了富人而不是特权，采取了消灭富人的政策。任何人冒一点富立刻变成全社会斗争的靶子，因此社会上没有人敢富，中国变成了穷人国，要不是小平同志提出让一部分人先富起来，中国还是一个彼此监视不让冒富的穷人国，账算清楚了，平等人之间就不会有剥削。

刚到美国时，我对电话收费制管理之严格感到吃惊。大机关里的电话分两种：一种是无人看管可以随便使用的，但此种电话只能拨通本单位内部；另一种可以拨市内、长途，乃至国际电话。后一种电话都有人看管。如果要借用（事实上等于揩油）必须事先声明拨往何处，征得主管同意。美国人有一句口头禅"免费搭车"，他们对于白吃、白拿、白占十分敏感，所以创造了这样一个专有名词，不像我们习惯成了自然，见怪不怪。

防止免费搭车最有效的手段，并不是用道德说教去劝阻，而是赋予每个人有保卫自己正当收入的权利，从财源上杜绝别人拣便宜的机会。相反，如果每个人自觉自愿把自己创造的财富交出来，这样汇集的巨额财源便成为喜欢拣便宜的人的可乘之机。

税收从表面上看是不与权利相称的义务，但从根本上看，正因为每个人享受了国防、治安、道路、公共服务（例如路灯），才有纳税的需要。所以纳税并不完全是无权利的义务。美国人纳税意识很强，常说"纳税和死亡是人生逃不了的两件大事"。

但同样强烈的是百姓对政府开支的监督意识，几乎每天报纸都有文章或消息，直接间接议论这件事。凡此种种，其原则是摆正纳税人和政府的关系，纳税人有纳税的义务，又有监督政府花钱的权利，每笔钱的来龙去脉都要弄清楚。用我们的话说，就是尽量做到账务透明，经得起检查，钱没有乱花。

生产力越发达，分工必定越精细，其结果是交换越频繁。美国种小麦的农民仍在市场上买面包吃，因为自己做面包的成本比买面包的价格高。此时农民生产的商品率达到100%。不仅农民如此，几乎每一个人全部靠交换来获得自己的生活用品，于是金钱成为主宰一切的因素。美国之成为金元帝国恐怕与这一点有关。

在美国，人人都谈钱，也不避讳谈钱。钱成了推动一切经济活动的动力。钱之所以受到如此重视，除了没钱不能活之外，还有一个重要原因：钱能准确衡量一切稀缺资源的相对价值。如果没有用钱表示的价格，我们就搞不清一双袜子和吃一顿饭哪种商品消耗了更多的社会资源，也无法比较一辆小汽车和一套住宅何者更珍贵。对价值的衡量是经济学中最基本的问题，比较两个方案的优劣，比较一种经济活动中投入和产出的得失，人们根据自己的偏好选择消费品都必须有价值引导，计划经济之失败，其基本原因就是价格混乱，使一切决策失去依据。

当然，经济不能概括一切。对每一个人有价值的事物却不限于能通过交换得到的东西，例如健康是有价值的，但钱却买不来健康；新鲜空气是有价值的，但穷人和富人呼吸同样的空气。此外，成就、友谊、寿命、理想等对生命的价值丝毫也不比物质享受次要，而都不是用金钱可以买到的。

美国人重视钱，与前商品经济社会中的价值观比较是一个进步。但物质享受相对满足之后，又发现了人生还有更多的东西值得追求。有一些美国人对这一点有所觉悟，近几年，环境保护热风起云涌，自然主义提倡回到自然去，宗教热忱久盛不衰，也许指出了下一个世纪人们将逐渐从热衷于追求物质享受，回复到一个比较均衡的人生价值观。

小结：收入差距大未必引起社会动荡，关键在于造成差距大的原因何在。把账算清楚，可以避免产生愤愤之情，剥削也就不再可能。经济交往中的糊涂账往往成为内部摩擦的原因。

33

个人和社会的致富之道

大家认为按劳付酬的社会主义分配原则既比较公平，又能促进社会生产力的发展。但这个原则如何贯彻却众说纷纭，就这个题目发表的文章可以说汗牛充栋。但我在这里要谈的劳动报酬则是另一件事，尽管它比按劳付酬重要十倍，但很少有文章提出这个问题，更谈不上回答这个问题。

按劳付酬暗含的意义是同样质量和数量的劳动应得到同样的报酬。但我们是否注意到一个基本现象：同样一位外科医生，在中国的劳动报酬远低于在美国同行的报酬。即使他们的技术水平一样，工作的紧张程度也相仿，他们的收入仍相差极远。

在这里的比较中，我们暂且假定中国不存在脑体倒挂等一时的不合理现象，而认为对中国医生确实做到了按劳付酬；而且，我们也可以不用汇率折算来比较，而直接用吃、穿、住、用、交通、度假等具体项目来比较，上述的结论仍旧是符合事实的。不要说外科医生，就以餐馆里洗碗这种最普通的差事来说，中国工人可以享受的生活水平也远远赶不上美国的同行。正因为这样，许多穷国的百姓冒着风险移民到富国去，在那里同样的劳动可以生活得更好。这一奇怪的现象说明，一个人的劳动报酬不但取决于他本人的劳动数量和质量，而且取决于他所处的经济环境。

当穷国和富国发生国际贸易时，富国往往能用包含劳动较少的产品交换穷国包含劳动较多的产品，表现为贸易的不平等。许多人把这一现象的原因归结为富国剥削了穷国，可是即使两国不发生贸易，像上面提到的同工不同酬的现象仍旧存在。可见这和剥削无关。事实上像中国台湾就是靠了国际贸易由穷变富的，类似的例子还有韩国等。现在我们自己也走上了这条路。可见穷国和富国的贸易有助于使穷国变富。

国际贸易一般而言是双方同时得益的，否则一方可以退出交易。所以要解决贸易不平等问题首先要寻出穷国和富国同工不同酬的原因，或者说，这两类国家经济环境和制度不同的原因。

“报酬还取决于环境和制度”，这个发现的重要性无论如何强调也不为过。如果我们穷其奥妙，懂得了如何创造出一个优良的环境和制度，用不着移民到富国去，每个人在付出同样劳动的情况下，生活水平可以成倍地上升，这不是大大造福于全国人民么？

有人把这一现象归结为由于美国普遍具有较高的劳动生产率，因此同样一小时的劳动，即使简单劳动如洗碗，由于不同劳动之间的可替换性，所得报酬也较高。但这种解释的毛病在于把结果误认为是原因。我们要问的问题是何以同样的劳动在美国所得报酬较高，他给出的解释是因为美国的人均劳动产值高。这种循环论证并不能正确回答问题。但它说明了一点，即个人的收入的确和他周围人的收入有关。理发师的收入高与来理发的顾客的收入高有关；饭店服务员的收入高与来吃饭的顾客收入高有关。我们希望提高自己的收入，就应当帮助别人提高收入，这样间接对自己的收入提高有好处。相反，巴望别人穷，结果是自己一样受穷。

从微观来看，美国企业的劳动生产率高是一个事实，美国汽车装配厂每装一辆汽车所用的劳动不到中国同类厂的1/10。但这仍不足以解释上述现象，因为中国也有少数高度自动化的先进企业，劳动生产率并不低，但这些工厂职工的报酬仍远不能达到美国的标准。相反，美国也有劳动生产率低的行业，例如，前面提到的医生和餐馆，这些行业的劳动生产率并不比中国同行业的高，可是从业人员的待遇仍然比中国的高出好几倍。

所以答案要从经济制度中去找。但所谓"经济制度"究竟是什么东西？它又如何使得一个国家变穷或变富呢？

根据经济理论的研究和世界各国的历史，再加上我们自己近30年的改革经验，我们可以相当有把握地说清楚什么样的经济制度有利于财富的创造。这个制度首先是要能够让人们创造财富的积极性能够有发挥的机会，其次要保护人们所创造的财富，不会轻易被别人侵占。或者说侵占别人财富的成本越来越高，还不如自己去创造来得合算。最后要能够人尽其才，物尽其用。

自古以来的等级社会人与人是不平等的，表现为特权者可以侵犯普通人而不受约束，普通人的财产得不到保护。人们与其辛苦劳作去创造财富还不如当一个特权者去剥削别人。所以人类历史基本上是一个争当权势人物的斗争史。以后人与人平等，取消特权的观念慢慢地被确立起来，个人的财产得到保护，人类社会逐渐从争权转向了财富的创造，于是出现了资本主义社会。人们的聪明才智也从用于内斗变为用于创造发明。社会起了质的变化。这个过程最早发生在两百多年前的西欧，以后扩散到东欧、美洲、亚洲。非洲基本上还没有开始。近两百年来人类的平均寿命从26岁增加到67岁，人口从10亿增加到65亿。两百年的增长超过了过去几千年的增长。这个过程可能还会继续一百年。在此期间由于人与人平等，没有特权者的破坏，法治社会得以建立，从而出现了市场制度的各种法律和规则。这是穷国和富国的基本不同点。

在这个基础上才能谈到人尽其才，物尽其用，这就要采用市场经济制度。前面谈到的企业要追求利润，价格要自由浮动，人们有自由选择的权利。还要让企业家能够通过市场调配各种资源，使各种市场要素能够发挥它们的作用。比如说，同样的劳动由于使用的场所不同，创造的价值会有差异。假定社会上肥皂生产过剩，而火柴却不够，此时，如果将劳动投入于生产肥皂而没有用来生产火柴，劳动创造的价值就会降低。但这种劳动使用不当如果仅仅是偶然因素造成的，并不会总体上使一国比另一国穷。只有在经济体制上的混乱，使得经常发生资源配置的失当，长线产品老是长线，稀缺产品长期稀缺，经济结构上扭曲纠正不过来，才会成为穷困的根本原因。

当存在着消除浪费、增加生产、提高效率的机会，但或由于权责利关系不顺，或因管理上过严过死，或者是观念上无法接受等原因，使得上述的潜力眼睁睁不能发挥出来，这是更一般的经济制度中的问题，用马克思的说法就是生产关系阻碍了生产力的发展。

例如，我国有十几亿公顷宜林荒山，农村有上亿的过剩劳力，国内木材稀缺，每年花十几亿美元进口，但不能从体制上使劳力与荒山相结合。类似地，农民不愿多施有机肥培育土壤，只图短期利益，使农业产量的维持越来越困难。再如原材料产地与加工基地交换产品可使双方互利，但或因价格限制，或因保护当地并无优势的产业（原料产地硬去搞加工，而加工基地硬去生产原料），或因运输能力被较次要的货运所占用而使这种交换不能实现。再如农村某专业户因承包鱼池而发了财，村民妒忌他家的富有而哄抢鱼池，结果无人再敢承包而宁可让鱼池撂荒。

笔者曾到北京公证处办理公证，那里每天仅受理60宗申请，而需要办公证的人超过500，每人要等8天才能挨上号。至于买车票排队、看病排队等上几个小时已是习以为常。类似的例子还可以举出很多。这一类的社会性浪费都绝不是无法克服的。当这些浪费长期存在时，整个社会的收入水平必然受到影响。

美国社会同样存在着低效率和浪费，像前文中提到的邮局排队，但总的看来浪费现象比中国少得多。我经常在思考，何以美国社会的生产潜力能得到较充分的发挥？

从制度上或许可以对此作出一点解释：在美国任何个人能发明一种提高效率、减少浪费的办法，在由此而获得的经济效益中，个人可以分享的比例很大。因此人人都愿意开动脑筋，有了方案还努力去实施，社会的浪费得以日益减少。旅行支票的发明是一个例证。这个新念头方便了出门旅行的人，银行也略有赚头，而发明人因而得利几百万美元。

我国有许多可以提高效率的新发明新念头，实行起来困难重重，部分原因是推动这种新方法的有关人士不能从减少的浪费中分享一部分成果。办成一件好事要过五关斩六将，把关的人缺乏与人为善的态度，往往是用损人不利己的原则作指导的。

从更深层的原因来看，经济环境还与民族的法治水平、道德标准、生活习惯、文化素质有关。法律面前人人平等，这是法律严肃性的必要条件；必须有法律面前的平等才能有市场竞争的平等，国家提供公平严肃的法律和以法律为依据的治安管理，严惩贪赃枉法，商业活动才能正常地进行。道德也构成经济环境，一方面道德引导人们助人为乐，与人为善，君子成人之美，诚实守信，克勤克俭等，这些都是生产和交换的每一个环节中所需要的待人处世的原则，而且这些道德在我国的传统道德中并不缺乏。但另一方面又要承认个人追求自己的利益并不违反道德。君子不但可以，而且必须喻利，生产和交换必须在符合法律的前提下追求利润，而不能“只算政治账，不算经济账”。这一点确实和我国的传统道德观念有一些细微的，然而又是十分重要的差别。至于习惯和文化原则则更隐蔽地、无所不在地影响人的经济行为。举例说，守时和讲究工作质量，既不涉及法律也谈不上是道德，可是它直接关系到一个经济运转的效率。

在美国住久了，回到国内感到生活不如在美国方便。类似地，一个在上海住久了的人搬到北京居住，也会感到生活不方便，如果搬到小城市这种感觉就更强烈了。入芝兰之室久而不闻其香，一个人习惯了周围的环境就见怪不怪了。但开放使信息沟通，人们多了一个参考坐标，因而开阔了眼界。开放最重要的一个成果就是懂得了改进我们的经济制度，可以开发出巨大的经济潜力，使个人和社会变得富裕。因而从逻辑上讲，开放的必然结果就是改革。现在大家逐渐感到经济环境和经济制度是非常重要的。

改革的困难究竟何在呢?

照理说，经济环境是大家自己创造的，只要大家都认识到改进经济环境可以造福于国家和人民，大家一起行动，问题就解决了。可是具体到实际行动上就发现这里有一道极难克服的障碍。当经济环境还是老传统老习惯主宰时，你按新标准行事立刻会被淘汰掉。当欺诈和贪污盛行时，如果你坚持做一个老实守法的人，其后果是不难预料的；相反，在这种环境下更易于适应的是用更虚伪的办法欺诈和更巧妙的手段行贿。

同样地，当用低成本制造出劣质产品充斥市场时，你却坚持质量第一，如果产品质量不能从表面上鉴别，必须使用三年五载才能区别良莠时，高质量产品就失去竞争力了。

改革的实践中有无数这一类的例子。虽然我们明明知道改善经济环境，采用好的经济制度是解放生产力的关键性因素，它的价值比一切新技术、新工艺的总和还要大许多倍，但得到它的代价却太高了，道路太艰难了。一些青年人争相移民国外，就是利用别人已经建立起来的比较适合于生产力发展的经济环境和制度，使自己的劳动力能体现出更高的价值。但是更多的人仍坚持留在国内，在改革开放的道路上，努力实现几代中国人梦寐以求的理想。

小结：一个社会经济效率的低下将导致整体的穷困，要提高经济效率必须改善经济环境，它包括资源的合理配置、生产要素的最优结合、人们的商业道德和法治观念。这些条件也可以称为经济制度，或生产关系。

34

一个人人都买、人人都卖的社会

我搬家之后的房东是一个单身母亲，她没有结婚就生了孩子。现在孩子已经5岁，虽然懂得自己照顾自己，但还离不开母亲的照料。房东太太有了这么一个拖累，再加她自己没有一技之长，所以没有一份正式的工作。单身母亲受国家照顾，另外又有失业救济金。她做二房东，出租住房，也能有些收入。不过，靠救济过日子，总不可能很宽裕，只得量入为出。

当然，西方人一般生活水平较高，吃、穿、用都相当讲究，至少从我的眼光来衡量是如此。根据我的理解，西方社会劳动的价格高，或工资待遇高，所以穷人虽然可以吃得很好，却绝不会雇佣别人劳动。

但出乎我意料，我的房东经常叫别人来帮忙。洗衣机坏了打电话叫人修，花园里除草栽花也请人干，自己有时出门办事还要请个临时保姆看孩子。后来我在美国住的时间长了，才发现雇人干活是极普遍的现象。家里请客要人帮忙，刷房子、搞卫生、照顾病人、花园里除草等等，都可临时雇人。我的房东一方面雇人帮忙，一方面又被别人所雇。她为左邻右舍熨衣服，每熨一件平均可赚1美元。在美国，经济宽裕的人自己家里有洗衣机，不宽裕的人就到街上的自动洗衣铺去洗衣。不管哪种情况，洗干净的衣服要熨平了穿起来才精神。熨衣服和上述其他工作一样，用不了多高的技术，既可以自己干，也可以雇人干。但在西方社会中，雇人干活是极普遍的现象。

雇人干活，自己又受雇于人。这不是人赚我的钱，我赚人的钱吗？彼此赚钱，能创造物质财富吗？为何如此折腾呢？

这种人人都买、人人都卖的活动，或者说彼此赚钱的活动，结果为全社会中的每个参与买卖的人提供了更丰富的生活享受和更好质量的商品服务。结果是全社会财富的增加。

我赚你的钱，你赚我的钱，彼此抵消了，为什么社会的财富会增加？因为一切双方自愿的交换不同于赌博。赌博是财富的转移，没有任何创造，而商业交换是有财富创造的。房东为

雇人干活，自己又受雇于人。

她的客户熨衣服，客户为此项服务付款，他并没有失去什么。他付了钱，但得到了服务，他一定认为此项服务的价值不低于他为此支付的费用，否则他将退出此交换。客户既然没有损失，而房东得到了收入，岂不是她创造了财富。人们不容易理解财富的创造，多半是因为把财富和物质等同起来，请看第39章中的例子，可以进一步说明财富不等于物质。

我们在第24章里曾经说明过，在一个平等自愿的市场上，一切交换都能使全社会的财富有所增加，因为双方同意的交换必定同时对双方有利。如果没有财富的创造，一方得利必定使另一方受损，既然双方都得利，证明有净的财富的增加。只有个别情况例外，即此两人的交换导致第三方受损，例如生产中产生污染，在经济学中称为负的外部性。至于问到何以交换能产生财富，一个主要原因是双方各自发挥了自己的比较优势，有的优势是因为自然条件而发生（气候、位置、土壤），有的优势是因为社会分工而培养出来。

说穿了，道理很简单，偶一为之的活计总不如天天从事的来得熟练，房东熨衣服的速度比我的速度几乎快一倍，而且熨得更挺。因为速度快，当然也更省电。又因为专门从事熨衣服，她有一种特殊配方的浆水，以及专用的喷头，使熨好的衣服更耐皱。不仅熨衣服如此，任何一种工作，由于分工专业化，可使技术熟练，质量提高。又由于规模扩大，可以配备专用的工具，使效率更高，质量更好，这在一家一户自成一体不求人的情况下是不可能做到的。

不仅如此，房东熨衣服的同时，还可以照顾她的孩子。所以这是最适合于她的生活特点的一种工作。我们中大多数人都有这样的经验，有时候闲着没事，如果能利用这些零碎的时间发挥自己的长处或优点做些有益于别人的事，自己又能增加一点收入，真是利人利己。这种人人都买、人人都卖的习惯就提供了实现上述希望的机会。当社会上这种习惯真正成为一种风气时，每个人都能更好地利用自己的时间发挥自己的长处，同时更多地享受别人提供的较高质量的产品和服务。

仔细想来，现今社会之所以有如此丰富多彩的商品，归根到底，是由于分工和专业化的好处。且不说像彩电、冰箱这种技术上复杂的产品，就以简单的产品如一包火柴为例，我们之所以能用几角钱的代价买到，不是全靠着分工么？没有了分工，哪怕付10倍的代价，也没有任何人能独立而不求人地生产出一包火柴来。上面提到的人人参与买卖的社会，只不过是将这方面的潜力进一步加以发掘罢了。在美国，种小麦的农民也吃市场上买来的面包。因为买面包所花的代价比之自己磨粉、烤制的成本低得多，质量也好得多。提高商品率并不是提高了社会觉悟所促使的，恰恰是考虑自己利益的结果。

从表面看，彩电、冰箱和火柴之所以能以很低的成本生产出来，是因为有了生产的流水作业线，有了复杂的自动化机器，因此往往得出结论：科学技术是生产力。可是如果没有了买和卖，这种科学技术就不能生长出来。诚然，自动化机器可以从国外进口，但保护和发展买和卖的社会环境却无从进口。这样的事情已是屡见不鲜：一方面先进的工艺已经从科研单位研究成功，或可以降低成本，或可以提高质量。可是推广起来困难重重。可见科学技术要变成生产力还有一道难关。克服这道难关才能真正发展生产力。一个国家穷并不可怕，可怕的是穷而不知道穷的原因，更可怕的是错怪了穷的原因。有人说中国穷是因为帝国主义侵略。这在过去确是如此，但不能成为现在穷的原因。果真如此的话，中国的穷就没有办法改变了，因为帝国主义侵略已是一个历史事实，而历史是无法改变的。也有人说中国穷是由于人口太多，各种自然资源的人均拥有量，如淡水、土地、各种矿藏都落在世界各国之后。果真如此的话，未来50年到100年中国也无法摆脱穷，因为这段时间内中国人口不可能大幅度减少。中国的穷究竟是什么原因造成的，难道不值得我们认真思考一番吗？

一个人人都买、人人都卖的社会，是一个蓬勃地生产财富的社会。反之，一个交换十分困难的社会必定是一个穷困的社会。买和卖促进了分工和专业化生产的发展，更确切地说，只有买卖才会有分工和专业化；阻碍买卖就是阻碍分工和专业化。为什么我国有这么多大而全、小而全的工厂？正因为自己生产比到社会上去买更方便，换句话说，因为买卖的障碍太多。比较发达的国家和发展中国家人民参与买卖的程度，可以看到两者之间有极大的差别。劳动的分配和选择是直接关系到专业化分工的。在西方的劳动市场上，可以从报纸上看到大批招聘广告。普通力工、稍有技术要求的工种都能通过公开招聘来录用。劳动力的流动是自由的，劳动者是出卖劳动的主人，他不再是奴隶，要听命于其主人可以干什么、不可以干什么。一个人自然会选择自己擅长的、有兴趣的工作来做。同时公开招聘使录用劳动的过程透明化，从而杜绝了从后门进入。其次，就业的形式极其式样化，有终身制（多半是大学教职），有定期合同制；有整日工作制，也有部分时间制；有雇主提供劳动工具，也有工人自备生产手段；有纯粹的雇佣关系，也有分红制。不同的就业条件满足了不同需要的各种人群。实现劳动的优化组合，用招聘和供需见面的办法，在众多的对象中双方都有权自由挑选最恰当的人选，恐怕比之下一个文件更有效得多。

我的一个朋友有一个7岁的女儿，在寒假期间，他太太每天上午定时送女儿去室内游泳池学一个小时游泳，每星期六上午送到音乐老师处学半小时钢琴，而她自己则每天晚上6点到11点在一家日本餐馆里配菜。这些机会都是当地报纸提供的。其结果是小孩得到了体育锻炼和音乐熏陶，餐馆顾客品尝到美味的配菜，她自己还增加了收入。就整个社会而言，这并未增加什么负担，互相赚钱的同时还互相提供了服务，改进了全社会的生活质量。

人人参与买卖对社会的文化和道德也起了潜移默化的作用。

首先是消除了鄙视商人的传统观点，懂得了参与交换是现代社会中每个人对社会作出贡献的一种方式。其次每个人认识到捍卫个人利益的正当性，自己捍卫个人利益是正当的，同时别人捍卫个人利益也是正当的。

这种平等、自由、自重和互重，是西方市场文化的重要组

真正的坏人又不能保护好人，问题之难就难在这里。

其次，所谓“最大幸福”，只有当幸福的大小可以比较时才有意义，否则无从比较何者更为可取。例如美国实施个人收入的累进所得税，累进税率越高则越不利于富人，而较有利于穷人。极高的税率可以消除一切贫富不均，这就是我们最熟悉的绝对平均主义。这不但不利于富人，而且对一切人不利，因为它断了一切人改善自己境地的希望。

那么究竟多高的税率能给人们最大的幸福呢？这一直是一个没有解决的问题。第二次世界大战刚结束时美国最高税率达到90%，以后多次降低，1988年降到了33%，克林顿政府酝酿增税，想要上调一些。最近小布什政府又要减税。到底怎样算好，并不存在一个最终的答案。因为经济学中的严格推论无法证明不同人之间的幸福可以比较，甚至同一个人在不同时间的幸福感是否可比都还是一个问题。如果幸福可以像称蜜糖一样比较大小，上述的问题就不存在了。幸福只能感觉而无法计量。

经济学假定了人们倾向于更多的物质享受（包括服务）。换句话说，在其他条件相同时，人总希望有更多的消费。在市场经济中金钱可以购得各式各样的消费，于是金钱成为人们追求的目标。如果借助于权力也可以得到消费，则权力也成为追求的目标。国民生产总值（GNP）就是用来计量一国生产出多少财富的指标，它是可计量的。两种政策孰优孰劣，只要看何者有助于生产更多的价值。于是一国人民的幸福是否有所增进，只要看GNP的增长率。比较两国人民何者更幸福就看人均GNP的大小。这成为当前国际上认可的评判标准。我国人民为之奋斗的小康标准也用人均GNP翻两番作为目标。可是消费能力的增加是否意味着幸福的增进，还是有待反复推敲的。我曾就这个问题和我的房东探讨过。有一天，她开着她新买的丰田牌小汽车送我上班去——这是我们约定的安排，因为我们的寓所很远；没有方便的交通工具；我不会开汽车，也没有汽车，所以送我上班是我租她房的条件。当汽车驰过一幢幢正在建筑的住宅和新落成的购物中心时，我很为这些房子的建设速度吃惊，同时也想到美国自第二次世界大战以来GNP增长了2倍，人均GNP增长超过1倍的成绩。战后的美国是什么样子我不知道，但我猜想富裕程度增加1倍必定是一个很显著的变化。于是我问她："第二次世界大战以来你感到自己越来越富裕吗？现在你的开支是否比那时宽裕得多？"她不假思索地回答说："我不觉得现在比那时富裕。"我追问她根据什么得出这样的结论。她想了一会儿说："那时，我们也有汽车，也有自己的住房，吃的东西虽然没有现在的花样多，质量也并不次。"过了一会儿，她又补充说："现在我们是比那时的钱多了，但这是因为我们工作了一辈子，有了积累。就时代的变化来看，现在的老年人并不比那时的老人阔绰。那时钱虽然少，可是生活得很有意思。"

她的这番话确实说明了幸福并不正比于物质享受。因为如果以物质享受而言，现代人们（不仅是美国人）所享受的肯定比第二次世界大战结束时享受的丰富得多，不说别的，光从这40年中新发明的东西就可证明这一点。电视机那时还没有普及，现在则成了生活中的第一享受（以一天生活中的时间分配来衡量）。微波炉、电子表、电子计算器、塑料用品、日光灯、收录机等司空见惯的东西，当时还没有出现，至少没有普及。

记得20世纪40年代我在大学念书时几乎每星期都要补一次袜子，现今有了尼龙袜，再也不必为补袜子而烦恼了。还有尼龙牙刷、的确凉衬衫都为改善我们的生活质量起了巨大的作用。可是，我们已经习惯于使用这些东西，丝毫也不感到它与我们的幸福有什么关系。我的房东太太开的丰田牌汽车以其平稳舒适和设备的完善性而言，肯定比她40年前的福特汽车强得多，可是她并没有感觉到。如果物质享受实可以提供幸福的话，那么上述现象至少说明不同时期的幸福是不可相比的。

非但“物质享受可以提供幸福”的论断存在上述许多疑问，还有种种迹象表明，一些人物质享受的增进可能导致另一些人的痛苦。如果我的邻居原先和我具有相仿的消费能力，现在他忽然变得阔气起来，非但购置了沙发、录像机和摩托车，而且出入乘坐出租汽车，经常光顾高级饭店。他的变化可能打破了我生活的平静，使我陷入了嫉妒的痛苦，于是最能平我心头之恨的是有朝一日亲眼看到他倾家荡产。

嫉妒原是人性中最恶劣的成分，但它又是一个普遍存在的事实。如果“最大多数人的最大幸福”确实是我们的政策目标，那么防止那些可能引起周围人群因妒忌而痛苦的变化便是合理的，或者更彻底地，从法律上断绝一切个人发财致富的机会，从道德上谴责一切追求个人消费的权利。幸亏我们对外国人的富有并不妒忌，因为他们和我们并不具有可比性。那么多富丽堂皇的宾馆主要就是为他们造的。不但如此，我们还欢迎他们到中国来投资，赚更多的钱回去。可叹的是我们对自己同胞的发财致富却没有那份宽

嫉妒原是人性中最恶劣的成分，但它又是一个普遍存在的事实。

宏大量的气度，要不信的话，你可以试办一家你的独资企业，看看有多大的困难。如果你居然办成功并且发了财，看看会惹来多少麻烦。

美国成为世界首富，是否与他的百姓不嫉妒有关呢？回答这个问题实非易事。但至少从一个侧面来看，美国同样有妒忌存在，而且有妒忌得发狂以至于犯罪的事。

1963 年，纽约一个外貌平常的临时工，在一场棒球赛散场之后，驾着自己的小汽车冲上马路旁的人行道，把在这场比赛中获胜的、长得英俊的英雄轧倒。他自己招认，他不能忍受这位相貌出众的运动员那么丰神俊朗，那么光耀夺目。1959 年，在北卡罗来纳州的斯旺约诺阿市，一个女大学生用利斧砍倒原先和她同居一室的另一位女大学生，原因就是嫉妒被害人的漂亮。

暗杀肯尼迪总统的奥斯瓦尔德的作案动机，从他的信件和屡次复述讲的话来看，就是对幸运的、有成就的同代人感到嫉妒（奥斯瓦尔德因涉嫌犯暗杀罪被捕，但尚未开庭审讯即被一夜总会老板开枪打死，致使此案成为千古之谜。奥的作案动机只能从间接材料中推测）。类似的单纯由于嫉妒而杀人的案子还有很多。我倾向于认为，一般而论，美国人同样具有人类共同的弱点，所不同的是他们知道自己的弱点，因而具有警惕性，从制度、法律、社交习惯上避免这种心理被挑动和激发。例如法律规定人有隐私权，人有权对自己的收入保密（只有竞选就任的高级官员例外。他们参与竞选，说明自愿放弃隐私权）。

但在别的国家这一点是有争论的，例如在新加坡，政府官员如果有大量不能说明来源的财产将以贪污罪被起诉，这说明人无权对自己的收入保密，我国前两年通过的法律援用了新加坡所采用的原则，认为有巨额财产不能说明来路的属于犯罪，犯的是巨额来路不明财产罪，但不是贪污罪。所以有些贪污犯宁肯犯巨额财产来源不明罪，也不肯承认贪污。因为贪污罪处的刑罚更重。在美国，银行职员和税务局官员如果泄漏个人收入的信息将被判为犯罪。和人交往中如果打听别人一个月挣多少工资是极不礼貌的行为。单位的工资单只有会计和主管知道，而且当作密件锁在抽屉里。美国有几百名亿万富翁，要没收他们的财产并不难，只要大多数百姓都赞成，通过法律程序就可以做到（虽然这违反宪法修正案第 5 款私人财产不受侵犯，但该款认可通过法律程序的此类行为，何况宪法也可以修改）。但多数美国人并不赞成这样做。相反，他们还一再把所得税的累进税率降低，这在前面已经提到过。

贫富差距在任何一个社会中都是在所难免的，不论是古代或现代；不论是计划经济或市场经济；不论是东方或西方；也不论是奴隶社会或资本主义社会或社会主义社会。不过差距的大小不同。只要差距不太大，百姓相安无事，并不造成太大的问题。这里关键之点是个人如何看待财富，如何看待富人。如果每个人追求自己的享受（当然不能妨碍别人的享受），社会能够安定进步。但是如果追求的是享受的名次，则对社会具有破坏力。这一小小的区别可以造成根本不同的后果。

所谓追求名次，要的就是自己比别人强，追求的是比较的结果，而在乎自己享受了多少。只要有人比自己强就会感到痛苦，所谓忧人发迹自怕穷，使自己快乐的方法是使别人比自己差。在一个追求名次的社会中，全国最富的人是使一切人痛苦的根源。如果把他拉下来变成最穷的人，就解了全国人民的气，使所有的人都感到痛快。但是事情并没有完，原来第二富的人现在变成最富的人。为了全国人民的幸福，还需要把这第二富的人也拉下来，变成最穷的人。如此反复，到最后，全国的人都感觉满足了，可是大家统统都变成了穷光蛋，国家变成了穷人国，而且再也没有希望重新富起来。

追求享受的名次是一件危险的事。极而言之，想超过别人、出人头地、光宗耀祖，都可能引发社会矛盾。因为幸福是建立在他人痛苦的基础上的。除非其他人抱定不同的幸福观，他们不在乎是否被别人超过。

个人追求物质享受是每个人的权利，这没有什么不好，反而是社会进步的动力。大家为了改善自己的物质条件努力学习、努力工作，全社会就富起来了。但是如果享受是为了炫耀、摆阔气，就非常有害。这种享受不是为了自己，而是为了别人；而且不是为了别人的幸福，而是为了叫别人羡慕或妒忌。所以这是一种愚蠢的享受，有害的享受。大办婚丧喜事，攀比名牌消费，讲面子，怕在钱方面丢面子等等都是常见的习惯，可都是非常有害的，对自己、对别人都没有好处。可是在我国，在传统文化上，就把出人头地、光宗耀祖作为人生追求的目标。这种追求值得我们反思。

要研究“最大多数人的最大幸福”，虽然存在上述许多困难，但无疑这个题目具有极端的重要性。

小结：经济繁荣是人们追求的目标，但必须照顾少数不幸者的生存条件。幸福只能感觉而无法计量，因而也无从比较。嫉妒心理极有害于经济增长，应从制度和习惯上防止这种心理被挑动。

36

所有权漫议（上）

我的一个青年朋友，刚到美国不久，居然只花了 50 元美金就买了一辆旧汽车。欣赏和高兴之余，他邀请我去参观他新买的车。这是一辆 1971 年产的福特牌车子，从里程表上看已经走了 17 万英里（合 27 万千米），早已够淘汰的年龄。但看来原来的车主对车保养得不错，车身上除了几处锈斑再没有碰伤擦坏的痕迹。青年朋友热情地邀请我坐在他的右边，他顺手替我把车门关上，认真地向我解释这辆车的特点。我可以充分地感觉到他对这辆车的喜爱。

首先，坐垫和靠背是纯羊呢子，不像现在出的新车都是混纺料子。虽然细看起来个别地方的绒面已经磨光，但倒也不显得太破旧。他又说，车上的收音机音质极好，并不次于新式立体声的音响；驾驶座前还有点香烟的电热圈，说着他抽出一支香烟点给我看。这时，我觉察到我们是处在一个密封的小环境中，四周可以触到和看到的都是属于他的，是他所有的。确实，我们在国内坐小卧车的机会也不多，哪想到自己有朝一日也拥有一辆汽车。接着他建议拉我出去兜一回风，他从口袋里拿出钥匙，这个钥匙套在一个闪光的圈上，分明是专为汽车钥匙新买的。他打着了引擎，一面向我解释说，为了保证引擎各运动部件的润滑，必须让它空转两分钟才可以起动，否则要影响发动机的寿命。

在我们耐心地等待的这两分钟里，我不免暗自发笑，这辆已经该报废的破车，还想延长多少寿命。但我见他正在注视着手表等这两分钟过去，立刻被他的严肃态度所感动。我想我应该比他更喜爱这辆车才对；如果我拥有一辆车也会这样做的。这是我第一次感受到的，当自己拥有一件财产的时候将会有什么样的心情。

前几年我到美国去参加一个学术会议，会后住在朋友家。他多年以前从国内来美国读书，取得了博士学位，有了一份待遇很不错的固定工作，他用抵押贷款买了这所房子，我还能嗅出新房子的油漆气味。他有两个小孩，夫人忙着带孩子，家里有了孩子不免显得凌乱。使我奇怪的是，他夫人每有一点空闲不是忙于整理室内，而是把时间都花在剪草、种花、收拾园子上。他的园子真是美极了。从远处望过来，百花丛中隐约看见一所颜色鲜艳的房子，给人一种世外桃源的清静和现代舒适生活相结合的奇妙感受。再看左邻右舍，他们的花园布置都别出心裁。让我在这样的住宅里看上一天也不会感到丝毫的厌烦，难怪他们园子里的灯通宵都亮着，免得在太阳落下去的那一半时间里浪费了这令人百看不厌的妖娆。

第二天，他夫人领着孩子陪我到住宅区的附近散步。她指点给我看，这是儿童游戏场，那是网球场，远处是小学校。她特别告诉我，由于这里小学校新请来了一位有名气的校长，教育质量提高，当地房子的价格上升。我完全能理解其中的缘由。在北京不少家长为了让孩子进好学校，把孩子的户口转到附近有好学校的亲戚家。能进好的小学，就有希望进重点中学，升大学的机会就更大，所以这是一辈子的大事。她又告诉我，某住宅区由于马路上出了一件凶杀案，房价陡跌。这使我明白，何以这里家家户户都如此费心地在花园上下工夫，那不仅仅是为了自己欣赏，也与房产的价格有关。而且一个园子弄得凋敝零落还会影响周围的房价，从而遭到大家批评。他们的住宅区由于大家合作努力，改善了整个环境，这一年中房价已涨了2万美元，几乎等于一般家庭半年的薪金收入。

人们无微不至地爱惜自己的财产，这里还有一个例子。我在美国时忽然接到国内来的一封信，一位比我大10岁的朋友请我到他在第二次世界大战以前的美国读书时的住宅门口拍一张照寄给他。他不但告诉我这所房子的地址，而且附来一张照片，那是半个世纪之前他在这所住宅的门口照的。我在前去寻找这所房子的路上想到，美国绝大多数房子都是木头造的，半个世纪的风吹雨淋，恐怕早已不复存在了。可是，当我来到这所房子前时，赫然在目的竟是一所美丽精致的像童话故事里的小房子。白色油漆的大门正中央挂着一只用鲜花做成的花圈；透过狭长的窗户可以看到奶橙色的窗帘；房顶上有一只在转动的风向标。它不是一所老朽的破房子，而是充满着生气给人欢乐感觉的寓所。我拿出50年前照的那张照片，只有它才能确证这所房子的寿命确实超过了50年。

一间风雨飘摇50年的老房子，有点像童话中的背景。

人们爱惜自己的汽车和住房，更关心自己的储蓄用于投资的效果。美国是资本主义国家，在那个制度里个人不但拥有生活资料，而且也拥有生产资料。工厂、矿山、铁路都属私人所有，但这些企业几乎无例外地都以公司的法人形式拥有所有权。事实上股东个人是真正的所有者，董事会或股东代表会代表股东来实施所有权。生产资料的所有权表现为三种不同性质的权的统一。

第一是经营权，即决定企业生产什么产品、从何处购进原料、产品如何定价、如何招聘职工等。在公司组织中，董事会常将企业的经营权委托给经理，由经理处理企业的日常经营事务。

第二是资本收益权，即经营企业所得和利润由所有者享用。在公司法人的组织形式下，利润首先由董事会决定拿出多少百分比作为股票红利分给股东们，剩下的用于企业扩大再生产。分红的百分比低并不意味着股东要吃亏，因为投资于再生产的钱多，股东手持的该公司的股票将升值。但要注意，股东有权获得资本收益，也有义务承担经营亏损。企业亏损时股东投入的资本将贬值，表现为股票跌价，我们没有理由认为剩余价值永远为正值，美国社会每年都有几十万家企业因亏损而停止营业。

第三是企业的处置权，即对企业出租、出卖、关歇、破产等命运作出重大决策的权力。这关系到每个股东利害的重大决策有时董事会还无权处理，而要由全体股东投票决定。在我国的国有企业中，经营权基本上（是全部）归企业领导，即归厂长、经理和书记；资本收益权名义上归财政部，而实际上收益的使用权大体上归计委（决定投资的部门）。最近揭发出许多国营企业的利润不上交，留在企业里或用于投资，或用于改善员工福利，而处置权则归系统的部委或厅局。在公司法人制的所有权结构中，虽然公司以法人的地位拥有企业，但公司只是一个组织的名义，真正起决策作用的是股东和董事。股东从购买股票的选择开始，一直要对企业的经营情况进行监督，发表意见，作出决定。个别的小股东如果不满意董事会的决定而又无力改变，可以将股票出售，这就是所谓的“用脚来投票”(走出企业)。出售股票的人多了，股票将跌价，所以董事会不敢藐视小股东的合理意见。个人从头到尾监督企业的行为，对于保证投资具有效益起决定性的作用。换言之，它避免了重复投资、无效投资、投资规模过大以及经营不善等毛病。上文已经谈过，除了买黄金，个人储蓄实际上就是投资，而投资都是有收益的。买房子可以出租收租金，自己住则节省了租金。买林地或农场则有林木或庄稼的产出。存银行可以收利息，买股票可以分红。另一方面，一切投资又都有风险。在买股票的情况下，如果企业亏损，不但分不到股息，股票还要跌价。如果企业亏损严重以致宣告破产，则企业要以其全部资产首先清偿给债权人，如果有余可以退还给股东。这时股东退回的股本一定比原来股票的价值低，股东都要赔钱。

最坏的情况是企业资产不足以抵债，股东的股票价值降为零，最初的投资全部蚀光。但股东没有义务用自己的别的资产来清偿企业资不抵债的部分，这就是有限责任公司的做法。换句话说，一个人投资于有限责任公司时，最坏的情况只是将所投入的资金蚀去，不会涉及他其他的财产，不会变得倾家荡产。由于有限责任公司这种权责利关系的确立，限制了投资人所承担的风险，大大地推动了聚集资金和从事创新事业的活动。但另一方面，当你和一家有限责任公司有业务往来时，你必须了解它的财务情况。万一该公司宣告破产，他欠你的钱无力偿还时，你只好自认倒霉。换言之，企业经营的风险由投资者以及和他有业务往来的企业共同分担。对于无限责任公司，债务人要尽一切努力来偿债，包括变卖他的各式财产。即使在这种责任无限的情况下，人的最低限度的经济上的生存能力仍受到法律保护。各国法律都规定偿债只限于有清偿能力的人。

小结：私有财产会有良好的保存。然而大公司必须靠发行股票集资，此时产权变得模糊。公司制度力图弥补这一缺陷，解释了公司内履行权利和责任的基本规则。

37

所有权漫议（下）

美国政府和百姓都相信市场经济，认为市场交换可以促进社会分工和科技进步，激励人们为社会多生产商品。社会的兴旺发达全靠市场的推动。市场之所以能有此种神奇的功能，是因为在平等竞争下的交换必定是对交换双方同时都有利的（否则达不成协议），因此每一次交换都能为整个社会增加物质财富。事实上，这一观点是经济学的奠基人亚当·斯密在200年前首先提出来的。与此相对立的观点则认为交换只是生产到消费的过渡，只有生产才能创造出财富；如果一方在交换过程中赚了钱，必有另一方赔本，因为交换不能无中生有地创造出财富来。这两种对立的观点以不同的表现方式至少争论了一个世纪。不要以为这仅是理论上的空泛之争，不同的理论认识产生不同的经济政策。市场是应该扶持还是应该抑制，在很大程度上是与上述争论有关的。市场交换是以所有权为前提的。这件东西属于我，那件东西属于你，这才有交换的需要。如果所有权不明确，东西是属于大家的，还有什么交换的必要呢？我国许多因管理不善而亏损的国有企业需要出售或产权改组，此时遇到的第一个问题就是谁是这家企业的所有者。事实上真正的所有者是找不到的，即所谓所有者缺位。能找到的只是由政府委派的代表所有者的主管部门的官员。他们代表所有者主持企业出售或产权重组，但由于他们并非真正的所有者，并不关心企业的利益，常常有意无意地低估企业的资产，造成国有资产的流失，以很低的价格出售给私企老板或外国企业。这一现象引起国内各方面的注意，因为找不到真正的所有者，这是一个无法解决的难题。因为害怕国有资产流失，国企出售重组的进程受阻，管理不良企业亏损的现象继续下去，发生了国有资产的“坐失”。国有资产面临的不是流失就是坐失的两难处境，这是公有制国家在经济转型中普遍存在无法回避的难题。

交换又以参与各方的地位平等为前提，如果地位不平等，一方可以强制对方屈从：我的是我的，你的也是我的。交换就被掠夺所代替。所有权从没有到有，从含糊到明确，从不完全到完全，中间有一系列过渡状态。地位的不平等从表面到隐含，从法律到习俗，从大范围到局部，也有一系列中间状态。它们都会影响市场的运作。美国标榜市场经济，就必须确保所有权的明确和完整。不经过法律程序就剥夺公民对财产的所有权，或者法律本身就藐视所有权的不容侵犯性，在许多国家都发生过。

例如将某些企业充公；在改换币制时限制公民兑换新货币的金额；用低价从百姓手中强行收购贵金属；改变土地的所有权关系又不给合理补偿；容忍公民的财产被肆意侵犯。

由于美国的财产所有权关系十分稳固，因此特别有利于发展长期的经济交易，例如投资、保险、储蓄和养老金制。以前我们曾提到过，美国的抵押购房制（用未来每月收入中扣款的方式签订合同购置住房）的合同期平均为 27 年，但订约双方并不觉得不放心。不能按期付款（不是赖账）的比例稳定在 6%左右。美国或许是世界上最稳当的投资地，每当国际局势出现动荡时，就有大笔资金涌向美国。比在美国投资更稳妥的保存资金的办法大概就是买黄金了。一个生活在美国的人无时无地不感到所有权无孔不入的影响。当你坐车穿过富饶的田野、茂密的森林时，不时会见到一块醒目的牌子：此系某氏之财产。当你行走在城市或郊区，打算穿过一块空地时，“此系私产，不得穿行”的标志赫然出现在你面前。美国有64%的住房是房主自住，其余36%出租的住房也是个人所有或公司所有，而这些公司绝大部分为私营而非国营或州营。城市里华丽高耸的大楼绝大部分是私人公司所有，有的大楼干脆以公司的名字命名，例如纽约的泛美大楼是泛美航空公司的财产；波士顿的王安大楼属王安电脑公司的财产。但这些私营公司拥有的财产，并非属于某一个人，而是属于公司的全体股东。只有你坐飞机飞越过内华达州时看到的大片沙漠是属于国家的，因为没有任何人肯花钱去买那块没有任何产出的一无所有的沙漠。

美国全国的土地中有59%为私人所有；39%为公有，即联邦所有（32%）和州及地方政府所有（7%）；另有2%印第安人保留地，即专门辟给原来美洲的土著居民的。公有土地中主要是荒漠，另外是道路、国家公署和保护地、军用土地以及政府用地。

美国关于土地所有权的规定不同于同为资本主义国家的欧洲国家。在美国，土地所有者同时也拥有地下的一切财富，所以地主可以自由开采地下资源，或者将地下资源单独出售给别人。唯一条件是他必须遵守政府关于环境保护的规定并照章纳税。但是欧洲的一些资本主义国家规定地下资源属于国家，地主开采地下资源要先向政府购买或者将出售的收入与政府分成。仅从地下资源的有效利用来看，美国的制度更为合理。首先因为每个拥有土地的人都会关心自己这块土地底下可能有些什么宝藏，他会自己花钱请地质学家来考察，有了点眉目之后他会请勘探队来钻探。一旦有所发现，他的土地价格立刻成倍地上升，否则他的投资成为损失，他只能自认倒霉。这就从经济上鼓励了资源的发现，不用政府去费心。其次，矿藏的采收率（采集到的矿石占储量的比例）成为地主自己关心的事，他必定会在经济合理的范围内尽量将地下资源采集上来，不会发生掠夺性开采。掠夺性开采必定发生在开采利润所有者与资源所有者分家的情况下。特别是当前者为私人企业，具有很强的利润动机；后者为公家，处于无人真切关心的情况下。最后，私人拥有地下资源，他有全权选择资源的利用方式，包括将土地及资源一起出售，与开采专营企业联营，出租开采权对资源开采所得分成并监督资源的合理利用，或放置等待市场价格更高时再行开采等。他选择的方案对全社会而言同时一定也是代价较小而产出的价值最大的方案。

但美国的制度容易引起贫富悬殊，诱使一些人陷入风险和破产。选择不同的规定各有自己的理由，区别在于有的更着重于效率，有的更着重于公平。但有一点则是共同的：要达到预定的目标，必须有政府明确规定的有效管理，并且有有关各方的合作配合。根据 1996 年的统计，全美国除土地和自然资源之外的固定资产总额（他们称之为可再生产的有形资产）净值为 23.8 万亿美元，其中 69%为私营企业所有，20%为政府所有，余下 11%为居民拥有的耐用消费品。这个数目为一年国民生产总值的将近 3 倍。美国约有 540 万个企业（不算分号），每年约有六十万个企业自动关门或宣告破产，大约有同样数目的企业诞生。在经济景气时诞生的企业多于停业的企业，不景气时则相反。这些企业按所有权结构的不同可以分成三类。

第一类是小业主，是一家人独立经营的夫妻店或作坊，也有个别的小业主企业大到有几百名雇员。这类企业占了 900 万中的绝大部分，但营业额却只占小部分。业主有权作出企业的一切经营决策，同时享受全部利润，承担全部风险。小业主企业是无限责任制，即遇到亏损时要动用自己全部家产来偿还债务。

第二类是合伙企业，这类企业由几个志同道合、彼此信赖的人共同经营。法律规定合伙人的地位均等（除非事先另有约定），每人都可以独立代表企业对外谈判。合伙企业是无限责任制，每个合伙人都有责任承担企业债务，甚至当别的合伙人失去偿还能力时，仍有责任独立负起偿债的义务。由于合伙企业这种责权利的结构特点，只有彼此十分了解的人才能组成一个稳定的企业。但一旦建成之后，他们办事效率高，经营作风灵活；既没有大公司的官僚主义习气，又比小业主有更多的资本，所以他们往往能为顾客提供质量较高的服务；在他们的商品广告上往往专门标明：合伙企业。

第三种企业就是公司组织。这种组织弥补了合伙企业最大的缺点，即合伙人数不可能太多，所以资本不可能很雄厚。公司可以由许多互不相识的人组成，只要这些人相信公司的董事会特别是经理有能力为股东赚钱，他们就会用认购股票的方式投资。买了股票是不能退股还钱的。当股东发现公司经营可能出问题，或者自己急于用钱时，可以将股票出售。这个特点使得用钱买股票和把钱存银行有完全不同的后果。当出现通货膨胀而银行利息又很低时，储户必定大量提款用来抢购，进一步促使物价上涨。我国在 1988 年夏秋就发生过这种情况。而买股票的钱则已经变成了机器设备，不能重新变为货币进入市场去抢购。如果你将股票转让，别人手中的钱到了你手中，市面上货币总量并不增加，总购买力并不增加，因而不会造成对通货膨胀的压力，而且持有股票的人并不怕通货膨胀。因为物价水平上升，企业利润跟着上升，只有拿固定工资的职工才害怕通货膨胀。

企业是社会生产和流通的基本单位。要使社会整体有效益，企业必须有高效益才行。什么样的所有制结构有利于企业的高效益呢？可以说有两个必要条件。

第一是有权作决定的人必须同时也是对决定的后果负责的人；负责人必须就是决策人。有权作决定而又不对决策的后果负责，必定会造成混乱，引起纠纷，降低效率。

第二是企业的盈亏必须由决策人负担。优化决策引起的盈利和错误决策引起的损失，必须直接成为决策者个人的奖惩。从这两个条件来看，小业主企业是效率最高的。但这类企业最大的弱点是经营规模有限，这就限制了效益的进一步提高。公司组织则处于另一个极端：经营规模大，但责权利关系不像小企业主那样密切。美国为了保证公司组织中责权利关系的强化，发展了股票市场、经理阶层的竞争市场、企业破产和兼并制度。美国是一个鼓励制度创新的国家，提高企业效率是一个主要的制度创新和制度选择的方向。

小结：明确的所有权是市场经济的基础。对自然资源的不同所有权结构，各有其利弊得失。对个体、合伙、公司三种所有权结构作了初步介绍，并扼要讨论了所有制对宏观经济的影响。

38

从交通规则到经济效益

驾驶汽车在高速公路上兜风是一件最惬意不过的事。只要你的汽车不断前进，新的境界就不断地提供给你新的信息，而且激发着你的好奇心，促使你想进入到更广的未知领域中去。但是这种享受仅当宽阔的高速公路上完全没有别的车行驶时你才能体会到。如果公路上出现了别的车子，你的注意力不得不被它吸引过去，好奇还在其次，安全是首要的考虑。如果并行的几个车道上排满了车，你的前后左右都是和你一样飞驰着的怪物，你就完全不会有闲情逸致去欣赏兜风的滋味。如果你的汽车的4个轮胎中任何一个突然爆裂，不出一秒钟，你就会撞到相邻的车上去。或者，虽然你的车子状态良好，可是旁边车子出了问题，厄运一样难逃。美国公路上汽车事故每年都要死4万多人，并有百倍于此的人受伤。谁也不敢在高速公路上疏忽大意。

我的一位美国朋友告诉我，她的朋友（年约40多岁的职业妇女）的儿子因酒后开车出了事故，受了重伤，花去十多万美元的医疗费，还撞了别人的汽车。因为是酒后开车，保险公司不负责赔偿，这件事几乎毁了她儿子的一生。这样的教训谁敢不认真吸取!

即使在半夜，马路上没有一辆车，在红灯前面人们仍旧老老实实地“傻”等。这就是美国汽车文化培养出来的精神。由此及彼，在银行、邮局经常有排队现象，但极少见过乱挤插队。秩序的井然提高了办事人员的效率，受益的还是那些遵守秩序排队的人们自己。

秩序井然的社会场景，这是美国文化熏陶出来的。

我曾到过20个不同发达程度的国家。比较各国的交通秩序可以发现一个有趣的规律：交通秩序和经济发达程度成正比。可见，交通秩序确实是一种文化，是一种道德，它是发展经济所必需的。事实上不仅在外国，在国内也有类似的现象：人民富裕、经济发达的地方交通秩序好，在穷僻的小县城里尽管也有红绿灯，但只起聋子耳朵的作用。在北京常见到从农村来的老乡，在大街上东张西望，面对无尽的车流茫然不知所措。我真为他们捏一把汗，因为我亲眼看见过老乡被车撞的惨剧。

从交通规则、排队秩序，到人人都有支票本而很少有人开空头支票，这些都是维持一个市场经济所必要的行为规则。违反这些规则不算违法，却属于道德的范畴。所以，市场经济要正常运作，除了法律，更重要的还在于市场道德。道德的基本特点是人人都遵守，人人都从中得利。如果多数人不遵守，我一个人遵守也未必有用。我在红灯前停下来，为的是在绿灯时可以畅通无阻。如果红绿灯前一片混乱，我一个人停下来又有何用？

比较乡镇上的集市贸易和处理国际金融业务的银行，两者都是交易，但他们市场规则发育的过程大不相同。前者吵吵闹闹，后者井然有条。从原始的交易发展到现代贸易，主要的困难在于市场道德的确立。各个民族都有自己的传统道德，例如，我国有“百善孝为先，万恶淫为首”，但这些传统道德中并没有市场道德的因素。美国虽然以基督教立国，讲究仁爱和平等，但在市场发展的初期，同样充满着欺诈、贪污。更早一些的时候，那里原是一个强盗世界。现今美国的市场是两三百年培养和发展的产物。

不但美国如此，日本也不例外。年纪大一点的人都记得第二次世界大战之前有大批东洋货（即日本货）进入中国，东洋货的特点是价廉而质次，所以有“啊呀货”的绰号，意思是说用不了一两次就会惊呼“啊呀！坏了”。可是现在的日本货成了保质货的代名词。汽车、音像设备，平均起来日本货最为可靠。这为日本人赚取了几万亿的美元，日本人正是靠进化了的市场规则而发的财。

产品质量，或更确切地说工作质量，是市场道德中最重要的内容。电视机的质量不用过六七年是无法断定的，厂家只要外表做得像那么回事儿，内容上偷工减料就可降低成本多赚钱，所以质量是一个道德问题。而产品质量是用工作质量来保证的。只有每道工序每个零件的一丝不苟才能保证整件的质量。工人在受雇时可以和资方就工资、劳动条件、福利待遇等条件谈判，但一旦达成了协议就得卖力地干，不允许磨洋工，降低标准。工作中的负责精神和高标准是一个社会经济发达的不可缺少的条件。

最近日本首相批评美国工人缺乏工作质量意识，引起一场轩然大波。究竟日本工人和美国工人孰优孰劣，我不想妄加评论，但有一点是可以肯定的：在一切经济发达的国家里，极少发生门窗关不上，打电话串线、错号、有杂音，或总机没有人接，马路不平，厕所漏水，放电影断片子，电视机图像不清，拉闸停电，蛋糕里吃出铁钉，书刊印刷错误、装订错页，邮件丢失，报刊晚送等等无奇不有的质量问题。

守时，这是市场文化最浅显的要求。上班、开会、约会、开车、起飞、交货，如果不守时，不但浪费别人的时间，有时会引起巨大混乱和严重损失。古时候没有钟表，只能以太阳在什么位置作为时间标准，当然不可能准确。现在守时在技术上已没有任何障碍，问题在于能不能形成一种普遍的风气。像中国这样的大国，守时和不守时一年造成的经济盈亏恐怕将超过几十亿元。

尊重别人是市场文化的核心。它不但表现为服务态度，尤其重要的是协商精神。在谈判时双方都懂得要尊重对方，尊重对方的利益，尊重对方的原则，体谅对方实际存在的困难。而不是只有我的原则是不可动摇的，你得服从我。尊重对方不仅表现在谈判上，尤其表现在政府规章制度的制定中照顾到别人的具体困难。因为政府制定的制度是必须遵守的，对方没有机会和你面对面谈判，只有屈从的份。不尊重对方就会造成执行制度中巨大的不便，所以制度的规定重在合情合理。以美国大学入学制度为例，因为特殊原因录取了但不能入学，学校多半可以保留你的入学资格到下一学年。开学注册不许晚到，但万一因故晚到，罚几十元钱便可通融。开了空头支票，银行假定你是算错了账，不认为你是故意欺骗，罚款了事，不记入档案。尊重对方的精神，使得一个社会易于调整内部的各种关系，使得社会成员感到社会易于相处，不大会产生格格不入的感觉。

也许有人会说，产品质量也罢，守时也罢，最终还是利害关系在起作用，并非属道德的范畴。这样说，并非无理。因为说到底，道德和利益应该是一致的。一个普遍加害于全社会每个人的行为准则，绝不可能是道德的，所以道德准则也是全社会长期利益的准则。但当这种准则成为每个人的行为习惯，一个人依此准则办事脱离了任何利益考虑时，这些准则已上升成为道德。新闻记者为了忠于事实深入现场不惜牺牲生命，法官为了维护正义和恶势力斗争以身殉职，这类事件全世界每年都有几百起。这种高尚的精神是市场经济的支撑点，然而它又不可能在一个老死不相往来的自给自足的经济中培养起来。这一点恐怕是我国经济更多依靠市场法则中最难完成的任务。

小结：发达的市场经济要求相应的市场道德的支持。遵守公共秩序，讲究工作质量，守时守信，尊重对方，协商互让，是市场道德的主要内容。

39

美国的色情市场——一切交易都有利于买卖双方吗

纽约市最主要的部分是曼哈顿区，这是一个半岛，宽约2~3千米，长达20千米，东边是东河，西边是哈德逊河，南面是大西洋。它的主要街道很有规律，呈东西和南北向，互相平行，或互相垂直。横街（东西向）从南到北依次编为第1街、第2街，一直到131号街。往北还有132号到263号街，但那已不在曼哈顿区，而是进入布朗克斯区。纽约最繁荣的地段就是从曼哈顿最南端到60号街这一部分。著名的华尔街、美国的中央银行——联邦储备银行、纽约证券交易所、公共汽车总站、高102层的帝国大厦都集中在这一块地带。这里还有堪称全球最高档的首饰店、服装店、礼品店和百货公司，他们提供最精美、最奢侈的衣食住行。但是人类的消费欲望还不止于此。性欲望的满足是吃饱饭以后首先呈现出来的消费需求。这原本是人的天性，只不过一直很难在市场上公开表现出来。虽说娼妓是一项古老的职业，但总是躲躲闪闪，没有“公开上市”。只是到了20世纪末，随着崇尚自由趋势的大潮，性娱乐行业才逐渐成为一个能够堂而皇之地进行交易的买卖。在20世纪90年代初，曼哈顿第42号街是繁华的曼哈顿中最耀眼的亮点。它的特点是性用品商店鳞次栉比，成为全世界最大的性娱乐市场。

性用品商店公开出售各种色情用品，有小说、图片、录音录像带，男用和女用的性交工具，内服和外用的，男人用的壮阳药和女人用的春药，反正凡是人们可以想象得出的东西一应俱全。这里还有规模不一的黄色影院。小的像一间厕所，顾客进去后把自己反锁在里面，投下几个硬币就可以在自动播放机上看几分钟录像，这称为窥视影展（Peep Show）。有的提供裸体女郎全身展示。你愿意的话，另外再付一点钱，就可以用手摸摸她们。入夜以后这一带到处可以看到妓女或妓男（提供同性恋服务），当然还可以看到脱衣舞和其他性表演。性商品的广告用各种方法挑动过路人的色情欲望。到过42号街，我才认识到由于性娱乐市场的存在，人们对如何满足性的要求已经作了最大限度的开发，正像人们研究食物和饮料一样，色情成了人类社会的特殊现象。它是不以生殖为目的的一种性行为，而色情业成为以最大限度满足人的色情需求为目的的商业。那时候，42号街是一个典型地区，事实上它附近一带都开有许多类似的商店。这一带习惯上被称为“红灯区”。不但纽约有红灯区，其他大一点的城市都有红灯区。不但美国如此，欧洲的许多国家也如此，只不过规模比42号街小，也不那么集中了。最近几年在东南亚国家（地区）性商店也逐渐增多。只有信奉伊斯兰教的国家和天主教影响大的地方，性还没有成为商品。

市场经济建立的原则是买卖要建立在双方平等自愿地达成交换的协议上。所以只要有需求的一方，又有供应的一方，双方都出于自愿，而且在价格上能找到双方都能接受的水平，交易就做成了。只要这种交易不给第三方带来损害（例如工厂为完成订货的生产而造成污染），那么必定有利于当事人，也有利于整个社会。因为当市场给每个人提供交换机会来改善自己

美国典型的“红灯区”，有各式各样的性服务。

的境况时，整个社会变得更富裕。

平等自愿的交换能够为社会创造财富，道理很简单，交换的双方都认为对自己有利，如果没有新的财富创造一方得利必将使另一方受损。妨碍我们理解交换生财的主要原因是把财富等同于物质，交换前后物质没有变化，因此没有财富的创造。下面的例子或许可以说明物质不等于财富。假定我有 100 只香蕉，你有 100 个苹果，而我也想吃苹果，但我没有苹果。对你也一样。此时如果我用 1 只香蕉换了你 1 个苹果，彼此的财富都将有所增加。我换得的 1 个苹果其价值超过 1 只香蕉。如果有人再拿 1 只香蕉，换回我那只唯一的苹果，我不会同意。此就是证明。尤其奥妙的是同样的过程也发生在你这一面，所以由我们两人组成的社会的财富有所增加。

再一个例子说明物质不等同于财富。一位农民用他从地里种出来的 100 斤小麦到磨坊磨成面粉，他用 10 斤小麦作磨粉的酬劳，背回家 90 斤面粉和麸皮。请问，在此过程中磨坊是否创造了财富？一般的答案是没有。因为在此过程中唯一涉及的财富是农民所创造的 100 斤小麦。磨坊只不过是瓜分了农民所创造的财富。这个答案显然是错的，因为错在把物质等同于财富。可是这种错误在18世纪之前相当流行，甚至到现在认为交换无助于财富的创造仍大有市场。识别上述例子的错误认识，只要明白90斤面粉的价值大于100斤小麦。

细察交换之所以发生，同样一件商品，会从卖者手中转移到买者手中，是因为它在出售方的估价低于购入方的估价，否则任何交换都是不可能发生的。前面苹果换香蕉的例子中，因为各方的稀缺性不同而构成了估价的不同，最复杂的买卖莫过于整个企业的买卖，或称并购或称兼并，并购之所以可能是因为出售方对企业的估价低于收售方。估价的区别往往是各方约束条件不同而造成的，出售方受约束而做不到的事收购方却可以做到。因此，他能够通过企业重组而赚取更多的利润。判断一个企业并购成败的标准就是并购以后利润能否增加。企业并购是医治一个有病企业的最有效的方法，社会应该鼓励企业并购。这是增强国力的简便易行之道。

但是，是不是一切东西都可以交换？有没有什么东西是禁止交换的？

有的。举例说，选票是不允许出卖的。即使一个人因为穷而快要饿死时，他显然愿意出卖选票以换取食物，但此种交换仍被禁止。再如人体器官也不允许交换。乍一看来，这些规定不利于交换的当事人，但这样规定是出于维护每个人的基本权利。为了一时的利益而放弃这些基本权利，日后可能会陷入更悲惨的境况。

性用品虽然和个人的基本权利无关，但是否允许公开出售一直是一个有争议的问题。在美国每隔两三年就掀起一番热烈争论。其结果是时而放松，时而严格，但没有作出过完全放开或完全禁止的决定。从几十年来的趋势看，它则是趋于放松的。但有一点大家是认识一致的，即这类商品有害于青少年，所以禁止出售给青少年。美国有些州租借黄色录像带时必须保证自己的居室可以和孩子的居室隔开，而且规定将内容泄露给18岁以下的未成年人算是犯法。性用品既然有害于青少年，难道对成年人就无害了吗？买卖双方自愿是否必定有益于双方？最明显的一个例外就是毒品。性用品虽不像毒品危害那么大，但肯定有相当大的负面作用，负作用的大小与当事人的具体条件有关，因此这成了一个难于判定的问题。黄色书刊可能引起性暴力事件，这是最主要的一点考虑，因为交易使第三方受损。但赞成和反对的双方都有充足的调查事实以证明自己的观点。最近有一篇文章说，日本对色情业的管制最松，但强奸的发案率却最低。其实这是一个似是而非的论证。强奸发案率低未必是管制放松的结果，可能是日本人的文化、道德和治安的作用。换言之，如果加强对色情业的管制发案率或许能进一步降低。但是也有证据证明，由于有了娼妓，减少了强奸案的发生，所以开放色情业也许反而减少了犯罪。限制色情商品的另一点顾虑是影响经济增长和造成失业。一个中等知名度的色情电影明星，在美国的年薪超过20万美元，而世界级的色情明星年薪可达几百万美元。她每天收到的崇拜者发来的信超过美国总统收信的数目。在前文《美国人一年生产多少财富》中提到过，服务业和物质生产部门一样，都创造出构成国民生产总值的一部分产值。经济学家估计，美国每年色情行业的产值超过1 500亿美元。而且由于色情商品的交换受到限制，隐蔽的交易十分发达，它真实的交换数量远超过表面上能看到的。色情商品已经发展为跨国公司经营的项目。1990年澳大利亚议会通过一条法律，对色情电影中演员的表演加以限制。这项法律立刻遭到澳影剧界的反对，他们估计此项限制将降低澳大利亚摄制的色情电影在国际上的竞争力，每年将使澳大利亚损失几千万美元的外贸收入。

多数人认为妓女提供的服务应属禁止交换之列。当然，这种服务和其他服务一样，都能满足人们某一方面的需要。不过此种服务不同于理发、饮食，虽然它不是出售人体器官，那是法律所禁止的，但它属于出租人体器官，而且有辱人格和尊严，它造成性病的传播，还可能导致家庭的不和。它的负作用是很大的。世界各国政府无例外地对卖淫业持否定态度，而且在法律上一度加以禁止。但事实证明它很难完全禁绝，因为有人愿卖有人愿买，法律禁止的结果是交易转入地下，管理更困难，危害更严重。一般认为妓女是处于社会最底层的人（也许有朝一日她们能成为高尚的就业者，但至少现在还不是），因而应该受到保护。这也是政府对她们进行管理的理由之一。但是事实上政府的管理加剧了她们的困难。妓女最怕的是警察，而不是欺侮她们的嫖客，这就是证明。正因为如此，于是许多国家干脆承认这一现实，将卖淫合法化，但将卖淫业限制在红灯区，妓女要登记，营业要纳税，政府提供定期健康检查和保障红灯区的治安，使这种交易的危害性降至最低。在娼妓成为合法的国家里，嫖娼也被认为是道德败坏的行为，仍受到道义上的谴责。一个有嫖娼历史的人不能竞选议员，更谈不上当总统。正好像一个有婚外性行为的人并不犯法，但道德上被人看不起。

最近有一位名叫妮盖·罗伯茨（Nickie Roberts）的女士在英国出版了一本书《历史中的娼妓》（Whores in History）。她本人虽无当妓女的经验，但曾做过脱衣舞女，因此，与这一阶层的妇女有广泛的联系，对妓女的实际生活相当熟悉。她提出了一个大胆的看法：妓女由于收入较高，能大大改善生活，因之健康状况也更好。她们中的大多数并非被迫，而是出于自愿。虽然有时她们也被老板殴打，但不当妓女同样可能受丈夫的殴打。

确实，妓女的收入肯定比一般工作人员的收入高，不然为什么有那么多人从事卖淫呢？有一次我在普林斯顿（著名大学所在地）小镇的火车站等车，看见候车棚里写满了提供性服务的电话号码。再有一次中国留美学人在休斯敦开会，6月份那里天气已很热，旅馆里虽有空调，但噪声吵得难以入睡，大家就在外面聊天。到午夜一点多钟忽然来了一个姑娘，先是问路，后来又说要打电话。我们觉得可疑，盘问之下才知道这位姑娘因为卖淫被警察局关了两个星期，刚放出来，身上不名一文，只好重操旧业。她有自己的家，但父母知道她在卖身不许她回家。我们问她最大的希望是什么，她说希望能够赚上2 000美元回家去。有了钱家里就不会嫌弃她了。她希望找归宿，她认为父母的家还是最安宁的窝。那天她已经游荡了一整天，又饿又困。她要求给她一张床睡上一觉。可是我们谁也没有闲着的铺。临走时她求我们不要告诉警察，然后她的身影逐渐消失在黑暗之中。当然，我们之中谁也没有向警察报告，因为不愿给这个孤立无援的女孩子再制造麻烦。

对这件事我想了很久。我们没有向警察报告，是我们支持违法活动，还是认为禁妓这件事在法律或道德上是错误的？显然都不是。那么，问题在哪里呢？这一逻辑上的矛盾正好说明了娼妓问题的复杂性。凭着自己的正义感，对这一丑恶现象大加谴责，甚至采取果断的极端措施，可以使娼妓减少甚至表面上不再出现，但它存在的社会基础还能产生新的问题。从这方面看，我国1950年以后的30多年中彻底消灭了卖淫吸毒等现象，这一成就是举世瞩目的。这里有什么基本经验值得我们在改革开放的今天继续坚持的，难道不值得深思吗？

小结：市场交换使双方得益，但并非一切交换都合法。选票、毒品均属此例。而色情商品，尤其是娼妓的交易则引起广泛的争论。本文对各方的理由作了初步介绍，从中可以看出市场经济的弊端。

40

“金钱万能”的经济学意义

美国是一个信奉民主政治和市场经济的国家。在这样一个国家里金钱就成为“万能”。所谓万能，是指有钱可以买到一切产品，获得一切享受；它反面的意思是没有钱什么事也办不成，甚至于活不下去。在非市场经济的社会中情况是不同的，在那里许多享受的分配不全是靠钱，没有钱的话，自己耕作也能维持生存，金钱不是万能的。不过在严格的意义上说，在美国金钱也并不是万能的，譬如不可以买卖人口，不能以钱赎罪、行贿。所以有必要正确地了解在美国这样的市场经济中，金钱万能到什么程度，这种“万能”性有什么意义，带来什么利弊。

金钱万能的确切意义应该是，钱是市场上通用的交换手段，用钱可以在竞争的市场上购到任何一种商品，而不附有其他限制条件。

即使在计划经济社会中，钱也可以买到许多东西，但与市场经济相比，钱的“万能”性要差得多。譬如说，在大多数计划经济社会中，土地、矿山、森林等自然资源是不允许买卖的；黄金、外钞等基本上也不能在市场上购到；甚至一些基本生活用品，如粮食、住房等的交换除了钱之外还要凭票证。但在美国，上述各种东西都属于商品，花钱就可以买到。

钱的万能性也可理解为金钱面前人人平等，身份和地位在市场交换中不起作用。在经济学的教科书中常常讲到货币的出现如何方便了交换，用钱交换比之物物交换节省了寻求交换对象的时间，解决了一些商品不可分割的困难（如一头牛、一柄斧）等等，似乎货币被接受是一个极自然的过程。但事实上在一个等级社会中，人的消费水平是由等级决定的。换句话说，人能否得到一种产品或服务与“此人是谁”有关。

货币出现之后，无权而有钱的人进入了特权阶层的消费领域，金钱冲击了特权。带贬义的“暴发户”就是出于对新进入的消费者的敌视称呼。暴发户虽然有钱仍受到特权者的强烈抵制，所以金钱之具有万能性绝不是一帆风顺的。美国市场经过一百多年的发育，带贬义的暴发户一词用得越来越少，认钱不认人倒成了公认的规则。和权力金字塔结构的社会相比，人人都有机会进入任何一个消费领域，买软卧火车票、坐飞机都不需要关于身份等级的证明，过去在我国这些消费只有某一等级以上的干部才可以享受，买票时要出示证明。有关的规定到20世纪90年代初才取消。直到现在，某些医院里还有高干门诊和高干病房的特区，一般患者不能享用。商品和服务一视同仁地对所有的人开放，不能说不是朝“民主”和“平等”迈出的重要一步。但是它又带来了另一种不平等：穷人和富人的不平等。应该讲，财富的不平等比之权力的不平等略为可接受一点。因为财富的获得机会在市场经济中不具备垄断性，理论上讲人人都有机会发财；而权力肯定是具有垄断性的。一个部门不可以有两个领导，而且有权的人往往同时有钱，而在民主社会中有钱的人未必有权。可怕的是钱和权勾结起来，老百姓就难受了。所以说，社会的良性发展应该做到：不让有钱的人有势；不让有势的人以权弄钱。而不应该不让大家发财。同时，一个健康的社会应该向真正有困难的人提供各种帮助。在理解金钱万能的意义时，它强调了在竞争的市场上用钱可以买到一切。市场上卖方用降低价格竞争，买方用抬高价格竞争。此种竞争的规律是商品供不应求时价格上升，供过于求时价格下降，其结果是价格有涨有落，以此来调整商品的过剩或不足。只有在这种情况下，钱才具有万能性。反过来看，如果商品供不应求时，有了钱也买不到（多半是因为价格管制的缘故），那钱还有什么万能性呢!

当金钱万能，用钱可以买到一切商品时，说明一切商品的价格均已调整到使商品的供应和需求相等。经济学中有一个专门名词来说明这一状态，即“一般均衡状态”或“全局均衡状态”。此时不但各种商品服务的价格使它们的供求均衡，而且资金的供求有利率的调整，外汇的供求有汇率的调整，劳动的供求有工资的调整，土地的供求有地价或地租的调整，使它们全部达到了供需均衡。经济学中用严格的方法证明了在一般均衡状态，一切物资都得到最充分的利用，社会杜绝了一切经济上的浪费，整个社会处于效率最高的状态。这一状态是价格信号指挥物资流向的结果：当任一商品供不应求而价格上升时，生产者会投入更多的原料、资金、劳动去生产它；同时消费者会减少那些不十分必要的消耗。如果价格的灵活反应受阻，或者价格虽然反映了余缺但生产者和消费者由于不关心经济效益（例如吃大锅饭），或者由于制度上的原因而无法对价格信号作出反响，一般均衡状态仍旧不能达到。这些制度上的原因包括潜在的生产者不能自由进入某个行业的生产，老的生产者不能随便退出生产，信息的交换受阻，物资的流通受阻，人与人之间缺乏信任，以致合同很难达成协议等等。一般均衡状态强调一切商品的价格都必须处于供需均衡点。如果有一种商品不均衡，其他一切商品都已达到了均衡，这仍不是一般均衡，而且

货币一登陆市场便所向无敌。对于人们来说，没有它是万万不能的。

其他商品的均衡也不是真正的均衡。举例说，现在仅有煤炭供不应求，此时煤炭价格上扬，企业家将集资用于开发新煤矿，招聘更多的职工。结果将打破资金市场和劳动市场原来的平衡。所以只有当一切商品和劳务全部处于均衡时，才能有一整套的均衡价格。

在一般均衡状态下，钱具有度量一切商品价值的特点。一件商品的价格如果是 10 元，那么这个价格也就是此商品的真实价值。为什么？答案用不着动用任何理论，实践给出了回答：因为它可以和任一件同为 10 元的商品交换，或者两件此种商品可以与一件 20 元的商品交换，如此等等。均衡价格是价值的真实度量，这种价值与商品内包含多少劳动无关，与商品用了多少成本来生产也无关，它只和商品的有用性和稀缺性有关。在拍卖汽车牌号和电话号码时，一些吉利号可以在竞争中卖到几万乃至几十万元，一些方便号或纪念号如果发生竞争的话也可卖到上千元。实践证明它们有这样高的价值，这里用不着任何理论。即使我们能制造出一套价值理论，可是如果它不符合均衡价格，在实践上行不通，这样的理论又有何用!

在金钱万能的美国，无论是开厂生产，或是经商做买卖，甚至投机倒把（贵卖贱买），只要在竞争性的市场上赚了钱，就是为社会创造了财富（当然这部分财富归你所有）。原因很简单，在一般均衡条件下钱代表真实的财富，赚钱说明产出的价值比投入的价值多，这多出来的财富就是你的经济活动创造的，它可以用来交换别的商品。相反，赔钱则是消耗了社会的财富（当然也由你个人负责）。是否真正创造财富只有用万能的金钱来度量。低价买进，高价卖出，囤积居奇，这样赚钱是不是创造了财富呢？答案是肯定的。因为这种交易在时间上调剂了余缺，正好像长途贩运或国际贸易是在空间上调剂余缺一样（过去认为长途贩运属于投机倒把，是严格禁止的）。如果我们能把盛大宴会上吃剩下的饭菜挪到三年灾荒时来消费，岂不是能增加物资的价值吗？要知道，囤积居奇有时候也会赔钱的。以为会涨价，结果却落了价，钱就赔进去了。赔钱就是消灭了财富。投机能创造财富的理论，是假定市场由于供求关系的变化引起价格的波动，在这个正常的供求市场之外出现了投机商，他们既不生产也不消费，但参与买卖。他们买就是为了卖。此时他们利用市场的正常波动，低价时买进高价时卖出，可以熨平价格波动，从而创造财富。但如果投机商过多，他们甚至故意造市，使价格由于他们的投机买卖而发生混乱，那么投机创造财富的前提就不再存在，因此投机过度是有害的。人们有时要问，什么情况算是投机过度？这里并不存在一条清晰的界限。从事投机的人越多，越容易造成因投机而引起的价格混乱。股票市场上赚钱也能创造财富吗？在股票市场上有赚钱也有赔钱，盈亏相抵之后，如果有净盈余，那就是创造了财富。因为市场为投资者创造了一个企业的正确价格。价格是非常重要的。企业的价格也一样，它表明了企业经营的好坏，指明了投资的方向，对社会有很大的用场。但是如果股票市场上总体是赔钱的，说明它制造出一个错误的价格，相当于出了一件废品。在市场经济中，如果一种商品出口能赚钱，就说明生产此种商品相对于外国而言具有比较优势；反之，如果某种商品进口能赚钱，则说明具有比较劣势，应该避免去生产它。依靠一般均衡理论，很容易度量出一国对于世界市场的优势何在、劣势何在，很容易决定什么该出口、什么该进口。我国进出口长期以来陷入严重混乱，有一位经济学家建议设立研究课题，寻求比较优势的计算方法。其实，这种计算方法是不存在的，只有市场交换，它相当于一台巨型计算机，才能准确计算出进出口的品种甚至数量。

在美国，任何人生活都离不开钱。钱从何来？从全美国来看，约80%靠出卖劳动得到，其余20%则来自出租土地或住房、银行利息、股票红利和经营利润。追求金钱或向钱看，是正常现象，它没有任何不道德的地方。谁要耻于言利就活不下去。做生意、找工作、租房子没有哪样不考虑钱的。但是斤斤计较并不等于人情淡薄或吝啬小气，帮穷人的忙、为社会公益，美国人是很肯出钱的。

我在美国那年的圣诞节前夕，正逢波士顿市为兴建儿童医院募款，募款的实况通过电视台转播。社会名流、电影明星、棒球健将，纷纷出场为医院呼吁。他们中许多人充当电话接线生，接应认捐的电话，电视上出现他们兴奋的表情。还有演员表演节目、医生现身说法、治愈儿童亲诉幸福的感觉，气氛之热烈，场面之动人，给我留下极深刻的印象。原计划从晚上7时到10时募款40万美元，但因认捐人太多，延长到10时半，共募得47万美元。他们一张张被一种高尚的情绪激发的热情的面孔，和在工作中斤斤计较的认真态度，并没有任何不相容之处。相反，正因为这两种态度并存，才避免了社会的浪费，经济效率得以提高，人们才变得富裕，才有能力从事公益事业。据1996年的统计，美国个人和团体为社会公益事业的捐款达到了2 600多亿美元。在1998年美国有81%的家庭捐款给公益事业，平均每个家庭捐款754美元，这还不算自愿服务的价值。慷慨解囊和斤斤计较这两种态度是相互依赖、相互补充的。我想，这或许就是市场经济中人的精神面貌的特点吧！

小结：市场经济中的金钱万能首先是指在金钱面前人人平等，而不是指用钱可以买卖人口，行贿赎罪。当人的特权地位不起作用时，将通过价格的竞争，最后接近"一般均衡状态"。此时钱可以度量一切商品的真实价值，而且赚钱就是创造了财富。一国应该进口什么，出口什么，只有在均衡状态下以能否赚钱才能判定。

41

交易费用

参与交易的双方除了按价格支付货款之外，为了完成交易还需支付的其他费用称为交易费用。它包括搜寻交换对象的信息费（譬如比较价格和质量）、谈判费用、商品的运输和保险费，事后可能发生法律诉讼的费用等。交易费用不仅包括可以看得见的钱财支出，也包括谈判商务条款所费的时间和精力。

前面曾经说明过，平等自愿基础上的交换有利于交换的双方。所以一切有碍于交换的事物都会使社会受损，这正是自由贸易理论的基础。现在由于交易费用的存在，使得获利较薄的交换不值得进行，整个社会的经济效率降低。专业化的分工，大规模生产的利益，都要求交换能畅通无阻。一个工厂可以自己生产螺钉（或别的零部件），也可以从标准件厂去购买。如果交易费用很高，工厂会选择自己生产的方式，结果专业化分工就难以发展。在美国，因为交易费用低，形成了一个人人买、人人卖的社会，商业发达，分工明细，专业化程度极高，整个社会的效率也相应很高。

1991年，诺贝尔经济学奖得主芝加哥大学法律系教授科斯，就是因为他研究交易费用，揭示了企业、经济制度存在的原因，并取得了重大成果而得奖的。拿企业来看，其内部的人际关系是下级服从上级，而不是一手交钱一手交货（或服务）的交换。工长命令工人做一个零件，而不是临时到市场上去雇一名工人来做零件，其原因是后者的交易费用太高。所以企业是为了节约交易费用而存在的，而且规模的大小也与交易费用的高低有关。交易费用很高时，企业办成大而全或小而全的企业，它不但有热加工到冷加工的全套设备，还有机修车间、基建队、汽车队，甚至有自己的商店和医院，关起门来万事不求人，一切工作由垂直的领导与被领导的关系去完成，而不是买方与卖方的关系。科斯还发现，经济制度是大家共同遵守的商业规则或交换规则，有了这些惯例省去了许多成文的条款，谈判变得更容易，也是节约交易费用。如果你的商业对手的行为完全不可测，没有任何惯例可循，对他极不放心，大一点的买卖就不敢去做。

经济学理论证明市场是最有效的实现生产和消费的组织形式，科斯认为由于交易费用的存在才使得人们去组织企业来代替市场。举例说，厂长要找人为他起草信函和文件，并将其打印和送发。这原是3种不同性质的工作。最有效的办法是到市场上去找3种不同的专门人才去完成。但由于交易费用太高，厂长雇了一位秘书兼做这3样工作，这样就牺牲了工作的质量和效率。设想厂长熟悉一家专门从事打字的公司，双方多年交往相互依赖，不必讨价还价，厂长则会将打字工作委托出去。所以社会的经济发展不是朝大而全的企业组织去发展，而是朝尽量降低交易费用的方向去发展。这要求我们对交易费用的性质，它依赖哪些因素而变化，有清楚的了解。

交易费用中有一些是客观存在变化不大的，如运输费；另一些则很大程度上取决于当事人的行为，如谈判费用。互相信赖的人谈判费用很低，甚至用不着谈判；而互相猜忌的人，除了谈商品的价格、质量、交货期、付款方式和条件之外，还要谈违约时的惩罚条款。如果有一方存心钻条款中的空子，则下一次的谈判将更困难，费用更高。如果纠纷闹到要上法庭，做生意赚的几个钱还不够付律师费。所以信任和普遍存在的社会的商业道德是降低交易费用的根本条件。

我从美国遇到的几件事深感美国商业关系中存在着互相信赖的气氛。我刚到美国不久，买了一只耳机，同时买了 3 节五号电池，在美国称为 AA 电池。但售货员一时疏忽，给了我一小号的 AAA 电池。我回家一试发现电池尺寸不对，第二天抱着侥幸心理去换电池。在国内，电池一类的消耗品是不可以退换的。但结果是售货员二话没说，立刻给换了五号电池。还有一次我买了 5 盒一次性打字带，几天后发现其中一盒已经打开，而且用过一段，料想是商店试打字机时拆开用的。因为时间已过去几天，究竟是商店用的还是我自己用的已没法说清楚了。我抱着试一试的心情和商店交涉，店方只是问了购货时的几点细节，很快就换了一盒新的给我。我相信这种对顾客的信任必定建立在顾客本身的行为不越轨这一点上，否则哪一家也经不起顾客的故意敲诈。受到这些启发，我也愿意和商店配合，协助他们降低交易费用。例如，个别顾客只图自己方便，

诚信是一个企业的根本。国外企业的信誉度是国内企业无法企及的。

把超级市场内的手推车推回家，只要顺路我常常从几百米之外帮他们将车推回去；在超级市场选购食物时，只要估计在有效期之内可以消费完，我尽量选购接近到期的食品。因为我相信，降低他们的成本将降低商品的价格，而不只是增加他们的利润，何况这样于己并无损害。

可见一个市场经济的建设，不光是造商场、建摊位，更重要的是建立市场秩序，降低交易费用，这远比硬件的建设重要。因为在一个良好的商业关系中，筹款搞建设并不困难；相反，由于存在尔虞我诈、坑蒙拐骗，有了物质条件生意也难做成，尤其是商业道德没有任何指标可以直接测量出来。一些急功近利的政府官员不愿意去做看不见摸不着的建设工作，认为这是费力不见效。其实加强商业道德建设是最能使大家得利的事情。

在美国，商业道德也不光是靠每个人的自觉，还有一套制度和法律来对付越轨的人。例如，每个州都有定期食品检查的制度，它要求检查从生产线到销售货架上食品的质量和日期戳，并把检查结果公之于众。在这方面做手脚的企业一旦被发现，销量立刻锐减，严重的要被吊销营业执照，甚至罚以巨款。1991 年，法国著名皮埃尔牌的矿泉水在美国被检出含酚量超过它自己规定的标准（仍远远低于饮用水标准），几千万瓶皮埃尔牌矿泉水立刻从美国商店的货架上被取走销毁。生产厂被迫停产整顿，损失上亿美元。谁也不敢在与自己信誉休戚相关的事情上掉以轻心。

美国地方法院每年处理约 30 万个案件，其中约 5/6 是民事案。民事案与刑事案件数的比例现在上升到几乎 5:1，说明人际关系的复杂性。民事案中大多数与商业活动有关。美国在 1990 年有 60 多万名律师，到 2001 年律师数增加到了 99 万名。他们对社会的贡献就是共同维持一个法治的社会。法律作为道德的后盾，对维持道德水平有正面作用，也间接降低交易费用。但也有人持相反的看法，认为诉讼费用本身就属交易的范畴，律师这么多正是交易费用高的一个证据。从20世纪60年代到80年代的20年中美国律师总数增加了一倍。以1990年的统计来看，拿每10万居民中律师的人数来比较，美国现在是英国的3倍，是日本的20倍。在首都华盛顿地区，每22名居民中就有1名律师（1985年统计）。律师的劳动肯定对维持社会安定是必要的，但美国的律师是不是太多了？如何判断一个国家应该有多少律师算正好？这些都不是容易的问题。

一个社会要建立市场经济，降低交易费用是必不可少的条件之一。从法律、道德观、文化和习俗上歧视和打击商业活动则显然会增加有形和无形的交易费用，可惜在漫长的人类历史中，不论在中国或外国都存在过很长一段反对商业活动的时期，错误地认为只有生产活动（甚至只有农业和矿业）才创造价值，商业只能瓜分别人已经创造出来的价值。不同的是有的社会觉悟得早，放弃了打击商业的观念，市场逐渐建立起来，经济也得到发展。有的社会则长时期不能摆脱老观点，造成经济停滞，生活不能改善。但也应注意，在恢复商业活动应有的地位中，还可能出现另一种倾向，即不顾法律和道德，肆无忌惮地追求商业利益。这同样不利于商品经济的建立，因为这种行为的后果也是增加交易费用，只不过是另外一类的交易费用罢了。

小结：平等自愿的交换可以产生经济效益，交易费用是为了实现交换所付的代价。交易费用很高时，交换变得无利可图，社会的经济效率将降低。说明交易费用包含了哪些内容。企业的存在是为了降低交易费用。

42

再谈交易费用

在当前我国国民经济向市场经济转轨的过程中，降低交易费用具有突出的重要性。前两天偶然和朋友谈起买飞机票的经验。他有一次拿了介绍信去买机票，因为所盖章的级别不够，不得不再花上一整天时间，逐级上报审批，换了介绍信才算买到。我自己则有一段更奇特的经历。1989 年春，我出差去深圳，开了买机票的证明，不料广州民航售票处拒绝卖票给我，理由是我出差目的地是深圳而不是广州。当时深圳还没有机场，只有一个售票处。我对售票员的这种故意刁难非常气愤，当我怀着一肚子气跨出售票处大厅时，忽然窜出一个票贩子，对我说，多花 150 元钱，不用任何证明，他可以帮我买到机票。我立刻明白售票员故意刁难的原因。他和票贩子是串通一气的，否则票贩子凭什么能买到飞机票呢？这 150 元钱就是因为政府这项规定引起的交易费用。在中国还有一桩怪事，即出版社可以出售书号。别人不费吹灰之力，花几千块钱就可把书号弄到手了（现在已经涨价到一万元以上）。类似的现象还有几百几千。在旧社会只有税官和县太爷是肥缺，现在连售票员也成了肥缺，因为政府的规定不必要地过严过细。所幸的是从 1993 年起人们单凭身份证就可以买机票了，免除了介绍信。大约从 1997 年起，连身份证也不用了。手续简化之后，不要说天没有塌下来，任何故障都没有出现过。现在也许我们觉得奇怪，当初为什么那么不放心，把凭身份证买票看成金科玉律。在美国，通常是通过旅行社买票。只要拨一个电话给我熟悉的旅行社(当然是我认为服务最好的)，告诉他旅行的有关要求，几分钟之内他就能作出几个旅行计划，不同的起飞时刻、不同的航班和换机地点、不同的票价。我选定一个方案，票就算订好了。然后开一张个人支票用普通邮递寄去。对方收到支票后就将机票寄给我（不必等支票兑现，因为万一不能兑现可以在登机前将我拦截下来)，所以不出门就可以将票买到手。附带说一句，在美国送信的邮差兼管收信，所以不出门就可以将信寄走。这也是降低交易费用的一种制度安排。

在中国，手续烦、办事难是出了名的。在美国生活了一段时间，我对这一点尤其有突出的体会。从个人来看，手续烦是增加了金钱或时间的支出，但从全国看，类似的浪费造成了经济效率的降低，许多人的劳动彼此抵消，使国家的经济发展受阻。可惜的是许多人并没有意识到这一点，相反，他们相信的是经济必须要管才能搞好，个人行为也要监督和限制，所以把大量的时间用于彼此相互的管理。买粮食要粮票，到机关办事要介绍信，进门要填会客单，搬家要派出所批准，还要疏通粮店和邮局，调工作要人事处同意，结婚要领导签署意见，寄文章出国要部级单位保密审查。不必说调动工作或办出国护照更要过五关斩六将。用经济学术语来讲，就是大大地增加了交易费用。

美国是一个市场经济国家，个人的消费、衣食住行没有一样离得开交换。生产过程也包含了一系列交换。有人对铅笔的制造从原材料采集到成品出厂作一统计，要经过近 20 多次交换；铅笔还是一种最简单的产品。所以可以毫不夸大地说，交换是市场经济的核心。如果伴随着交换的进行，要支付高昂的交易费用，市场经济只好停止运作，最后只有万事不求人的自给自足经济才行得通。大家都知道，中国小轿车的价格比美国的贵 1 倍多，如果分析每一个部件的生产成本，多半是中国的比美国的低，但整车价格反而贵出许多。其主要原因是中国的交易费用高。轿车是一种复杂产品，其中包含了上千次的交换。如果能把因这些交换而发生的公文往来、扯皮、盖章、开介绍信、开会等非生产性的交易费用统统都减下来，轿车成本可以大幅度下降。

从交易费用理论可以部分地解释下述现象。世界上市场经济国家都能出口复杂产品，而市场不发达国家只能出口初级产品；有些非市场经济国家大规模投资建了一些生产复杂产品的工厂，按计算产品成本很低，很有竞争力，但建成之后被复杂的政府规定和官僚关系弄得寸步难行，几年之后也不能投入生产。中国住房紧缺，但许多住房建成后半年一年也没有人搬进去住，因为分配住房的交易费用极高。住房分配会是最耗费时间的，背后还有数不清的个人接触（所谓做工作），弄得不好还有人寻死上吊。

在《漫议超级市场》一文中提到，超级市场成功的主要原因是商品质量划一，明码标价，童叟无欺，也就是降低了交易费用。但最近国内有人反对明码标价，提倡漫天讨价，着地还钱的做法，说是只有这样才能真正体现商品的价值。不知这种奇谈怪论的根据何在。如果美国超级市场上所有的商品都用这种付价还价的交易方式，售货员增加 10 倍也不够用。相反，如果中国市场上消灭了一切虚伪欺骗的价格，人们不再在价格上动脑筋赚钱，而去发展生产来赚钱，整个社会的浪费将减少，生产将增加，生活将改善。

人们常说美国的东西便宜，一般人对这句话的理解是指美国物价相对于人们的收入而言比较低。东西便宜在经济学上的意义是价格定在成本上，也可以近似地用我们常说的一句话来描述，即“薄利多销”。任何一种商品都可以有两种价格：一是它的生产成本，一是消费者愿意出的价。后者取决于消费者对商品的喜爱程度和他钱袋里有多少钱，而与商品的生产成本完全无关。显然，只有当后一价格高于前一价格时，交易才有可能做成。

作为生产者，总希望多卖些钱，因此他们常常索取高价，而把自己的成本当作底牌，这样就出现了交易双方讨价还价的过程。经济学的理论证明，在不发生供不应求的情况下，价格应该定在成本上。换言之，只要不发生抢购，价格应该由生产者按他自己的生产成本明码标价。这一点并不是靠生产者的思想觉悟来实现的，而是靠公平竞争和信息沟通来实现的，当发生供不应求时，价格自然会上升，超过生产成本。但当价格上升之后，一些成本高的生产者会启动生产。这时候价格仍旧等于生产成本，但是是成本更高的那些企业的成本。同样一种产品不同的企业有不同的成本。需求的高低决定了成本多高的企业可以投入生产。由于竞争的作用，价格不可能完全脱离成本。任何价格的虚冒都不利于社会总体经济效率的提高。正因为美国的东西便宜，百姓才有很强的购买力。

然而用什么方法可以做到这一点？办法很多，这要比较交易费用何者较低。生产者总试图提高价格多赚钱，迫使他们按成本定价的方法之一是政府派官员对企业成本加以核算，但这样做交易费用非常之高。例如，招待费或回扣可否列入成本，就可以辩论上好几天。何况官员还可能受贿，这也是一种交易费用，而且是我们很熟悉的交易费用。

美国不采取这种办法，而是通过市场竞争使价格降到成本水平上。只要生产者有竞争，同时消费者有足够的信息去选择索价最低的生产者，政府禁止欺行霸市、垄断信息和地区封锁，并提高政府管理的透明度，最后价格必定回落到生产成本上。

在美国的大百货公司里经常看到这样的标语：顾客如发现本市别的商店售价比本店低，我们将退回差价。美国有各种商品的交易所，最著名的是芝加哥农产品交易所，在那里生产者之间价格的竞争有极高的透明度。美国的反垄断法（谢尔曼法）禁止企业之间串通定价逃避竞争。事实证明，用这些方法使企业按成本定价，所耗用的交易费用较低。

读者也许会问，如果价格定在成本上，企业还会有利润吗？是的，由于各个生产企业的成本不同，而价格是随需求波动的，因此生产成本相对较低的企业总会有一些利润，企业为了得到利润或者在产品创新上下工夫，或者在降低成本上下工夫。加班加点是最方便的降低成本的方法。人们可以看到，竞争激烈的餐饮业多数要靠加班不付加班费来赚钱。

经济学的理论假定长时期市场没有波动的话，会把高成本的企业淘汰出局，同时低成本的企业会超能力生产，使成本上升。于是在充分竞争的情况下，企业是没有利润的，但它也不会赔钱，产品的售价可以保证企业的一切开支。由于企业不能靠提高售价赚钱，唯一的办法是通过创新降低企业成本来赚钱。此时产品的价格可以定在其他没有创新的企业的生产成本上，而不是有创新的本企业的成本上，因为如果按本企业的成本定价，将吸引太多的消费者，使产品供不应求而发生抢购。

美国著名的芝加哥农产品交易所，在那里，价格的竞争有着极高的透明度。

价格定在成本上，首先要由政府带头。政府为百姓服务而收的费（如办理护照、民事诉讼）仅够开销成本。以邮资为例，美国的邮局将邮件分为4个等级（除特快专递），按邮件投递的时间优先、整批运递，还是单件投递、邮局承担责任来分类？顾客根据自己所发邮件的性质提出按某一类邮件付费，当然要符合邮局的规定，因而不会发生邮局职员要打开邮件检查的麻烦和纠纷。印刷品中夹带信件并不增加投递成本，又方便了顾客。按定价等于成本的原则，邮局不应禁止这样做；否则同一个地址要在印刷品之外再加发一封信，增加了信封成本和分拣投递的劳动。从整个社会来看，这是用加倍的劳动去完成同一件任务，显然是一种浪费。但是我对美国邮资刻板的按成本定价原则，也感到有欠合理的方面。美国第4类邮件的邮资按投递距离分成8类，最远的和最近的相差近一倍，单从成本定价来看这是完全合理的，但从"没有替代就没有经济学"的观点来看则不同了，因为邮资的差别很难引起替代作用。没有哪个家庭会为了节省邮资而搬迁到离他们通信对象较近的地方去。这种邮资差别不大可能引起顾客改变选择，然而却增加了交易费用。因为每件邮件都要称重，再到一张复杂的表上去查出邮资数。虽然现在美国邮局都用计算机查邮资，但仍要多一道手续，而且计算机也是花钱买的。从这一点来看，我国的邮资收费标准就定得较为合理。

小结：手续烦、办事难，从经济学来看就是交易费用高。其原因之一是政府规定的出发点缺乏与人为善、成人之美的动机。交易费用高是非市场经济国家的通病，这使得他们在发展复杂产品时受阻，在国际比较中他们只能出口简单产品。降低交易费用会导致价格趋近于成本，这是提高社会经济效率的必要条件。

43

市场经济的基础：优势交换

到美国不久我便感到有买一辆自行车的必要，因为哈佛大学的校园很大，从一个课堂赶到另一个课堂自行车是最方便的交通工具。很巧，有一家日本人回国，出卖的物品中就有自行车，我花了15美元，这辆日本产的八成新的自行车就归我了。和中国产的自行车比较，日本自行车用料讲究，链和飞轮加工精度高，骑起来非常轻巧。但瓦圈电镀太薄，已开始生锈，尤其是坐垫做得太脆弱，所以骑不了多久就拿到修车铺去修了。

这是我第一次去美国的自行车车铺，它和我印象中的北京车铺非常不同。其特点是宽敞、干净，整车和零件陈列得琳琅满目，但最大的区别是师傅修车时是站着干活，不像北京车铺里的师傅都蹲着干活。因为美国车铺里有一套轻巧而灵活的悬挂装置，可以把车调整到任意高度。我曾经做过一年机械钳工，所以对修车的活计并不陌生。据我的观察，这位师傅的手艺纯熟，经验丰富，特别是他的工具配置齐全，所以工作效率特别高。举一个小例子，他装卸螺丝，一概不用活口扳子，而用小套扳手。日本是采用公制的国家，而美国则采用英制，两种制度下螺丝的尺寸有细小的差别。这位师傅不但配备有两种制式的扳手，而且用扳手时判断准确。看他干活轻松利落，没有犹豫和返工，不一会儿工夫，车座和车轮全部换上了新的。

国外的修车铺与国内的相比较，差距跃然纸上。

对他的技术我越看越佩服，忍不住问他，干这活有多少年了？他说从30岁干到现在45岁，已经15年了。他原是修汽车的钳工，因为和老板不和，一气之下自己开了自行车铺。中国也有手艺高超、经验丰富的修车师傅，但配备的工具多半不及美国的同行。我作为一名顾客能享受高手艺的修车师傅的服务，和享受高手艺的厨师烧的菜并无本质的不同。而这一切都是社会分工的结果。

试想一个没有分工、没有交换，只有自给自足的社会，生产和消费是什么样的情景。在那里每个家庭为自己生产所消费的东西，他们也不消费其他家庭生产的东西，因此这个社会不发生任何交换。又因为每个家庭都要保证维持生存最起码的条件，都要解决衣、食、住三大需要，因此每个家庭不得不从事大体上相同的生产活动。事实上，即使某个家庭想扩大一些消费的数量和种类，可能性也极其有限，因为人与人体力上的生产能力相差无几。市场经济中富人和穷人的财产可以相差万倍，这在自给自足的经济中是完全不可能的。这些原因造成了自给自足经济的单调和一致，整个社会由同样的家庭细胞所构成，他们从事大同小异的生产和消费，而且彼此独立，不存在横向往来。

一旦分工和交换发生，家庭与家庭间的差异便发生了，有的专门酿酒，有的专门造纸，如此等等。于是产生了“职业”这个名词。人们的消费变得五花八门，生活变得丰富多彩，社会成为互相依赖的一个整体，任一个家庭乃至个人的生产会影响到一大片的人。一个人制造伪劣产品，就有成千上万的人食其苦果。同时，每个人可以就自己的特长和兴趣，选择一种能满足别人需要的职业。这时候，市场和交换成为须臾不能离开的活动。如果我们想要享受名厨的菜肴、音乐家的演奏、文学家的小说、工程师设计的汽车和飞机等等，同时想要发挥自己的专长为大家的需要服务，那么，我们必须让市场和交换顺利地进行。这就是市场经济的基础。一个人要维持生存，在自给自足经济中，就要种田、织布、盖房子等等；在市场经济中，你就要根据自己的兴趣和专长，从事一项职业以谋生。当然也有少数人以求乞、掠夺、欺诈、剥削来生存，但这少数人的生存以多数人从事生产为前提，所以，他们只能以寄生的方式存在，永远不可能成为社会的主体。

在市场经济中，一个人从幼年受教育开始，就要为今后成人谋生作准备，他必须逐渐培养出一套对社会有用的本领。职业学校、大学分科，都是为了这个目的。美国各州对强制性义务教育的年限有各自不同的规定，多半规定 6 岁到 16 岁是就学年龄。但完成了 10 年的普通教育，只是成为一个具备基础文化的人，并不一定具有谋生能力。如果此人没有继续接受职业教育或大学教育，他只能以一个普通劳力的身份进入社会，从各种机会中寻找适合社会需要又符合个人志趣的工作，从实践中学习。如果这个过程顺利完成，他可以成为一个具有专业技术的社会一员，或是电工，或是水暖工，或是打字员等等。这一专业技术成为他不同于其他社会成员的特点，成为他的比较优势。当他进入市场与社会其他成员交换时，比较优势是他进行交换的资本。

也有相当一部分人，不能培养出自己的比较优势，只好发挥一不怕苦、二不怕累、三不怕脏的忍耐精神，干那些又苦又脏又累，甚至还有危险的活，这也成为他们仅有的一点比较优势。有些妇女走投无路，最后只好出卖肉体，也是出于同样的原因。

每个人凭自己的优势参与市场交换，这一优势来自各人的体力、智力、天赋和兴趣，也可能来自他所处的地理环境、掌握的矿产资源、气候特点等等。地处交通要道或旅游胜地的居民，可以利用地理特点谋生，热带居民可以种植热带作物出卖给市场。由于人们需求的日益多样化，还可以不断开辟出新的谋生之道。例如，在美国有专门的开彩公司，因为许多商业企业利用彩票吸引顾客，为使顾客相信彩票不是企业设计的圈套，所以，企业愿意将开彩委托给一家客观公正的开彩公司。事实上彩票从设计到开彩有一系列专业性很强的问题要解决。中奖率和奖金分配涉及概率论；彩票是一种准有价证券，从印刷、运输到分发都要有严密监视；开彩所用的工具必须保证奖券中奖的概率相等，而且便于公众监视，有很高的透明度。万一发生纠纷，还涉及法律业务。任何一个环节的疏忽差错会使整个活动前功尽弃或留下无穷后患。最近北京某企业自己用扑克牌开奖，引起群众的怀疑。如果我国也有开彩公司，问题就不会发生，而且整个开彩工作由有经验的人去完成，质量可以大大提高，成本可以大大降低。企业减少了支出，开彩公司可以赖以为生。

一个人如何能确定自己在某一方面是否具有优势，这不能由自己的主观感觉来决定，因为优势是比较的结果。只有将自己从事一项活动的效果和其他人从事同样活动的效果作比较才能察知自己是否具备优势。

市场提供了鉴别比较优势的客观标准。一个人从事某项活动，由于成本比较低，收效比较大，从而能赚钱，这就证明他在这方面具备比较优势。前面提到的修理自行车师傅，十几年的经验已稳固地培养起他的比较优势。

最近，我在北京的一个朋友办了一家“综合贸易商行”，我问他做什么生意，他说不一定，只要有机会什么生意都做。这说明他没有培养起比较优势。我估计，除非几年之间他能发现并培养起自己的比较优势；否则，到头来难免关门大吉。许多准备下海的朋友都有类似的问题，他们放弃了自己从事多年的业务，要下海赚钱，以为只要肯下海，赚钱就不成问题。他们不懂得市场的基础是优势的交换。一个人如果没有别的优势但拥有一笔钱，这也可以成为他的优势，譬如他用钱聘请专家开办专业化生产工厂。一般来说，个人很少拥有可以办厂的大笔资金，资金是靠筹集来的。所以筹集资金的能力是个人的优势所在，而这种能力的基础是信用和企业经营能力。很多骗子给人以信用和能力的假象，从而骗钱集资。

各人用自己的优势在市场中交换，会发生供应和需求是否匹配的问题。举例说，可能会发生这种情况，人群中有音乐才能或者有音乐抱负的人超过了社会对音乐人才的需求，结果将有一些可能成为音乐家的人不能得到发挥机会。所幸人的才能有相当程度的可塑性，而且比较优势有强弱之分。市场的价格信号可以精确地鉴别出一个人的优势有多大。歌星有世界级、国家级、地方级、卡拉 OK 级，这些都不是自封的，而是市场鉴别的结果。仔细想起来，这是一件令人叫绝的平衡，人们有成千上万种不同的消费爱好，各人有千差万别的天赋，市场通过价格信号使每人都能找到一个适当的位置，整个社会处于最佳地利用它所具备的人力资源的状态。显然，这不是“服从领导安排”的计划经济体制所能实现的。

小结：市场培育了各人的相对优势，提供全社会一切成员都能利用的优势机会。优势是通过比较而体现的，并用价格信号准确地传达给社会中各个成员。市场实现了各种专长的精细的供需平衡。

44

囚犯难题和市场规则

在结束这本书的时候，我想结合我国建立社会主义市场经济的目标，从对比美国和中国的市场出发，提出一点希望。

市场以交换活动为其核心，抽去了交换就不再有市场。交换是双方出于自利的目的而进行的活动，它不需要任何一方牺牲自己的利益，因此是极其顺乎自然的。那么建立市场制度似乎不应有什么困难了。然而回顾人类历史的发展才知道，市场制度的建立历尽了艰难险阻。

它主要的障碍来自两方面。首先是人与人社会地位的不平等。权势的不平等导致一方对另一方的控制或胁迫，阻碍了平等自愿的交换。我国近年来收购农产品时给农民打白条，其根本原因是农民社会地位的不平等。如果一个人可以用他的权势去侵占他人的财富，他何必再去交换呢？而且权势可以致富的话，人人都会去争夺权势，而不会去从事生产和交换。自从阶级社会出现之后的几千年内，争权势成为社会骚动的主要根源。只是英国光荣革命和法国大革命之后，人和人平等的观念才逐渐确立。近半个世纪以来，人权观念发展为一个更系统化和理论化的体系，法律必须建立在人权的基础上。无怪乎当今一切发达的市场经济国家，无例外地都有较完善的人权法治。市场制度建设中的第二个障碍是市场规则难以被确立。交换有交换的规则，在交换深入到包括商品和劳务的经济领域的一切活动中去时，需要建立越来越复杂的商业和信用规则。遵守这些规则却不是浅近的自利目标所能保证的，一方面，它需要政府公正执法，法律面前人人平等，没有任何人可以置身于法律之外。这一点往往是许多发展中国家做不到的。另一方面，它需要道德的自我约束，而且这种道德和传统道德不完全相同。在调整传统道德使其适应市场制度时，很容易走偏。一种偏向是完全放弃了传统道德，物欲无限制地膨胀。当这种偏向受批评时，又容易跑到另一极端，即固守旧道德，否认个人追求自利的合法权益，抵制一切道德观念的调整。

从人权法治和市场规则两方面看，美国是一个充分成熟了的市场经济国家。但翻开美国历史就可以知道，美国取得今天的成就曾付出过高昂的代价。许多人看过美国电影的西部片，那就是描写社会秩序极其混乱，只有枪杆子才有发言权的背景下所发生的故事。美国原先是一个允许奴隶存在的国家，最大的一次内战——南北战争就是为了废除奴隶制而引发的。而黑人地位平等被普遍承认是20世纪60年代以后的事。

如果，我们对于建立市场经济的艰巨性认识不足，很可能会延误我国的发展。最近报纸、电视报道各级政府领导对如何建立市场经济的看法时，多半只有一句话：解放思想。解放思想固然不错，这意味着要从旧观念的束缚中解放出来，准备接受新观念。但这只是破，还没谈到立。究竟应该立什么？我认为就是上面谈到的人权法治和市场规则这两点。前一点不属于经济学的范畴，关于后一点，可从一个极为有名的模型“囚犯难题”说起。

有一个富人在家中被谋杀，他的财产被盗。警方在侦讯中抓到两名嫌疑犯某甲和某乙，在他们家中搜出了被盗的财物。但他们否认杀人，声称他们先已发现富人被杀，进屋顺手牵羊偷了一些东西。于是警方在将甲乙隔离的情况下分别对他们说：因为你偷东西已有确凿证据，将被判刑一年；如果拒不坦白杀人而被另一方检举，则将被判刑30年；如果坦白杀了人将被判刑10年；此时如果检举另一方且另一方抵赖的话，则可受奖无罪释放。试问在这种情况下，甲乙两人将会作出什么选择呢？这就是著名的“囚犯难题”或“囚犯两难选择”。

这是有名的“囚犯难题”。承认总比不承认划算。

他们各有两种选择：否认杀人或承认合伙杀人。最好的结局是双方都否认杀人，大家都判一年监禁的偷窃罪。但由于两人在隔离情况下不能串供，万一被对方出卖，对方可获无罪释放的宽大处理，自己则被从严判处30年徒刑。所以还不如承认杀人被判10年徒刑，这样的风险较小，而且如果对方不承认的话，还可得到无罪释放的宽大处理。换言之，对甲而言，在乙承认杀人的条件下，自己也承认（判10年）比不承认（判30年）更合算；在乙不承认杀人的条件下，自己承认（无罪释放），也比自己不承认（判1年）更合算。所以最合理的选择是承认杀人。同样的分析也适用于乙。因此最后的结果必是双方都承认杀人，各被判10年。原本对双方最有利的结局（都不承认杀人，各被判一年）却不会出现。这个结果与他们是否真的杀了人无关，他们即使从未杀人，也会作出承认杀人的选择。“文革”中坦白从宽、抗拒从严的政策之所以能使一大批人承认自己的“罪行”，其奥妙即在于此。

囚犯难题具有极深刻的含义，它解释了何以短视地以利益为目标将导致对大家都不利的结局。在现实的经济生活中可以举出许多类似的例子。例如，政府三令五申不许国有企业乱发奖金。但对于某一特定企业而言，不论其他企业是否乱发奖金，自己多发一点奖金总比少发有利。当每个企业都这样想时，必定导致一切企业都乱发奖金，其结果是对一切人都不利的通货膨胀。类似的一个例子是逃税。人人都希望有良好的治安，方便的道路交通，而这些都要花钱。钱从何来？从税收来。可是人人都希望别人付税，自己则搭便车。不论别人是否逃税，自己逃税总比不逃税合算，结果是政府流失大量税款。实际上这已是既成事实。改革开放以来，我国政府开支在国民生产总值中占的比例已降低了一半。再比如谣传某家银行要倒闭，存款要泡汤。每个人都有两种选择，或者把存款从银行取出来，或者仍旧放在银行里。当每个人作决策时，不论其他存户如何选择，对自己来讲总是把钱从银行提出来比较安全。所以结果一定是大家都到银行去提款。银行即使没有问题，也可能被存户挤兑而垮台。这些例子与囚犯难题仅有一个不同点。囚犯难题只涉及两个人，如果这种情况重复出现，甲乙两人会从失败中吸取教训，从选择承认杀人改为不承认，处境就可改善。而后面的三个例子涉及到几十万个国有企业和上亿个纳税人或存户，他们之中的任一个改变决策丝毫无助于督促别的企业和个人也跟着改变决策。

从更广泛意义来理解囚犯难题，它实质上对道德的本质作出了深刻的说明。一般人对道德的理解是牺牲自己的利益去保证别人的利益。这种对道德的理解的根本弱点是没有注意到，自己又是别人的别人，而且别人也是他自己。因此，从社会的整体来看，牺牲自己去帮助别人是讲不通的。不是吗？我们可以看到一位学雷锋的好心人免费帮别人修自行车，在他的后面排起了一个长队，排队的人都是来拣便宜的。因此只有一部分人存心占别人便宜的条件下，才有可能让一部分人牺牲自己去为别人服务。而囚犯难题则确切地说明了在什么情况下个人才需要克制自利的动机。道德就是这样产生的。它要求每个人在公共秩序方面遵守规则，最终他本人也能享受到别人或全社会为他提供的道德服务。一个人应勇敢地救助落水的人，因为不知哪一天他也可能遭到类似的不幸。在这里我们可以清楚地看到，商业交换同时有着两种截然不同的动机在起作用：交换本身是受自利动机的驱动，人们做生意都是为了赚钱，这是完全正当的；同时做生意必须遵守市场规则，这是受道德约束限制的，它是反自利的。一个成熟的市场体制最根本的特征是自利动机和道德约束协同作用。每个人都受周围环境的熏陶，懂得哪些场合下应该自利，哪些场合下应该受道德约束。

我国经济走向市场化以后，出现了两种规则的误用。连篇累牍的文章不加区分地批评向钱看、咒骂金钱万能，要求继续把毫不利己、专门利人的精神作为精神文明的支柱；又有大量毫无顾忌追求自利的行为，报纸上甚至鼓励漫天要价着地还钱的半欺诈行为，假冒伪劣产品铺天盖地而来。看来我国经济要发育成为成熟的市场经济还有很长的一段路要走。其中最困难的是市场规则的建立，或者说，如何从囚犯困境中解脱出来。

商业道德是一种公共服务，它能使一切从事交换的人得益。它不能依靠某个人去建立，但在建立过程中需要每一个人的积极参与，建立之后还需要每一个人珍视它维护它。建立商业道德需要政府、学术界、教育界、宗教团体等共同发起声势浩大的运动并持之以恒地努力。特别是政府，它要带头不说假话，诚实守信，杜绝贪污，严禁滥用权力，树立新的为百姓服务的宗旨。从来没有一个腐败的政府能够带出一个有牢固商业道德的社会。我认为这是我国建设社会主义市场经济的核心问题。

小结：从表面上看，市场是一群追逐私利的人为了自己的物质利益而交易。但交易有其特定的规范，其基础是人权和市场规则，遵守规则却不能依靠自利动机。通过囚犯难题说明为什么要建立市场规则，廉洁高效的政府才能领导出规范化的市场。

参考书目

1. Paul A.Samuelson.*Economics*.McGraw–Hill,1980.

2. U.S..Department of Commerce.*Statistical Abstract of the United States*.

3. 盛洪. 分工与交易. 上海：上海三联书店，1992.

4. 茅于轼. 择优分配原理——经济学和它的数理基础. 成都：四川人民出版社，1985.

5. 茅于轼. 中国人的道德前景. 广州：暨南大学出版社，1997 年第一版，2003 年第二版.

附录一

作者近年发表的
部分有代表性的经济学文章

1

什么决定价格

——介绍一般均衡理论

我们反复谈到价格，价格是由什么决定的呢？多数人的回答很可能说是成本决定价格。但事实上价格往往和成本无关，价格首先是与购买者愿意出的价有关。我们买一杯冰淇淋，可以估计出它的成本，太贵就不买了。但是买一台电视机，它的成本是多少，我们一点儿也不知道。如果我们去买房，房子的成本是多少，同样不知道，但是我们掏钱买了。这说明价格和成本无关。进一步了解价格，需要考虑不同的人愿意出的价是不同的。少数高收入的人愿意出高价，所以定价高时买的人少。定价降低后，收入比较低的人也愿意买，这时候市场就扩大了。所以经济学家设想存在一条需求曲线，它表示愿意出钱买的购买数量随价格的降低而增加。当然，愿意出的价不仅和收入高低有关，还和买主需要的迫切性有关。当人们的收入水平不变而价格上升时，需求会沿着需求线减少。价格弹性就是价格每上升1%需求减少的百分比。如果需求也减少1%，我们说价格弹性等于1。如果价格上升1%而需求只减少0.5%，我们就说价格弹性是0.5。当前能源紧张，通过提高价格能够减少多少能源的需求，就要看能源的价格弹性。

这样说来，价格是不是和成本无关呢？在竞争的条件下，成本会趋近价格。当出现买方愿意出高价购买时，会鼓励生产者多生产，供应就增加了。如果发生供过于求，价格就会下降，购买就会增加。这时候由于价格下降，生产成本高的一些厂家将退出。在市场均衡时价格等于成本。成本低于该价格的生产者都会投入生产，而成本高于该价格的生产者都将退出生产。当我们掏钱买电视机时，虽然对它的成本一无所知，但是也不是盲目的。我们会货比三家，也就是让供应方充分竞争，以保证不会因无知而吃亏。所以竞争是使价格合理的最有效的方法，比一百个物价监督员更有效。

在公平竞争达到均衡的条件下，价格接近成本。此时如果政府对此种产品加一种税，生产者能不能把税负转嫁给消费者呢？如果我们懂得经济学中的需求曲线就能够回答，这是不可能的。因为消费者愿意出的价跟政府收不收税无关。所以生产方不得不将税负接受下来，从利润中支付。结果是利润的减少甚至于亏损。这将导致一部分生产者退出市场，供应将减少，打破原来的均衡。此时因为供应减少，供不应求，价格将上升。所以在新的均衡下价格比原来的均衡价格高。它不是生产者转嫁税负造成的，而是市场均衡的结果。

真正的市场均衡，不限于一种商品的均衡，而必须是全局的均衡，我们称为一般均衡。首先要明确，我们要讨论的价格或价值，仅指商品（包括劳务、资源等一切在市场上可交换之物）的价格和价值，而不是美学或伦理学上的价值。许多不必要的争论，往往是由于参与讨论者在哲学信仰上将两者混同起来而引起的。我们并不否认，商品价值与美学和伦理学上的价值有共同的渊源。甚至可以说，价值一词的本身含义只能从商品交换中确立起来。一小点黄金可以换来许多粮食，因此，我们认为黄金的价值高。这是讨论商品价值，一个人的高尚情操更受人们的珍视，因而可以说道德的价值高于黄金，但此时的价值观念已从商品价值延伸到伦理范围。人类的劳动是创造一切财富的根本原因，它值得我们珍视；我们鄙视一切不劳而获的收入，认为那是毫无价值的。此种价值判断已超越了商品价值的范畴，属于伦理判断。

根据日常观察，如果生产者、消费者各自都关心自己的利益，价值规律将起作用，即商品紧缺时价格上升，多余时价格降低。通过价格的波动，可以调剂商品的余缺，最终一定能使供应和需求趋于均衡（见补充说明），此时商品的价格称为均衡价格。重要的是各种商品的均衡价格是相互影响的。举例说，如果除煤炭价格过低而供不应求之外，其他一切商品的价格（包括电力价格）均处于均衡状态，因此供应和需求是相等的。但因煤价不均衡，如果煤价上升到均衡水平，将引起电价上升，使电力出现多余。又因电是许多商品制造过程中的投入品，电价的变化将引起更多商品的价格变化。可见原先的均衡并不是真正的均衡。一般均衡状态专门指一切商品无例外地均处于供需均等。一般均衡价格不仅指某一商品的价格，而且也是整个的价格系统。用数学术语讲，它是一个向量，向量的每一个分量都调整到使该种商品供求均衡的水平上。一般均衡价格强调均衡必须是全面的，强调不同商品价格之间相互关联。它用更科学的语言表述了我们常说的一个概念：重要的不是商品的绝对价格，而是商品之间的相对价格。

在一般均衡条件下，消费者可以用钱按照均衡价格自由地购买他所需要的任何商品，他不需去花时间排长队，不需申请购买计划的批件，不必携带票证工业券。同时生产者也可以按均衡价出售他的产品，不必花回扣行贿去推销滞销品，也不能向消费者索取额外好处提供紧俏品，此时商品的流通是自由无阻拦的。一旦经济处于一般均衡状态，钱就产生了一种独一无二的功能，即度量商品的价格单位。需要 2 元钱买的商品，其价格是需要 1 元钱买的商品的两倍。因为前者和后者的交换比例是1:2。钱的这种独特功能仅在一般均衡条件下才能出现，当然，用钱来度量价格，必须是商品的均衡价格。此时价格就相当于价值，两个概念互相一致，甚至两者可以互相替代。价格高意味着价值高，没有例外的情况。

钱可以用来度量价值，这具有非常重要的意义。一项工程建设，需要投入人工、土地、器材、资金等等，竣工之后有它的产出。按均衡价格比较投入的价值和产出的价值，如果投入小于产出，则说明此项工程的投产可以为社会增加财富，或曰工程经济上是可行的。如果投入大于产出，则工程不能生产价值；相反，它会消耗社会财富，是反生产性的。过去前苏联传入我国的所谓“技术经济评价”，要对工程的劳动生产率、外汇使用、土地和自然资源使用、有色金属使用等作综合比较，可是比较的结果仍给人一个糊涂概念。离开了均衡价格，一切经济评价都是不可能的。再如石油（或任一商品）是应出口还是应留在国内使用，只要看哪一方案卖的价钱高。过去因为我国市场价格混乱，应该出口的商品在进口，而应进口的却在出口，造成巨大的经济损失。现在价格逐渐放开了，但混乱还没有完全消除。有的经济学家建议研究一套计算指标来确定商品应该进口还是出口，可是除了均衡价格，不存在任何计算方法可以度量出商品的真正价值。也可以说，只有市场这台大计算机才能算出并比较各种经济活动在一定场合下的效益。舍此别无他法。

为什么均衡价格可以度量商品的真实价值？答案简单到不能再简单，其原因不在于这个价格背后有一套高深的理论，而仅仅因为事实证明了这种价格是客观存在，是实践上行得通的。如果我们基于一套复杂的高深理论，论证了另一不同于均衡价格的价格才是正确的价格，可是当把它拿到市场上去实施的时候，不是供不应求就是供过于求。价格在交换双方的自发谈判中将向均衡价格移动。请问，一个在理论上“正确”

的价格，而实践上却行不通，这种理论有何意义呢？

人们之所以怀疑市场上的价格是否正确，从而提出了种种价格理论并争论了几十年，是因为我们对自由交换设下了许多限制。有许多商品要凭证凭票，光有钱不能完成交易，在这些商品上钱失去了度量价值的功能。又因为各种商品的价格有关联性，使得其他可以自由交换的商品，其价格是否正确也发生了疑问。更有一些商品目前禁止上市交换，如黄金、外汇、企业、自然资源（包括土地）等。这使得一般均衡不能实现。于是，钱是否真能度量价值的问题在人们脑海中驱之不去。在一个彻底的市场经济中（如美国），上述东西都属于商品，都可以买卖。虽然政府也对某些交易有限制，但其目的多半是防止交换中出现违反市场规则从而影响别人的自由交换，而不是设置障碍，剥夺人们在市场中自由选择的权利。在一个交换充分自由的环境中，价格度量价值，钱作为价值度量的单位，绝不会有人对此提出怀疑，因为没有怀疑的根据。

在均衡状态下，金钱具有“万能”性，因为它能买到一切商品而不需要其他附加条件。换句话说，均衡状态就是金钱面前人人平等的状态。从人类社会历史演变来看，在相当长的阶段中，消费品的分配与人的社会身份有关，也就是与人的特权地位有关。一个人能否享受某种消费，首先要问：此人是谁？到了市场经济社会，在金钱面前人人平等，特权被金钱所代替。不同的是特权具有垄断性，而金钱人人都可以去赚。货币出现比之物物交换极大地提高了交换的效率。如果没有货币，一个人想用他生产的羊去交换斧，首先要在几百人的市场上寻找有斧的人，然后问他是否恰好希望换羊，最后才谈得上以什么比例交换。有了货币，前面的麻烦都免除了。因此没有人能抵挡货币的使用，一旦货币被接受，货币本身便有了价值。消费品的分配便转向手中有钱的人，于是特权阶层的消费特权受到冲击，他们往往设法限制货币的流通。许多社会中都可以觉察到这种限制的痕迹。我国到1993年6月才取消购买飞机票的关于身份证明的介绍信（局级以上干部或高级职称技术人员）；过去红旗牌轿车只有国家领导人才能乘用。[1]金钱万能和金钱面前人人平等不能说不是一种历史性的进步，但这又引起了另一种不平等：富人和穷人的不平等。为缓解这种不平等，必须保证社会中每一个成员当他愿意出卖劳动（这是几乎每个人都有的一种资源）时就能得到货币收入。但许多社会至今未能解决失业问题。由于钱本身有了价值，它成为一些不法之徒不择手段追逐的目标，偷、抢、骗、贪污成为社会问题。钱又被非法地用于非商品领域，买卖人口、嫖娼、买选票、行贿。然而，比较利弊得失，钱带给全社会的利益远大于它的弊端，而且至今还没有发明一种制度安排，比货币制度更优越。因此，我们只能努力限制货币使用中的弊端，而不能完全放弃它。

①见《人民日报》1993年5月29日第二版“红旗轿车当‘的士’”。

均衡价格理论似乎未能满足喜欢追根究底的理论工作者的好奇心，他们还会问，是什么决定了均衡价格？哪些因素会影响价格的高低？答案也许令人失望，即稀缺性决定价格。或更确切地，供应相对于需求越是稀缺，则价格越高。答案虽然简单，它却是理解价值和价格的核心概念。

劳动是稀缺的，因为人好逸恶劳，人不会无缘无故地为别人劳动。所以产品中包含的劳动量越大，价格可能越高。但如果众多的劳动生产出不受欢迎的产品，它的价格仍旧高不了。土地不是劳动生产出来的，它不含任何劳动，但如果这块地处于闹市中心，需要这块土地的人很多，土地的价格就会非常高。如果这块地处于无人烟的沙漠中，没有人会拿它派用场，它的价格只能是零。美貌的人很少，而人们都喜欢看美人，因而影星的美貌就值很多钱（指让她拍电影让大家欣赏她的美貌，并不是把影星买来做奴隶）。类似的例子还可以举出几千几万，经济学中对这种由于自然条件使得供应很少，然而需求很高引起的价格的增加，称为租。一块埋藏浅、质量高的煤田，相对于地质条件不良仍不得不开采的煤田，就多出一个价值，这个价值就是租。当这块优质煤田在市场上交换时，其价格就比劣质煤田多一个等于租的价格。

劳动是一切价值的泉源，这一观点无疑是正确的。闹市区的一块土地之所以值钱，是因为通过劳动的作用，它可以产生出财富来。土地之能值钱，归根结底是因为有劳动作支撑。然而劳动是价值的源泉和劳动量决定价值是两个不同的命题。前一命题几乎等同于：人类消费和生产活动产生了价值的概念。而商品价值的高低完全取决于其中凝聚的劳动量则经不起实践检验。有的同志对“价值取决于商品中凝集的劳动量，价格受供求影响在价值上下波动”具有极强的信念。尽管价格受供求影响已和那由劳动决定的价值不发生关系，而且他们完全承认“商品价格对商品的不断背离是一个必要条件”，但这并不足以改变人的信念。因为这种理论坚信，总有一天价格会恢复到由劳动决定的价值点上，不论这一天有多么遥远。在这个过程中，供求天天都在影响价格，但它们永远不能决定价格，他们强调“影响”不同于“决定”，至于那个起“决定”作用的东西要到何时何刻才能出场，则不是本问题所要讨论的。所以不论在什么事实面前，这种信念是不大可能改变的。当然人有信仰的自由，没有理由一定要人改变观点。如果我们拿这种信念去制定价格政策，那完全是另一回事了。因为这种存在于某些人头脑中的由劳动量决定的价格（可能不同于另一人头脑中的价格）必定会引起巨大混乱，并造成重大的经济损失，除非这样决定的价格恰好等于均衡价格。

补充说明

要用数学的严密性论证均衡价格的存在，首先要用到边际效用递减的公理性假定；或者用更严格的表述，商品的消费量增加时，消费此种商品所实现的满足，对于消费其他商品而言不断减少。用经济学术语说，就是商品的边际替代能力递减。有了这一前提，我们就可以推导出需求量随价格的上升而减少。同时还要一条公理性假设：无论是单个厂家的或全社会的某一商品的边际生产成本递增，即增加商品生产时最终将进入单件生产成本上升的阶段。因为人们为了增加生产，必须利用劣等资源，在不利的条件下从事生产，也必定会增加生产。其结果是供应量会随着价格的上升而增加。有了这两条假定，商品供不应求时价格将上升，此时需求减少而供应增加；供过于求时价格将降低，此时供应减少而需求增加。因而最终必能通过价格波动而使供应与需求均衡。在这个过程中，供应和需求的相对余缺决定了价格变动的方向，而价格的变动又改变了供求的余缺。在均衡点上终于调整到使相对余缺为零。一切具有均衡态的动态过程，不论是生物物种在某一生态环境下的均衡，还是热辐射体在辐射环境中的温度均衡都具有同一特点。这里不存在循环论证的逻辑矛盾。

上述两项公理性假定是否有例外不能从逻辑上来论证，而只能用事实来检验？是否存在消费越多，效用越大的商品？有人说鸦片烟就属此类商品，吸上了瘾就离不开它，而且吸用的量越多，瘾也越大。是否存在边际成本递减的商品？有人说铁路、邮政、通讯、电力可能属于此类商品，因为一旦基础设施配备齐了，业务量越大，单件工作的成本就越低。然而也有人反驳说，即使是鸦片烟，吸了几口便过了瘾，不会越吸越感到不足的。铁路、邮政等边际成本递减是因为业务量还没有饱和。如果业务量无限制地增加，最终仍会发生边际成本上升的情况。从经济生活的现实看，确实我们从未发现一种边际效用递增而边际生产成本递减的商品。如果存在这种商品，人们将只消费这一种商品，而且只生产这一种商品。因为当它的消费量越大时，相当于其他商品为它提供的效用越大，而且它将无止境地替代其他商品的消费。同时它的供应也会无止境地增加，因为它的产量越大，生产成本越低。此时将呈现一个单调、没有任何多样化的极端畸形的社会。

2

价格要定在边际成本上

凡是代表厂家参加过价格谈判的人都知道，出售一种产品有一个价格底线，低于此线的价格是不能接受的。这个底线一般就是产品的全部成本（包括风险成本）。在谈判时，这个底线并不泄露给对方，而是试图按对方的购买能力及承担水平尽量抬高价格。这一现象从经济学来分析，说明商品有两种价格：一是它的生产成本；二是消费者愿意出的价格。前者位于商品的边际成本线上，后者位于消费者的需求线上。这两种价格是彼此独立的，互相不发生影响。微观经济学的全套理论证明了一条重要原理，即价格应定在边际成本上，这样的定价可以避免浪费，使社会得到最大的产出，造福于社会成员。相反，如果价格高于成本，虽然仍有一些消费者愿意出高价购买，但损失了经济效益，对社会是不利的。我们常说的薄利多销就是这个意思。

要做到这一点，应鼓励生产厂家亮出自己的价格底线，让消费者决策自己是否愿意购买。超级市场的明码标价，没有讨价还价的余地，正是价格定在成本上的做法。对于超级市场的作用，外行人只看到购物方便，节约人力，商品琳琅满目，而没有从边际成本定价促进社会经济效益的角度来认识问题。确实，超级市场的出现是促进经济繁荣、提高生活水平的重大事件。可是我国在发展市场经济中却出现了许多宰顾客的做法，即价格完全脱离成本。报纸上还多次发表文章赞成漫天要价、坐地还钱的做法，说只有这种讨价还价才能真正体现商品的价值。可见我国在向市场过渡中，出现了理论上的混乱。

如果价格定在了成本上，利润等于零，企业还会去生产吗？确实，在一个效率最高的经济中，利润是趋近于零的。但企业也不必担心，它的一切生产开支都可以被回收，因而它也不会蚀本。企业的职工上至厂长下到普通工人都能挣得按市场定价的工资，企业的投资者可以得到资金的正常利息，没有任何人受损。事实上，即使按成本定价，优秀的企业仍可赚到利润，因为各个企业因管理水平不同，它们的成本也是不同的。当消费一方需求旺盛时，经营较差的企业也被动员起来参加生产，此时的价格定在这些较差企业的成本上，因而经营得好的企业可以赚得利润。所谓边际成本就是这个意思，此成本不是一般的成本，而是按需求量规定的边际成本。

企业当然希望多赚钱，它不会自动把价格定在成本上。用什么方法可以使企业把价格降到成本水平呢？办法是竞争。特别是让消费者能获得充分的价格信息，有机会充分地比较同一产品不同厂家的价格和质量。常言道：走遍南京到北京，买的没有卖的精。这说明卖方对自己产品的成本、竞争者的索价远比买方了解得清楚，买方往往因为信息不灵而吃了亏。拍卖、各种交易所、报纸、电台传递的信息都能促进竞争，提高社会的经济效益。当然，保证公平竞争的条件是竞争的起码要求，要反对凭权势经商，让进入市场和退出市场有充分自由，反对欺行霸市，严格取缔假冒伪劣产品。在不同国家里生活过的人都感到美国的物价低，其实这正是竞争剧烈，使卖方不敢提高价格的结果。如何通过公平竞争来繁荣市场，我们从理论到实践有许多值得学习和研究的问题。

贯彻按成本定价，政府应起带头作用。如果政府自己就抬高各种服务收费标准，按需求一方的负担能力来索取高价，这就起了坏的示范作用。这一类的例子为数不少。例如涉外公证收费，归国人员的健康检查费，邮局的报刊发行费，企业登记营业执照的收费等等。尤其值得提出的是政府服务向百姓征收的费用，除了明码标价的外，还有各种等待、跑腿、受训斥甚至索贿等不可见的负担。这部分的负担甚至还超出了明码标价的收费。另一方面，也有不少政府收费又明显地低于成本，例如，住房、公共交通，过去还有各种低价供应的商品。由于收费太低，使这些服务得不到发展，普遍存在供不应求、服务质量差、群众抱怨的现象。这两方面的例子都说明了按边际成本定价的必要性。

3

我国经济体制改革的最终目标
——居民的收入从要素市场取得

从20世纪80年代初即开始酝酿的物价改革经过10年的努力，现在已接近完成。至少在6年以前国内外的经济学家就有人提出要建立要素市场，而近年来，这个任务的重要性愈加明显。因为在物价大体由供需均衡决定的情况下，我们发现有些商品的利润率极高，而另一些则价格还不足以支付成本。这说明生产结构亟待调整，也就是赔钱的产品该减少生产，将这部分的生产要素——劳力、资金、土地以及其他自然资源（如淡水、矿藏）转移去生产利润率高的产品。如果要素市场是充分有效的，生产要素会自动流向利润率高的行业，结构调整可以凭借市场的力量去完成。我国结构调整之所以多年来进展不大，交通、通讯、能源总是拖了经济发展的后腿，一方面是政府垄断造成的，另一方面正是因为要素市场不完备。这一点现在大家看得更清楚了。

但是，建立要素市场还有一个更重要的意义常被人们所忽视，即要素市场又是分配国民收入的渠道。因为社会上一切财富都是由于投入了生产要素而产出的，产出的价值应该百分之百地分配给提供要素的个人或集体，这样才能鼓励大家多劳动、多投资、多开发资源，使国民收入尽量扩大。如果提供了要素而不能得到报酬，就会影响要素的积极使用。正因为要素能创造出财富，所以计算国民收入有两种办法：一是将社会生产的全部最终产品的价格相加（最终产品是指用于消费、出口、基本建设的产品和各种劳务，而不包括将拿去进一步加工的中间产品）；二是计算要素的产出，它包括工资、利润、利息、租金。这两者算出的结果应完全相等，除非发生了误差。当然，国民收入并不就是百姓可以用于消费或储蓄的收入，因为还要扣掉税赋，那是保证政府提供各种公共服务所必要的，例如治安、道路、交通管理、国防。

可是如果我们每人反省一下，或观察一下周围同事的收入有多少是从要素市场得到的，恐怕就会发现，我国国民收入的分配中存在着重大问题。属于从要素市场得到的收入包括：按市场标准支付的工资及劳务报酬（不是按国家计划工资等级表），按浮动利率得到的利息（不是按僵化的固定利率），经营企业得到的利润，出租住房土地等所得的租金，股票的红利及增值，国家征收的资源税。不属于从要素市场得到的收入包括：固定工资，固定利率的利息，贪污，受贿，公款吃喝旅游，公费报销个人消费，开会分赠的礼品，通过权势的应用廉价购得国有资产的收入，各种疏通关系用的馈赠。虽然这两种收入的比例还没有统计数字可以说明，但凭日常观察可以估计，后一类收入占了相当大的比重。改革十几年来，从要素市场分配的收入比重在不断上升，但由于要素市场远未完全建立，收入分配有很多仍是按计划渠道派定的。例如，有突出贡献的科学家每月加奖 50 元或 100 元；在某年以前留学回国的干部每月加薪 100 元，粮食及副食的涨价补贴，书报费、洗理费、交通费、托儿费、采暖及防暑降温费等等，这些都和一个人创造了多少财富无关，都不是通过要素市场的交换得到的报酬。在典型的市场经济国家里，百姓的收入全部从要素市场得到，上述这种种名目繁多的津贴补助都不存在。当然，有少部分社会福利救济是例外，那的确和要素市场无关，这称为“转移支付”。即使是这部分转移支付，现在也尽可能地按市场规则来安排。例如失业救济金，其来源是一个人有工资收入时缴纳的失业保险金，那也是按市场原则收支的，而与政府无关。

重要的是，从要素市场收入的比重和从其他渠道收入的比重密切相关。因为一切财富都是要素创造出来的，天上不会掉财富下来。这个财富总量中理应全部按要素贡献的份额分配下去，如果其他渠道分配的收入越多，剩下可从要素市场分配的收入必定越少。如果开会时给每名与会代表赠礼品，代表们并未因开会而创造出财富来，这件礼品必定是其他生产了财富而未能分配到报酬的人所创造的。可见，其他渠道的分配还产生了公正分配的问题。只有要素市场分配的收入不发生社会不公问题，因为一个人的收入就是他为社会创造的财富。从政治上看，社会分配不公正（不是不平均）是社会动乱的一个重要原因，所以发展要素市场还和保证社会安定有关。为了制止不公正的收入分配，政府制定了一系列规定，但事实证明这并不有效，不正之风愈演愈烈。从要素市场的功能角度看，发展要素市场却可以减少收入分配的不公正。因为如果每个创造财富的人都有权将自己所创造的部分拿回去，就没有什么留下来供其他渠道去分配了。与其号召人们不要瓜分别人的财富，不如让每个人都有权获得自己该得的部分。这不是为我们纠正不正之风提供了一条新思路吗？

4

价格万岁

“万岁”这两个字常常用作政治口号。如果把它用到严肃的学术论述上，就显得轻率了。正像“绝对”这两个字也极少用在学术上，因为即使在自然科学的领域中，迄今为止我们所了解的“真理”只是相对正确而已，在讨论经济问题中尤其不能用这一类十分武断的字。现在我把“万岁”和价格联系起来，并不是说价格真的会存在一万年，而只是强调它的存在远比我们一般人所想象的为远。

从历史的眼光看，现在的经济发展模式绝不可能再继续几百年。因为地球上的资源有限，更因为浪费资源产生的环境后果严重，地球的环境容量也是有限的。从社会的内部关系来看，贫富差距扩大，失业、利益集团之间的冲突都与经济制度有关。事实似乎证明了市场制度在解决这些问题时是无能为力的。什么样的制度可能取代市场制度？我设想将出现一种新制度，其中人们将更多地追求非交换性的满足，如健康、创造、友爱，较少地追求可交换的物质性的享受。新制度中更多的道德规则取代市场规则。我这样的设想是有根据的，但不少同行批评我脱离实际、异想天开。然而在我这个“异想天开”的新制度中，价格仍必须存在，而且价格作为引导资源配置的作用还必须加强。原因很简单，只要有稀缺性，就必须有效地利用资源，杜绝各种浪费。如果没有价格来标明各种产品的相对稀缺性，就会引起各种错误的替代，造成资源的浪费。人类社会如果希望继续存在几百几千年，就必须珍惜有限的资源，价格的作用显然只能加强而不能削弱。

我们已经习惯于有一套价格，以至于不了解它的重要性。正像人们习惯于地心吸力而一直到牛顿之前的几千年里不能认识它的存在一样。由于有了物与物的相对价格，作为社会中的人才有了“价值观”，才有所谓“友爱比黄金更可贵”一类的断语。具备价值观是人类与其他动物相区别的一个根本性标志。归根结底，价值观是从价格来的，价格是从交换产生的，这一切都是物与物相交换时比较各自的稀缺性而产生的。如果真有一个没有价格的社会，人们将失去以此为根据的价值观。正好像没有了地心引力，桌子上的东西都会飞上天，一切秩序会全部乱了套。没有了稀缺性的根本概念，我的有限智力实在无法想象这将是一个什么样的社会。所以，不管多么不能被大家接受，我仍旧要说“价格万岁”。

有人想象只要科学技术不断发展，人类社会就可以永远丰裕下去，甚至可以用黄金去盖厕所。要知道，果真如此的话，说明资源配置严重失当，这个社会不论它有多么高超的科学技术，也绝不可能是一个丰裕的社会。社会之所以富裕，是因为它能有效地配置资源。而有效配置资源的必要条件是有正确的价格信号，光有科学技术是不能形成生产力的。科学技术是不是第一生产力，值得我们仔细想一想。

5

通货膨胀的道德后果

通货膨胀的利弊是最引起争议的问题之一，在经济学家之间已经讨论得相当透彻了。尽管意见还不一致，那主要是由于各人对通胀各种后果的价值判断不同所致，还不是对通胀后果本身有什么不清楚。然而经济学家的视野往往只限于经济领域，忽视了其他社会后果。我认为通胀的一个严重后果是降低了社会的道德水平，这一点往往为经济学家所忽视。

通货膨胀的一个直接后果是你在银行里存的钱以及你口袋里的钱的购买力遭到损失，这使人产生一种不公平的感觉。一位俄罗斯的女退休科学家抱怨说，她和家人辛苦一辈子积蓄的钱存在银行里，原先够花几十年，到死也不会愁缺钱花，可是通货膨胀使他们存的钱只够买 1 千克香肠。她的不平心情是完全可以理解的。一个诚实的劳动者遭受如此不公正的损失，一个很自然的反应是感到她有权利问社会索取所损失的财富。一个人认为社会欠了他的债，他理应得到补偿，然而又没有任何合法的渠道来实现这种补偿时，会产生一种愤怒的心情，进而寻求各种机会去讨回失去的财富，甚至认为触犯法律也是正当的，至少他的社会责任感会大大削弱，因为社会对不起他，他丝毫不欠社会的情。当社会中这样想的人很多时，社会的道德水平将大大降低，犯罪率上升，关心社会公德的人减少，社会的安定性被破坏，其后果是极危险的。

即使通货膨胀率还相当低，不会产生在俄罗斯所发生的普遍心态，但对道德的腐蚀作用同样不可忽视。社会学家曾创造过一个名词，称作“社会贴现率”，它和经济贴现率有相似的含义，只不过把人们对未来金钱贬值的意义推广到一切未来的事物。我们知道，经济贴现率越高，未来的一元钱在今天的价值越低，因而越不值得重视。贴现率上升意味着未来的盈亏没有意义。类似地，社会贴现率上升，意味着不但将来的金钱盈亏没有意义，将来发生的一切事情都没有意义，只有目前才是值得计较的。于是人们将变得不顾将来、只顾目前，失信毁约都变得无所谓。这同样将构成一个不负责任的社会，造成不顾子孙后代，甚至今朝有酒今朝醉，过一天算一天的死囚型生活。社会贴现率取决于许多因素，包括社会犯罪率、预期剩余寿命、健康水平、外来移民的比率（或各成员之间互相了解的程度），但最主要的因素就是经济贴现率，它又直接与通货膨胀率相关联。所以通货膨胀率上升时，人们对将来失去信心，感到未来面对着巨大的不确定性，因而更注重于当前。

通货膨胀是对所有权的慢性侵袭。近几年来人们对所有权讨论得很热烈，大家越来越认识到确立牢固的所有权在提高经济活动效率中具有极大的重要性。一切侵犯所有权的政治行为都有经济上严重的不良后果。强行没收地主和资本家的财产，以低价收购百姓的贵金属，通过更换币制同时又限制每人以旧币换新币的数额，都是侵犯所有权的严重行为，都是饮鸩止渴。从短时间看这些措施的利益是很明显的，但长期的不良后果却十分不易消除。现在大家常说的投资环境，最主要的一条就是所有权的不可侵犯性。若干年前对所有权的侵犯，今天已不可能去改正，以致造成今天投资环境的不利影响。通货膨胀虽然和上述严重侵犯所有权的事有所不同，但性质却是一样的，他们都是政府对百姓所有权的侵犯。当然，我们也应该承认，政府行为的目的是为了百姓。通货膨胀之所以在世界各国政府中没有任何一个国家宣布它为非法，正是考虑到政府执行通货膨胀政策可能有其必要性。

通货膨胀使工薪阶层受到的损害最大，他们主要是政府官员和各类拿固定工资的人。对于参与市场活动的人，如商贩、在企业内工作的工人和职员，受到的影响就小，因为他们的收入和支出随市场上价格水平而浮动。政府官员在通胀的环境下如果损失不能及时得到补偿，会降低他们对工作的责任感，因为他们会感到自己的劳动没有被正确估价。由于责任感淡薄，政府对自己的干部的控制力降低，严重时干部会寻求第二职业，甚至收受贿赂，整个政府的工作效率受到损害。事实上通货膨胀正是因为政府收支不能平衡而引起的，政府必定努力削减支出，所以干部的薪金往往不能随物价水平而调整。然而政府收支情况的改善有赖于政府的工作效率，效率降低时收支情况将进一步恶化。所以通货膨胀处理得不好有一种自我加剧的趋势，尤其是政府官员的道德水准在社会上有示范作用，会影响整个社会的道德觉悟。

虽然经济学家承认通货膨胀有其有利的一面，然而它降低了人们对未来的责任感，对社会道德水平存在着负面的影响。这一影响虽然是无形的，但它确实存在。也正因为无形，大家对它的害处往往估计过低。

6

消费者偏见

1970年获得诺贝尔经济学奖的保罗·萨缪尔逊在他写的那本修订了十几版、行销百万册的《经济学》一书的开头说道：由于经济学研究的是人，而不是无生命的东西，因而在一定意义上，我们的条件比自然科学家的有利。他们不能说：假如我是水分子，在这种情况下，我该怎么办？社会科学家不管自觉不自觉，经常使用推测别人的心理状态这种有用的内省方法。

萨缪尔逊在这里强调了学经济比学自然科学处于更有利的地位，因为学自然科学不能用自身的经验去推测客观物体的行为规律，而学经济时却常用自身的经验去理解甚至发现人们经济行为的规律。他的这点意见当然不错，但从另一角度看，这又成为人们在理解经济规律时的一个不利点。因为经济规律是客观的，用我们自身的经验去认识一个客观规律容易掺进主观因素，把规律理解得片面化。消费者偏见就是一个例子。消费者偏见是从自身作为消费者的利益出发，去认识一个需要全面理解的理论，从而产生对理论的片面性观点。例子之一是他们对于通货膨胀的态度。对消费者而言，通货膨胀产生的直接后果就是物价上涨。如果这是一位领固定工薪的人，尤其是如果他又有辛苦挣来的钱存在银行里，他从自身利益出发，必定强烈地反对通货膨胀，对通货膨胀所能产生的刺激经济的效果往往视而不见。另一个例子是所谓“稳定物价，保护消费者利益”。用这种偏见去处理物价，必定是顾了消费者，忽视了生产者。生产受打击，最终消费者自己也要吃亏。许多发展中国家为了保护消费者的利益将粮食的价格压得过低，这些国家无例外地都人为地造成了粮食供应的紧张，而发达国家多半是把粮价定得偏高，政府每年要花费巨额补贴。为什么人们容易产生消费者偏见而很少产生生产者偏见呢？虽然我们既是生产者又是消费者，但绝大多数人的生产活动只是重复性劳动。除了少数经理阶层的人要面对市场作出决定，大多数的工人并不对生产过程作出决定。相反，作为消费者，几乎每个人每天都要花钱，他要在自己有限财力的约束下，选择最佳的购买计划。这就培养了人们习惯于从消费者的立场看问题，偏见就是这样培养出来的。

萨缪尔逊的这段话引发出自然科学与社会科学一个最本质的区别，即社会科学是研究包括研究者本人在内的人类社会现象的。因而，如果社会科学中的某一“客观”规律果真被发现并被人们所掌握，这个规律本身就会起变化，换句话讲，社会科学不存在客观性。例如，如果有人猜中了股票涨落的规律，就可以发财。但如果这个规律被大家所掌握，没有任何人会从中发财，因为人们认识了规律将改变自身的行为，这个规律本身将发生变化。这也是理性预期学派整个理论得以建立的基础，而自然科学中却不存在类似的现象。然而从哲学的层次上看，自然科学与社会科学又都有其共同的规律，即“客观”规律终究要受观察者的影响。例如，当人们用温度计测量水温时，水温因温度计的插入而偏离原先的水平；在电路中用电压表并联测量电压时，量到的电压已非原来未接电压表时的数值。量子力学的测不准原理正说明由于观察者试图对亚原子粒(如电子)测定其速度，粒子必将受到撞击，因此同时测定其位置成为不可能。人的眼睛必须通过光线才能对客观事物进行观测，但事物受到光粒子的撞击，其状态已经不同于光粒子撞击之前。而不通过光粒子的撞击，人又无法对其观测。消费者偏见深层次的含义是，人对于社会科学规律的掌握同样受到类似于测不准原理的限制。再说，即使在自然科学领域内，人自己被置于规律控制之中，未见得就有助于人对规律的认识。例如人的身体各部，包括五脏六腑无时无刻不受地心引力的作用，可是这丝毫也无助于人们去认识地心引力，所以牛顿以前没有人认识到地心引力的存在。再如人人都会走路，因此以为走路是再容易不过的事，事实上正相反。要设计一个两条腿能走路的机器人是一项超级高技术，至今还没有十分成功的例子。可见人的自身经验未必能导致对规律的认识，这正是理论的价值所在。

7

谈谈通货膨胀

通货是指流通中的货币，膨胀是指其数量超过正常。因此，通货膨胀的直接含义是货币数量多了。但这种现象的一个几乎必然的后果是物价全面上升，所以通货膨胀差不多是物价上升的同义语。这里我用了“差不多”说明两者的关系并非绝对一致。譬如说，虽然货币数量增加，但老百姓同时也增加了家里积存的现款数量，从而把增加的货币吸收掉，则物价可以不上升。或者相反，如果通货数量并未增加，但百姓纷纷将家里积存的现款拿去买东西，则物价也会上升。从每家每户的经验来看，手持货币量变化可能很大，例如，在发薪之前货币存量很少，发薪之后猛然增加。但从宏观总量来看，居民手持货币总量的变化是很小的。所以将通货膨胀看作是物价上升，一般不会很离谱。通货膨胀引起的物价上升，是整个物价水平的上升，而不是指某一特定商品价格的上升。相反，令人吃惊的是如果通货不膨胀，物价水平就不会上升。如果有某种商品涨了价，必有其他一些商品跌价。举例说，如果国家提高了邮资，只要流通中的货币不增加，则必将导致其他商品跌价，保持整个物价水平不变。百姓担心政府调整价格，认为调价会引起通货膨胀，完全是没有根据的。物价总水平取决于生产量和货币量之比。

如果一个国家生产量不变，而货币量增加10倍，则物价水平必定也增加10倍。货币之所以有购买力，是因为拿它可以去交换生产出来的产品。如果产品的数量不变，而货币量增加到10倍，相当于原来1元的钞票改注明为10元，物价当然上升到10倍。这个道理是极其浅显明白的。在产量和货币量不变的条件下，如果某一商品涨了价，百姓要花较多的钱去买这种商品，于是剩下买其他商品的钱就减少。如果其他商品不降价，则将有一部分商品销不出去。在市场经济条件下，厂商只会落价，绝不会将产品永远积压在库房里。这就解释了为什么一种商品涨价，物价水平不一定会变。撇开人们对于钱的主观看法不谈，因为有人认为钱是万恶之源，也有人认为钱是幸福的象征，从客观上看，钱为我们的生活提供了极大的便利。政府或别的有权印刷钞票的单位（在西方国家是独立于政府的中央银行），必须向市场提供足够数量的货币，否则将造成生活的极大不便。1990年，我国许多地方银行发生货币供应不足的现象，百姓虽然在银行里有存款，银行也承认存户有权提款，可是因为货币总量供应不足，硬是拿不出钱来。邮政储汇系统也发生汇款不能兑现的问题。如果这种现象长期存在下去，存户为了急于用钱，可能会提出这样的条件：只要能立即支付现款，存100元钱提90元现款也可以同意。在商品交换时可能标出两种价格，用票据买100元的商品，如果付现款可以只收90元。这就是与通货膨胀相反的通货紧缩，其结果是物价水平降低。美国在20世纪30年代大萧条时期，由于联邦储备银行（美国中央银行）执行了错误的货币政策，使货币供应紧缺，在6年之内物价总水平降低了20%以上。但从那以后，所有使用纸币的国家从来没有发生过物价总水平明显降低的事例。看起来维持物价水平稳定的办法似乎很简单，只要维持货币总量不变就可以了。此时印钞票工厂所印的钞票数量恰好用于补充磨损报废的钞票，但事实上并非如此。根本原因是随着人口的增加，技术的进步，资本的积累，一个国家的生产总量一般总是增加的。所以要想维持物价水平不变，必须使货币量和生产量保持同样的增加速度，否则就会发生前面提到的货币供应不足的问题。再有是在商品交换中有时还附带有其他票证，譬如粮票，这些票证起着准货币的作用（事实上粮票也是卖钱的）。在取消票证时，这相当于用货币取代了票证。同样一笔交换，用的货币量增加，这要求货币总量有相应的增加。今后住房改革中也会发生类似的过程，即行政分配加上低房租将逐渐改为市场分配，房租将大幅度上升，对货币的需求将明显地增加。但此时增发货币并不会使其他物价上升，只要货币增量控制在房租增加的影响之内。通货膨胀，说到底是钞票的过量发行造成的。所以获得诺贝尔经济学奖的弗里德曼教授曾说过，“通货膨胀是和印钞票机有关的现象”。可是我们要进一步追问，为什么人们会开动印钞机，而且以超过正常速度来印制钞票？这里所谓的正常速度是指恰能补充钞票磨损及生产增长的需要的速度。这就涉及通货膨胀的机理问题。很明显，如果印好的钞票放在仓库里不用，通货是不会膨胀的；当它拿到市场上去购物时，通货增加，物价上升，因为生产量没有增加而钞票却增加了。如果有一个恶作剧分子，印了一堆假钞票，跑到马路上去散发，行人捡了钞票拿去买东西，同样会造成通货膨胀。虽然政府（或中央银行）印发钞票和恶作剧分子的动机效果不同，但这两种行为都和印钞票机有关，都会造成通货膨胀。在第二次世界大战时，德国曾经印制了大量假钞票运到英国去散发，扰乱英国的金融秩序。平常我们挣工资，或从银行里得到利息，拿这些钱去买东西不会造成通货膨胀，因为工资是劳动创造产品的报酬，利息是资本帮助劳动创造产品的报酬，他们都有相应的产品作基础。而拿了多印出来的钞票去买东西时，这些钞票却没有任何产品来供它购买。物价上升就是因为有更多的钞票竞争去买原先的那点产品。商人都希望多赚钱，恨不得把他们出售的商品的价格提上天去，而且在市场经济之下也没有谁去限制商人提高价格。可是事实上价格却很难提高，被迫降价也是常有的事。原因何在？很简单，从宏观上看，居民总的货币收入有限，他们没有无限的购买力。总量有限的购买力就限制了物价总水平。换言之，当我们看到通货膨胀物价上升时，必定是整体购买力提高了。整体购买力由三部分组成，即居民（这是大头）、政府和外商（即出口）。在西方国家，如果工会与资方谈判结果是提高工资而劳动生产率没有增加，就会增加居民的购买力，从而产生通货膨胀的压力。政府如果不增发货币就会出现货币供应不足，如果增发了货币会使物价水平上升。我国国有企业滥发奖金时会产生同样的效果。这也说明，有时中央银行增加货币供应总量也是迫不得已的。政府出现赤字时，弥补赤字的办法之一就是向银行借钱，或者干脆命令银行凭空给政府账户上加一笔存款（当银行不独立于政府时就出现此种可能）。政府的购买力增加了，同时物价水平也就上去了。政府财政赤字的原因很多，当前我国赤字的主要原因是国有企业的亏损以及基建规模太大，对居民的物价补贴也是一个大头。赤字也与行政管理的效率、税收的疏漏、公款吃喝等有关。出口增加而进口不增，会使国内可供应的物资减少，从而引发物价水平上升。通货膨胀，或钞票的购买力降低，使一切持有现金（包括存款）的人受损，所以它相当于一种无形的税。谁持的现金越多，遭受的损失也就越多。通货膨胀特别不利于挣固定工资的公职人员。对于从事商业的人的影响就小得多，因为当物价水平上升时，他们的收入也大体保持正比例地上升。通货膨胀是大家所反对的，那么通货紧缩、物价水平降低是不是对大家有利呢？不是。因为物价水平降低时，持有现金的人购买力增加，他们对生产并未作任何贡献，却凭空获得一部分购买力。我们知道，一切财富生产都要有劳动的参与，天上不会掉馅饼下来。没有提供劳动的人却获得额外的购买，则出了力参加生产的人必须减少他们应得的报酬，所以通货紧缩将不利于生产。如此看来，通货膨胀和通货紧缩都是不利的，只有通货稳定才是我们应当追求的。不少人认为用贵金属金或银作货币就可以避免通货膨胀，这种想法有一定道理。但贵金属绝不是一种理想的通货，用它作通货时，恶性通货膨胀虽不可能发生，物价水平的波动仍是难免的。因为用贵金属作通货时，它的购买力取决于金银本身的价值。严格地说，将贵金属作通货实质上仍是一种以货易货的做法，它和拿任何别的商品（比如石油）作通货没有本质的区别。金银本身的价值经市场波动的影响，如果发现了新的金矿或新的炼金技术，金子的价值将降低，其交换能力下降，也就是以金作货币的物价全面上升。另一方面，贵金属的生产因受资源条件的限制远不像纸币的生产方便。在16世纪的英国用黄金作通货，英国本身没有多少黄金资源，所以黄金的供应主要靠出口商品换来。当出口换取的黄金不能满足国内交易量增加的需要时，发生了物价全面下降的事。纸币就没有这种毛病，因为它的数量很容易调整。这又说明了货币本身作为一种具有使交换方便的功能的商品时，它本身的价值又受需求多少而变动。纸币也不例外，它的价值或购买力虽然不像黄金那样受生产成本的影响，却受需求的影响，需求强烈时纸币的价值将上升。如果纸币的供应量不增加，最终会使物价水平降低。利率，从银行贷款得到货币的代价，能更灵敏地反映市场对纸币需求的强烈程度。用贵金属作通货的另一个不利点是它本身的生产困难。为了满足交换的需要，整个社会要耗用相当的人力、物力去生产它，而纸币的生产成本则低得多。所以管理得好的话，纸币是远比贵金属优越的一种流通手段。

8

价格决定工艺

坐过现代喷气客机的人都知道，飞机里的厕所并不完全用水冲洗，它主要是用压缩空气，水的用量极少。这种技术在地面上显然是不合适的，然而在飞机这个与市场隔绝的环境中却是一种最佳选择。这一例子说明了一个重要原理，即工艺路线是由各种资源的相对稀缺性决定的。微观经济学用严密的逻辑证明了竞争市场条件下的价格确切地表明了各种资源（包括一切不是取之不尽而又对人们有用的物品）的稀缺性。一切物品的稀缺性都是相对的，在飞机中水比空气稀缺。同样，真正起作用的是相对价格或比价，而不是绝对价格。稀缺性（或价格）包含了极丰富的信息，它不但说明了获得此种物品的困难程度，也说明了社会对此种物品的需求程度。由于价格是量化了的指标，于是利用价格我们可以定量化地对工艺指标或工艺路线作出最佳设计。

在厕所冲洗中压缩空气可以部分地替代水，换言之，多用一些压缩空气就可以少用一些水，而且这个替代比例随水的用量而变，即当水的用量减少时，就要用较多的压缩空气去替代同样数量的水。只要从技术上这个替代关系已经得知，那么我们从飞机这个小环境中，空气和水的比价就可设计出经济上最合理的冲洗飞机厕所的水和压缩空气的用量。

类似的例子还可以举出很多，比如设计蒸汽管道绝热层的厚度时，就要用到热量和绝热材料的相对比价。热量相对于绝热材料的价格越贵，最佳的绝热层的厚度就越厚。事实上，可以毫不夸大地说，一切好的工艺设计无不建筑在相对比价的基础上。桥梁设计中钢和水泥可以互相替代，其最佳用量取决于钢和水泥的比价。机器多半是为了替代人力，替代到什么程度，也取决于人工和机器的相对比价。特别值得注意的是，不但产品的内部结构、制造工艺选择等必须按所用各种资源的比价作出最合理的设计，就整个产品而言，当它进入市场时，也有一个价格。如果它的价格太高，以至于它所能起的作用（例如满足人们的某一需要，或提供生活上的方便，节约别的资源等）不能与其价格相称，或与其他已有产品的价格性能比稍逊时，此种产品就不可能在市场上立足。一种新发明，不论其构思有多巧妙，技术有多精良，如果在价格上缺乏竞争力，最终只能是一个失败的产品。我国的新技术在市场上的应用率不到20%，其中固然有技术市场不发达、缺乏资金、公众对新发明缺乏了解等原因，发明人或设计人缺乏经济头脑，以致在价格上缺乏竞争力肯定也是一个因素。笔者曾遇到过一个新发明：高速列车不停车旅客就可以上下车。它用一个直径十多千米半径的旋转中的大转盘，旅客从转盘中心进入，转盘的边缘与列车的速度相同。这个发明构思虽然巧妙，可其成本相对于效用而言，大得不成比例，显然只能以失败告终。

飞机上的特殊环境有其特殊的比价，因而决定了其特殊的最佳工艺。同样的道理，不同的国家有不同的价格系统，一国适用的技术在另一国就未必适用。一个最普遍的例子便是自动化机器的采用。在发达国家里人工的价格很贵，而资本相对充足，所以要求用更多的资本来替代人力。这种自动化机器就不适合于在我国使用。上面讲的是由于空间不同而价格系统不同，另一种情况是时间不同而引起的比价变化。今天适用的设计几十年之后就未必是好的设计，这一考虑对于使用寿命极长的工程特别值得注意。举例说，长江三峡工程的使用寿命至少是50年以上，在这样长的时间内，价格比例变化几乎是不可避免的。现在全国电力供应紧张，电的价格相对较高，过几十年，或者由于需求的变化，或发电技术的进步，电能价格可能相对降低，而随着人们生活水平的提高，对旅游的需求上升，旅游的相对价值上升。如果由于修建了三峡工程而降低了三峡的旅游价值，到那时候也许发现，三峡的总效益还不如不修大坝好。当然，这不过是举例说明，它强调工程的经济评价或可行性研究的结果，对于有长远后果的巨大工程而言，是相当脆弱的，原因就是我们无法掌握将来的相对价格。谁能想得到，"文革"时一只手表的价格能买50千克肉，而现在只能买0.5千克肉。这是发生在仅仅20年中的事。任何工程经济评价对于有长远影响的大工程而言都是极不可靠的，对此我们不得不加以注意。

9

制度创新——致富之道

——谈制度经济学的发展

经济学的根本任务是寻求一个社会的致富之道。然而，像其他学科一样，经济学也是在发达富裕的国家里产生的。在这些国家里无例外地都已经有了一个相当完备，而且有秩序的市场在运作。所以在经济学兴起的时代，先驱学者们只是研究在市场已经建立起来之后，社会财富的积累和分配的规律。到20世纪60年代经济学家的注意力才转移到第三世界，那里穷困已经折磨了百姓几千年之久。因为穷，许多社会弊端虽然看得很清楚，却无力去解决；这些弊端又加剧了贫困。穷又使得教育水平低下，人口无节制地增长，社会再三地落入马尔萨斯的陷阱——通过人们变得更穷而消灭过剩的人口。总之，穷本身使得穷的问题无法解决，从而形成了恶性循环。发达国家的经济学家们出于广泛的同情心，也出于对社会演变规律的追求，逐渐建立了一门专门治穷的经济学，即发展经济学。应该说，经济学从它的开山鼻祖亚当·斯密开始，就在研究财富是如何生产的。他的不朽名著《国富论》的完整书名是《国家财富的性质和原因之研究》（*An Inquiry in to the Nature and*

Causes of the Wealth of Nations)。这部巨著包括了理论、历史、政策，形成一个完整的经济学体系。但此书被后人反复提到的一个基本论点是“所有的个人都以利己心为动机从事经济行为，在公正律的支配之下经由看不见的手引导，走向私利和公益的和谐一致”。这个结论不但在当时是令人吃惊的，200年后的今天仍有许多人无法接受。利己能导致公益，果真如此的话自古以来的道德规范，劝人不应利己而应事事出于公心，岂不全错了？但资本主义发展的事实证明了斯密的论断是对的。资本主义社会将人类的生产率提高了几百倍，靠的并不是天下为公的理想，恰恰是个人的发财动机。所以斯密的理论一直被奉为自由经济主义的圭臬。

20世纪60年代发展起来的发展经济学试图用从市场经济中总结出来的规律来拯救穷国的苦难。当时研究得最多的问题是储蓄如何转变为投资，并促进生产的发展。著名的哈罗德—多马模型以及后来的索洛模型就是找出了投资需求和储蓄之间保持平衡的数学关系。发展经济学还探讨各产业部门的何种比例将有利于经济增长，教育和科研在增长中的作用，人口控制的必要性等等。发展经济学的红极一时，在政策上的后果是更多地依赖经济计划来推动发展。其结果正如我们所知道的，没有任何一个穷国能借助于这一套理论而变富。

马克思对经济增长理论有过重大的贡献。他把产业分成两大部类，并研究两大部类的产出比如何决定扩大再生产的速度。以后的发展经济学受到这一思想的启发，沿着这条思路有许多学者作了更精细的探讨。但马克思对生产力发展最主要的贡献还是他对于生产关系可能制约生产力发展的论断。用现代术语，他所说的生产关系基本上就是经济制度。的确，一切经济欠发达的国家都在经济制度上存在严重缺陷。

我们如果对一个熟视无睹的现象问一声为什么，立刻就能领会经济制度的重要性。同样在餐馆里洗碗，在穷国里的洗碗工收入仅够糊口，在富国里却可坐汽车住洋房。这一现象使得许多在穷国里的青年人希望换一个经济背景，移民到富国去，使自己同样的劳动能获得较高的报酬。由于社会环境不同使得同工而不同酬是制度差别造成的。在存在制度缺陷的社会里，大量的劳动被浪费，或被用于互相抵消力量的努力，结果是全社会的经济效率降低，而且这一类的问题已经根深蒂固，努力也无法扭转。或者其政治文化背景根本不允许对这些问题进行讨论，更谈不上去解决。多数人已经习以为常，视而不见。用马克思的说法：生产关系阻碍了生产力的发展。

经济制度是什么东西？它是如何建立和改变的？它又如何影响社会的经济效率？20 世纪 70 年代以后大量西方学者转而对这些问题进行深刻的思考。此间出现了许多获得诺贝尔经济学奖的世界级水平的大师，如哈耶克（1974 年获奖）、科斯（1991 年获奖）、诺斯和福格尔（都在 1993 年获奖），他们都对经济制度提出过前人没有看到的问题，使我们对经济制度这一不可捉摸的东西有了较清楚的了解。

根据我自己对近 20 多年来国际上制度经济学的学习和体会，可以对这一学说的成就作如下的理解。经济制度是指人们获得物质利益（货币的及非货币的）的规则。它包括成文的法律和条例及不成文的习惯和道德。例如，国家干部可以拿大锅饭的工资，城市居民每月有几元钱的物价补贴，有些会议上分送礼品，某些人的某些消费可以公款报销，过去还规定出差坐飞机或软卧要够一定级别，农民不得进城谋职或不允许他们谋职等，这些都属于经济制度，因为它们规定了一国生产出来的财富是按什么规则在它的成员之间分配的。制度的不同决定了人们经济活动的不同，从而决定经济效率的高低。效率最高的分配方式是取消一切非要素贡献的收入分配，人们仅当提供劳动、资金、资源（包括土地、矿藏、淡水等）这三类生产要素时方可取得相应的收入。或者说，人们必须从要素市场上取得收入。

为了实现这一点，重要的前提是要明确财产的所有权。如果要素属于谁的还不明确，当然更谈不上对要素提供者付给报酬了。例如，如果土地的所有权不明确，农民将不愿增施有机肥，培养地力；如果投资者对项目没有明确的所有权，他也不会关心项目的经济效益。

决定经济制度的另一个重要因素是交易费用。交易费用定义为经济活动中除交货付款之外的一切费用，包括企业使自己具有法人地位的登记费、搜寻交换对象的信息费、讨价还价的谈判费、监督合同执行的监督费、对方不信守合同引起的损失及诉讼费。社会经济效率降低的原因是交易费用高的原因。人们寻求交易费用低的办法，于是发生公关费甚至贿赂。明确财产权可以降低交易费用，例如，农民在自己的土地上耕作与公社制赚工分相比，就可节约监督成本；类似的小业主与合伙制相比监督费用也较低，但单人的小业主资金力量薄弱。当人们的商业道德水平降低时，社会的交易费用上升，效率降低。

我国改革之所以取得成功，根本上是制度改变的结果。割资本主义的尾巴之类的极不合理的禁锢逐渐被取消。要素市场逐步在建立，它在分配国民收入中的比例不断增加，尽管阻碍要素流动和交换的老毛病还不少。物价逐渐理顺，使借助低价而获取收入的机会（如官倒）减少。所有制的多样化出现了监督费用很低、效率很高的中小型企业，它们成为国民经济增长的中心。税收的规范化使靠不公平竞争获利的机会减少，各种市场的建设使交易过程透明化，提高了交易效率。但也应该看到，人们从非要素市场得利的机会仍旧大量地存在。假冒伪劣成为牟取暴利的来源；公款吃喝乃至嫖赌远未禁绝，更不必说贪污贿赂。当前社会道德水平降低，经济纠纷大幅度上升。这些机会引诱人们不去努力生产而从邪门歪道牟利，将成为我国经济进一步发展的障碍。最令人担忧的是，这些非要素收入渠道的制度化、定型化，将把我国的经济制度引向邪路，以后纠正将十分困难。印度、印度尼西亚、菲律宾等国在这方面有不少宝贵的经验值得我们学习。

制度经济学的成果十分丰富。尤其是我国改革开放三十年，各种各样的制度创新为这一学科的进一步成熟提供了基础信息。我们天则经济研究所正在从事一项为期5年的中国50个制度演变的案例研究，希望对这一学科的发展能有所贡献。

（原文载于1994年3月8日《中华工商时报》）

10

珍贵的微笑

听说国内某大企业培训售货员中有一课是“学会微笑”。这听起来有点笑话。笑是人天生就会的，为什么还要培训，其实这一点也不奇怪。人天生会笑是发自内心的笑，出于礼貌的笑确实需要训练。与此类似的一个现象是学会说“对不起”三个字。说话人人都会，可是就有人一辈子从来没有说过“对不起”三个字。因为他觉得说出这三个字就失了身份、低人一等。尽管他也有感到对不起人的时候，而且也想表示一下自己的歉意，可是这三个字哽在喉咙里硬是吐不出来，憋得满面通红。所以小学校里老师要领着孩子大声朗读“对不起”这三个字，要说上几百遍，才能够自然地脱口而出。说到这里，我们不能不感到市场经济的力量之伟大，自从市场经济在国内立了足之后的短短几年之内，售货员的服务态度这个曾经是老大难的问题有了根本的改善。

二十多年前开放伊始，人们开始有机会到发达国家去旅行，并把那里的风土人情介绍给国内，当时最令人感到惊奇的是那里的礼貌和秩序，中国人生活在那里别的不会说不要紧，有三句话是一定要会说的，那就是“对不起”“请原谅”“谢谢”。不论是英、美、德、法、澳，只要是市场经济国家就没有例外，那时的前苏联是教育水平很高、人民素质优良的国家，可是这三句话却不普遍。相反，人和人争吵倒是经常得多。我在美国一年多的时间里从来没有跟人吵过架，可是去前苏联一个礼拜就吵了两次架。市场经济和计划经济的不同，甚至在这些细小的地方也会反映出来。市场经济是建立在协商妥协以谋取共同利益的基础上，而计划经济则建立在某种原则的基础上。我要坚持原则，并不尊重你的原则。同一个原则，双方理解不同，一样会引起争吵。市场经济要能成功，一切事情都要有效率，礼貌和秩序正是效率的基础。

售货员有了笑容，使群众的生活质量有了很大的提高。笑容减少了人与人的纷争，增加了生活的乐趣。谁都不愿意生活在一个充满敌意、格格不入的社会之中。经济学家多半只注重物质享受，但物质享受固然重要，生活情趣恐怕更重要。所幸的是开放改革将这两者都改了观。

现在还缺什么？当然，缺的东西还多着呢。不过有一样却是关键性的，那就是官员们为人民服务时的微笑。这种微笑在中国几千年的历史中从来都是缺的。过去官员是父母，父母管教子女微笑不微笑原本不是问题，现在不同了，官员是公仆，仆人为主人服务当然应该有笑容，可是这种笑容不但稀缺，许多人从根本上觉得有悖常理。只有百姓赔着笑脸和官员打交道，哪有官员赔笑脸的事。企业的会计到税务局去缴税，要在炎热的院子里排上几小时的队。等轮到你时，发现你填的表有一项不完整，立刻被扔了出来，铁面无私毫不留情。主人向仆人付钱的情况尚且如此，如果你打算办户口、办护照，规矩就更多了，光赔笑脸恐怕还不够。

为什么？有一个长期以来一直存在的误解，以为政府是领导人民的。百姓心目中认为政府是当然的领导，官员们也自以为当领导的舍我其谁。所以百姓在和政府打交道时自己先矮了三分，而政府官员一开口便是领导的口吻，就是发指示的姿态。当惯了官的人，习惯成了自然，张口就有一种官腔。只有碰到比自己官还大的人才偶尔改变一下。其实，领导中国人民的是中国共产党，并不是各级人民政府。相反，宪法第 27 条规定："一切国家机关和国家工作人员必须依靠人民的支持，经常保持同人民的密切联系，倾听人民的意见和建议，接受人民的监督，努力为人民服务。"

政府当然必须有权威，因为他有责任管理公共事务。谁都不听从政府的话，事情非乱套不可。但政府之权威仅仅是因为享有百姓发自内心的拥护和爱戴，要做到这一点就不光是微笑服务所能达到的，而是靠政府的道德表率作用。忠于百姓，爱护百姓，体谅百姓，这样的境界不是做不到，但确实相当难。倒是政府常常滥用权威，欺侮百姓。前几年美国的一位业余摄像师无意中拍摄到警察在公路上蛮横殴打一个黑人青年。因为他违反了交通规则。这件事在美国一时成为头条新闻，因为一个自称民主的国家，竟然有这等政府侵犯人权的事。其实这类事在美国并不少，只是因为被摄像机摄了下来，抵赖不掉才成为一大新闻的。

市场经济需要政府的管理，这一点也没错。但政府用什么姿态去管？是运用权威、居高临下、铁面无情，还是平等待人、面带笑容、充满爱心？其效果是完全不同的。大家都说，市场经济好是好，可是一切向钱看，甚至敲诈勒索、假冒伪劣、贪污贿赂，风气太坏。有的人宁可不要市场经济的富裕，愿意回到富有人情味的社会风气中去，但是市场并不和人情对立，两者是可以兼得的。这里的关键就是政府的表率作用。首先让我们期待官员们的微笑服务作为朝这个方面前进的第一步。

11

经济学从何处来，往何处去

经济学有许多不同的定义。我认为比较确切的定义是“通过改进资源配置，寻求社会的致富之道”。首先经济学是研究致富之道的，但不是个人的致富，而是社会的致富。这里的社会可以指一个地区、国家，乃至全世界。如果某种办法可以使一个人或一部分人致富，但是以其他人变穷为代价，这不是经济学的目标。除非富的量超过了穷的量，而且这种办法可以平等地应用于社会中的每一个人。所以经济学必须研究社会的全局，研究得和失两方面。其次，经济学不研究通过改进技术的致富，只研究如何改进资源的配置来致富。人力、土地、资金、电力等等一切资源都有多种用途，如何改进其分配使浪费减少，人们得到的满足为极大，这是经济学的任务。过去认为保持一个合适的比例就可实现资源的最佳配置，现在懂得了并不存在这种比例，寻求这种比例是枉然的。正确的提法倒是对每一份可以分配的资源应懂得如何从多种用途中作出选择。从这个意义上说，经济学是研究选择的科学而不是研究比例的科学。

迄今为止，从上述的定义来衡量经济的主要成就，是用严密的逻辑证明了斯密关于看不见的手的直观结论。这一成就确实是伟大的，因为它和一般常识所相信的相反。一般人都相信，要实现社会的富裕必须让每个社会成员为一个共同目标而奋斗，都认为私利是万恶之源，如果每个人都为自己的私利，那社会必定是四分五裂，何谈富裕。计划经济的哲学基础就是建立在这种共同目标基础上的，然而人类社会发展的事实证明了斯密的结论，也印证了经济学的基本理论。

确实，近两百年来人类社会物质上的进步几十倍地超过了人类历史上几千年的成就。当今我们享受的一切物质文明，都是个人私利所驱动而获得的成果，我们中国人对此应该有更切身的体会。我们曾经提倡无私为公，越大越好，越公越好，结果却把国民经济弄到了崩溃的边缘。倒是允许更多个人自由，发展自由交易的二十几年来，人民生活水平空前提高。中国的经验加上现代经济理论的严密论证，现在已经形成了一个普遍的信念，即推行市场经济，减少政府干预，更多的企业从公营转成民营，可以使社会更快地富裕起来。世界银行、国际货币基金组织等为发展中国家提供的政策建议全部是顺着这一思路来设计的。

在20世纪五六十年代，许多发展中国家仿效中国和苏联走上了计划经济和全面公有制的道路。现在除了少数个别国家，全觉悟到了市场经济的有效性。确实，统观当今人民富裕的国家，不论大国小国，都是市场经济。在那里价格可以在市场上形成，并进而引导资源的配置。相反，所有的穷国都不是完全的市场经济。在那里价格不能反映供求，而且大量资源的配置由政府或垄断集团决定。经济学应该指出这些穷国如何才能走上市场经济，可是西方主流经济学对此并无答案。

一直到20世纪90年代初，全世界的经济学界才把注意力转移到这一领域里来。产权经济学和交易费用理论重新被认识；诺贝尔奖金授给了这些非主流学派的经济学家。依照这些理论，产权是市场经济的基础，是发展市场的必要条件。事实上，这是一个再简单不过的道理。交易无非是所有权之交换。如果所有权尚不明确，何来交换？可是这个简单的道理人们花费了漫长的时间才认识清楚。

然而产权明晰并不是发展市场的充分条件，它仅仅是一个必要条件。以俄罗斯为例，那里已实现了彻底的私有化，产权已经明确，可是市场并未建立。问题出在哪里呢？如果我们检查一下交换使双方获利的条件，不难发现，平等地位的讨价还价，自由的选择权利是交换能使双方同时获利的必要条件；如果一个社会内人和人的社会地位不平等，一方可以胁迫另一方就范，交换就可能只使一方获利而使另一方受损。拿印度为例，它是一个有私有产权的多党制民主国家，可是健全的市场制度远未建立，其原因就是社会地位的不平等。种姓制度虽然在法律上已不存在，但低种姓的百姓仍处于社会底层，他们没有和富人一样的平等谈判和签约的权利。类似的问题程度不同地存在于南美和亚洲的一些国家。那里市场成了富人剥削穷人的制度，富人靠着特权越来越富，穷人不能聊生。对照我国目前的市场，虽然我国人民在法律上是平等的，但有许多具体做法使得市场并不是平等自由的。例如，许多企业招工只限本地户口，事实上把农民排除在公平竞争的交易之外。有许多国有企业垄断了市场，不准别人进入。近年来，几乎一切党政机关都在办公司，他们利用行政上的特殊地位或权利来做生意，使公平竞争几乎不可能。如果这种现象不纠正，交换就变得仅对一方有利。有权有势的人把持了市场，市场制度就被断送了。许多同志都同意这样一个结论，即中国的市场还很不完善。但建立完善市场的根本性障碍何在，我们只把注意力放在了产权的明晰上，而未注意到市场的另一个必要条件，即平等的竞争条件和在市场上选择的自由。人与人平等，这没有任何人敢于公开反对，但是事实上有特权的人具有法律上的特殊地位。他们不但不受法律的制约，甚至连公开批评他们都是不允许的。像在“文革”的时候，批评毛泽东就是犯了恶攻罪（恶毒攻击伟大领袖毛主席），有多少人因而被处死。现在我国宪法第五条规定了“任何组织和个人都不得有超越宪法和法律的特权”，但是这要真正得到实施，还要经过巨大的努力。

在发达的市场经济国家，也存在利益集团。大企业向政界人物游说甚至行贿，企图取得各种隐蔽的特权。但有一点必须承认，他们极明确地认识到平等竞争和自由选择是市场的基本条件，上有法律在威慑，下有舆论的监督。特权集团不得不收敛小心。世界上并无一个十全十美的制度，但不同的制度相比较确有优劣之分。市场制度并非人类社会最好的制度。它将向什么方向演变？能不能根据经济学的原理作一些推测？第一个推测是资源的稀缺将长期存在下去。有人认为不断发达的科学技术可以完全克服稀缺性，从而实现“各取所需”的分配方式。但经济学却认为资源相对于人的无限欲望而言是永远稀缺的。尤其是不可再生自然资源的消耗速度很快，人口还在增长，所以有越来越多的资源会在可预见的将来消耗殆尽，或者其开采难度越来越大，相应的价格则越来越高。甚至诸如淡水这类可再生资源也面临着日益稀缺的严峻局面。

第二点推测是缓解资源稀缺的问题固然要依靠科学技术，但必须在一个正确价格系统的背景之下来运作。经济学就是和资源稀缺作斗争的学问。它提出的方法是提高资源的利用效率，而经济学证明了均衡价格系统可以引导资源的最佳利用，所以价格是不可缺的。一项新的科技发明能否缓解资源稀缺问题，要看它放到市场中去能否商业化，或能否赚钱。如果新发明要赔钱才能应用，则说明这种发明增大了稀缺性。所以第二个推测的结论是为了克服稀缺性价格必须长期存在下去。

第三点推测是均衡价格只有在供需双方各自出自关心自己利益的立场上，通过竞争才能产生。因而全面的全民所有制不可能产生出有效率的均衡价格。在全面的全民所有制下，买方和卖方都是人民，缺乏了利益的对立，产生不出真正的均衡价格。这一点已为我国30年全民所有和计划经济的实践所证实。

第四点推测是根据普遍的边际收益递减规律，随着人们物质享受的不断扩大和满足，通过交换所获得的物质享受逐渐退居次要地位，人们将用更多的时间和精力去追求不能通过交换所得到的满足，如健康、寿命、友谊、环境、求知、创造。当今人们“一切向钱看”的风气将演变成追求非交换的成就的风气。

第五点推测是经济学需要发展出提高消费效率的制度原则。迄今为止的经济学只研究到生产出最终产品为止的这段过程，产品卖出去了，实现了它的价值，也就走出了经济学家的视野。所谓资源配置效率，只指生产的效率，消费的浪费从来不在经济学家的思考之内。如果经济学不过问消费的效率，环境和资源的约束迟早会对人类施以报复。第四点中谈到了人类追求目标的升华，但它的制度保证和机制设计需要我们动用极大的智慧去思考。

以上的推测也许会在今后两百年、三百年、四百年之内逐渐出现，但我绝不认为它“一万年也不会变”。

附录二

关于作者及其作品的部分报道和评论

1

天生我才必有用

——记北京天则经济研究所所长茅于轼

李向阳

您看上面这张著名经济学家茅于轼的照片，能猜出他的年龄吗？是40、50，还是60呢？您再看他的穿着装束，能猜出摄于什么季节吗？是春天、夏天，还是秋天呢？您一定猜不出来，因为我请三个人猜，都错了。他今年差一岁就进入了古稀之年。

茅于轼身体很好，长得慈眉善目，头发浓黑，不高不矮的身材，只是过于消瘦，脸上才多了几条深深的皱褶。他知识丰富，思维敏捷，说话慢声细语，和颜悦色，包含一种思辨的哲理。对于一些有争议的经济理论问题，他总是用商量的口吻，以大量的事实来证实自己的观点，很容易让人接受。与他谈话，有一种既受益匪浅又轻松愉快的感觉。他那么瘦，我真怀疑他一定是把大量的知识都储藏到骨头里了。他是南京人，是我国著名桥梁专家茅以升的侄子。1950年，他毕业于上海交通大学机械系。20世纪70年代开始从事运输经济和数理经济的研究。1984年由铁道部调到中国社会科学院美国研究所。1993年创办北京天则经济研究所。1993年以来，他连续三届被入选美国马魅氏出版社世界名人录。1994 年后，他连续两届为英国剑桥国际传记中心的世界名人。

茅于轼最著名的经济学理论是资源的合理分配原理。他说，学理工科的人很容易转为研究经济。经济学的问题说到底就是一个追求极大值的数学问题，就是用理论的公式把自然和社会的资源转为社会经济利益的极大化。择优分配原理，主要是说资源怎样分配才能达到这一最佳的效果。他是从 1978 年开始研究各种资源合理分配的。当他发现了这个理论后非常兴奋，在书中写了这样一段话："处于一切精神享受最高层的，我认为是对真理的发现。"这充分表达了他喜悦的心情。他以为自己在经济学理论上作出了一个了不起的贡献，后来才知道有个"戈森定理"与他这个原理十分相似，是西方的经济学家戈森·赫尔曼在 20 世纪中期发现的。然而，在此之前和之后他都没看过戈森的东西，只是看到在别的书中间接地引用过这个理论。戈森的理论只是一个单纯的数学结果，而茅于轼却把它发展成为一个微观经济学中交换理论的基础。

1985 年，茅于轼的第一本经济学专著《择优分配原理——经济学和它的数理基础》出版，这本书影响了不少青年学者走上了经济学研究之路。有个学物理的年轻学者对我说："我就是看了茅先生的这本白皮书，觉得很有意思，很有道理，才迷上经济学的。"茅先生也说："我的学生，有的研究这个理论已经达到了很深的程度。这方面还有很大的开发前景，主要是将它应用到动态优化方面。"

茅先生对当前中国的经济问题有新颖独到的看法。最近，他写了一篇题为《通货膨胀指数变负是不祥之兆》的文章。他说：物价的增长指数最好是零，但实际上做不到，所以，只能叫物价指数略微增长一点，如果这个指数变负，就意味着钱存在保险箱里财富都会增加。社会上一点一滴的财富都是劳动创造出来的，按照公平分配的原理，创造财富的人应得到相应的价值。然而，价格指数变负，使钱多的人坐在屋子里也能得到财富，这样就养活了一批寄生虫，就会使生产者丧失劳动积极性，不利于生产的发展。物价指数变负是由于投资不足引起的。目前，大量的资金在银行沉淀下来，而很多建设又缺少资金。由于当前社会的信用问题，人们不敢把钱拿出来借给别人；由于不良债务的影响，商业化的银行也不敢把钱贷出去。这是当前阻碍中国经济发展最核心的问题。

信用问题说到底是个道德问题。最近，茅于轼出版了《中国人的道德前景》一书，主要研究什么是市场经济下的道德，它与传统道德有何异同，市场经济是不是道德沦丧的经济？怎样去建立市场经济新的道德等问题，很能引起人们心灵上的共鸣和思想上的启迪。

（摘自《中国改革报》1997年2月18日头版，作者系该报记者）

2

生活中的经济学

——记茅于轼先生和他的作品

红 娟

对于经济学，可能人人都多少明白一点，因为每个人都要生产、消费。但更多的时候，人们对于经济学是自以为懂却不甚了解。怎样把生活中的点滴经验与市场经济的运作规范联系起来，把经济学还原为事理常规，这种“点化大众”的任务就落在了经济学家的头上，茅于轼先生就是把精力长期致力于此的努力者之一。

1993 年和 1996 年，茅于轼分别出版了经济学普及读物《生活中的经济学》与《谁妨碍了我们致富》。他用每个人都可能有的经验来说明国民经济核算、总量均衡、通货膨胀、价格与资源配置、外部效应等基本经济理论，同时介绍了市场经济的文化、法律、道德观等市场规则赖以遵守的基础。茅先生运用“家常式”的引导很容易使读者于片刻闲暇中含英咀华，轻松体会出自己能掌握的经济学。1997 年底，茅先生将向读者亮出一本同样风格的《中国人的道德前景》。在市场经济中，不少人追逐利益，那么还要不要道德？“儒家”思想在市场经济中能否得到有保留的运用？“君子”和“小人”这种区分还有没有意义？读者不妨届时找这本书，翻翻看看。

“真正要写好经济随笔，并不容易。它未必要你说出很专的道理，却要求你把经济学‘吃’透”，这是茅于轼先生的感受。他自己比较满意的随笔文章有几篇，之一是近作“是消费能促进生产，还是储蓄能促进生产”，之二是“从买飞机票打折扣说起……”尽是日常琐事，却往往折射出一些惊人的启示。茅于轼先生说，最近他又写了多篇新随笔，大概明年又可以结个集子。我在这里悄悄先给众家出版社递个信儿。

（摘自《中华读书报》1998年12月3日头版“人物故事”栏目，作者系该报记者）

3

经济学家的楷模

贺菊煌

在中国经济学家中，茅于轼老师堪称楷模。

1. 他有追求真理、坚持真理的精神。在改革开放以前，中国经济学界对现代经济学的基本概念（如边际效用）和基本原理（如资源最优配置原理）都持批判态度，甚至动不动给持这些观点的人乱扣政治帽子，20 世纪 80 年代初这种情况也还没有根本改变。茅老师不顾这些，率先于 20 世纪 80 年代初在北京经济学院讲授现代经济学基本知识。学生和老师们听了觉得很新鲜，有道理，有的老师说“和我们过去掌握的知识蛮拧”。可以说，茅老师的讲课是一场现代经济学的启蒙教育。

2. 他对现代经济学了解透彻，能深入浅出地介绍给大众。他的《生活中的经济学》是普及现代经济学的优秀作品，受到各界人士的好评。他在经济学，特别是制度经济学上有许多深刻的、创造性的见解。他在《光明日报》上的一篇文章指出：人们的时间偏好率随年龄的增大而增加。这是很正确的见解。我将此见解纳入了我的“消费函数研究”之中。

3. 他待人诚恳，很讲信用。这也是他的市场经济道德观在自身上的实行。他以高尚的人品而深受同辈和后辈们的尊敬。

4. 他发起组建天则经济研究所，定期举行学术讨论会，邀请国内外水平高、有创见的学者讲演，进行实事求是的讨论和批评，真正做到了畅所欲言，“百花齐放、百家争鸣”，大大促进了中国经济学的高质量研究和学术繁荣。

谨此向茅于轼老师致敬！

1998 年 12 月 30 日

4

生活中的空气

书　虫

有 3 年了。1995 年初我在北大图书馆读到了一本书——《经济学不是科学》，是一位美国人写的。美国人说经济学其实是经验论，不是一门科学。

这个美国人的提醒并没有妨碍我对另一个美国人投入热情。我仍然为读到了萨缪尔逊的《经济学》而激动。今天，我又在另一个美国人——斯蒂格利茨的《经济学》上下工夫。

尽管斯蒂格利茨在《经济学》中对现代经济学和方方面面提供了百科全书式的入门导引，并从青年学生和普通百姓熟悉的事情讲起，但我不时地还会升腾起一种云山雾水的感觉。我不认为这是对“事情”不熟悉的缘故。其实美国人的物质生活和我们的在量的形态上至少是一样的，只是质不同而已。为此，我总是同一些朋友争论，并列举了书中的不少例子，我说中国人连“破产”、“兼并”都有了，还比老美缺什么呢？我没有义务为《经济学》摇旗呐喊，何况“经济学不是科学”。

然而，我仍然固执地认为生活中需要这门“不是科学”的经济学。当我在两年的时间内 4 次读到 4 本与生活密切关联的经济学普及读物时，这种固执已经开始收获了，也就是说这几本书正在理清我的生活思路——从经济学角度改善我的生活品质了。

《我们身边的经济学》是由美国人道格拉斯·C.米诺和罗杰尔·L.米勒合著的。引起我兴趣的并不是“我们身边”，而是目录中提示的“妓女经济学”。这可是我前所未闻的学问。文章是这样开头的：

1945年，一位法国政治家——名叫玛岱·理夏兹的女士要求关闭巴黎所有的妓院。她指出：178家获得许可证的妓院、600家有妓女服务的旅馆、1万名面首（男妓）和6 000间客房可以用来提供给学生以及那些在战争中被炸弹驱赶离家的人们。

巴黎市议会被她的数据所打动，即令妓院在3个月内关闭，此举的效果是具有深远意义的。可从最低限度上说，这显然还未能被证明是十分令人满意的。接着从供需两个方面，“妓女服务”的数量和质量分析了关闭妓院的后果。

文章是这样小结的：

在法国，对卖淫的禁止引起了妓女数量或增长率的下降和妓女平均质量的下降，或许也引起了需求者数量的下降（即使价格与以前相同），对顾客来说，也许引起了平均价格的上涨。作为一种附加的效应，性病在普通民众中，变得更加常见了。

对于政府当局，妓院该不该关就颇费心思了。

《我们身边的经济学》分析了包括“征兵经济学”“最低工资经济学”“交通堵塞经济学”等在内的37种经济学。它非常有趣地告诉了我们一个基本的事实是只要有生活存在，就有经济学相伴随。

我在稍后的时间内又读到了美国人莫里斯·D.利维著的《日常生活中的经济学》。他从日常生活中的实际问题出发，循循善诱，启发读者自己去发现经济规律。书中对人们所关心的许多现象问题，诸如如何选择我们所需之物，如何作出投资的决策，如何选择股票和债券，企业如何确定生产水平，以及通货膨胀、失业、国际贸易等问题皆一一作了较为圆满的解答。

更重要的是，读者通过对这些问题的思考与学习，将掌握经济学的基本概念、原理和方法，从而自觉地运用经济学的观点去分析和解决更多、更广泛的问题，作出符合经济学规律的判断与决策。

如果说《我们身边的经济学》告诉你的是有多少经济学，《日常生活中的经济学》就告诉你如何用经济学思考问题。这是不是“存在”和“意识”的关系？

我为读到了这两本书而兴奋不已，只是遗憾没有读到能与此相媲美的中国人的著作。幸运的是终于有一天，一个朋友向我推荐了茅于轼的《生活中的经济学》。这是一本“家常式”的经济学随笔，虽然说的是“搬家”“赌博”“超级市场”等这样一些鸡毛蒜皮的事，茅先生却能深入浅出地让人在不知不觉中领悟一个个经济学的道理。我以为这本书不比任何一本普及性的经济学著作逊色，甚至比老美写的更感亲切，更有中国特色。

如果比较还要进行，那么和前面两本书相比较，茅于轼先生的《生活中的经济学》便告诉了你如何运用经济学解决问题。这就是“实践”了。

最近又读了陆志明编著的《生活中的经济学》（和茅于轼先生的书名相同）。这本书是把日常生活编成一个一个故事。各种身份的人都陆续登场，书中的他们像生活中的我们一样会遇到一系列问题，然后总是戏剧性地通过一个叫“李先生”的给解决的。这种写法倒是有趣。

生活和经济学总是这样密切，这样自然而然地相伴，这使我想起了生命中的空气和水。对我等而言，经济学是不是科学并不重要，重要的是经济学能解决生活中的问题，最好是在我们的钞票仍然不多的情况下能让生活品质得到改善。我想，这样经济学应该是生活中的空气了。

（摘自《好书》1999 年第 1 期）

5

《择优分配原理》——茅于轼——与我

清华大学经管学院经济学系

平新乔

我认识茅于轼老师是通过阅读他的《择优分配原理——经济学和它的数理基础》（以下简称《择优》）。那是12年以前的事了。在那以前，我在上海与北京的几所名校里都听过并考过微观经济学，但都没有感到过微观经济学之“妙”，只是觉得其高深，需要数学。1985年冬，我买了一本装帧素雅的小册子《择优》，在短时间内读了两遍，第一次感受到了微观经济学之“妙”。从此，我喜欢上了微观经济学，而且在美国一直以此为主修。本人孤陋寡闻，不知道20世纪中国人写出过几本经济学著作会传到下个世纪，但我相信，《择优》这本书会传到21世纪。无论是作为初学经济学的人的入门书，还是作为对经济学已有一定研究的人想继续探讨价格、市场、计划等问题的参考书，这本书都提供了优质的服务。

我这样说，当然仅仅是我个人的感觉。12年前，我是作为一个在北京大学经济学系已获得硕士学位的教员，读到此书时“茅塞顿开”。今天，我的年轮长了整整一轮，喜闻茅老师古稀之寿，又从书架上找出《择优》，重读一遍，仍觉得清新、耐读。前不久我尚在康乃尔大学时，在图书馆里翻《读书》杂志，得知《择优》已重版了，而且《读书》还发表了该书的序。须知这个序并不是茅老师写于1997年，而是写于1984年。时间已经为茅老师的劳动成果作出了评价，相比之下，我的这些议论只能算作是一个受惠于茅老师《择优》一书，真诚地向自己的老师道一声“谢谢”。

微观经济学在过去的30年里已有了巨大的变化。茅老师的这本《择优》所阐述的原理，当然基本上是西方学者在20世纪70年代以前的理论成果（除书中介绍的杨小凯先生的“分工度”研究成果以外）。但是，价格、稀缺、边际分析这些基本的分析范畴或工具仍然是微观经济学的基础；而重要的是，茅于轼在阐发这些基本问题时所表达出来的创造性思维，迄今为止，在中国人的范围内，仍是深深地让我折服的。《择优》的写法是从问题出发，从中国社会主义经济建设出发，围绕着一系列问题展开，娓娓道来：为什么一些平均值指标在经济运行实际过程中会导致资源误置？为什么成本定价法会产生弊端？为什么随着生产部门的增加与减少，资源利用的可能性的维数变化，价格应当变化？为什么利率不应定死？什么是真正的投机倒把？什么是政策应放宽的？什么是政府应管理控制的，等等。

这些问题解决了吗？看来，就算是理论上已经有解，至少在今天，似乎还全部存在。经过一个轮回以后，在《择优》所呼唤的价格改革已经在中国发生了之后，资源配置的基本问题又一次凸显在中国人面前。这只能说明经济学的深刻与其不容争辩的尊严。我是第一次从《择优》里知道价格变化的收入效应与分配效应的分离，原来可以用来分析价格改革中的“明补”与“暗补”；第一次从《择优》中获知拉氏乘子λ原来便是资源定价的基础；第一次知道“有计划按比例”这一马克思主义经济学原理原来离不开资产阶级经济学的“边际递减”原则。尽管我的北大老师已经向我们讲授过"边际法则"可以姓"马"，但透彻的证明是茅老师这本小书给我的。另外，第一次知道"边际成本等于平均成本时是平均成本最低点"，这句话原来可以用来说明就平均成本来追求平均成本最小是不行的；第一次知道"偏好显示理论"原来可以与生活里的价贵买少这一常识相对应；第一次知道成本函数为凸的精妙。否则，人们可以一亩地产十万斤粮甚至无穷，一切经济配置的必要性都会荡然无存……我学微观经济学的这许多个"第一次"，都来自 1985 年冬那次短暂的读《择优》。正好我硕士学位论文刚通过，我有一个相对轻松的时期，在这个时刻，读到《择优分配原理》是我的幸运。它影响了我以后这 12 年的学术方向的选择。

我曾在北京大学经济学院讲授微观经济学时就这些心得向我的学生介绍过，得到过学生们的赞许。大家这才知道，微观经济学的数学表达如斯拉茨基公式，λ 因子、C″>O，一次齐次生产函数与欧拉法则，原来并不是凭空乱造而是经济学家对经济现象进行严肃、抽象的思维结晶，否认经济学的数学表达与数学思维的必要性，该会阻止自己接受新的理论成果。我向我的北大学生极力推荐过《择优》这本书，我乐于写文章，而在那时，我还未见过茅于轼老师。后来，我们由于这本书而相识，我像尊敬我北大的导师们一样尊敬茅老师，我想我与茅老师能够交流的思想基础，其实还是《择优》，尽管我们在价格改革的看法上不一定完全一致。

近来对经济学的道义上的谴责颇受国人共鸣。经济学迄今为止的全部肯定的成果，都是在对非道义的基以利益的经济行为的分析中作出的。要求经济学对道义问题与规范问题作出回答吗？答案是阿罗的"不可能定理"，铁案如山。谴责者如不信，可以请教阿罗先生本人。但这不等于说，经济学应该向庸俗行为或庸俗势力献媚。1996 年，我亲眼目睹过阿罗教授对于社会主义、公正、正义的大义凛然的声明：社会主义作为一种强调关心全体人的福利、关心最普遍的人的利益的一种追求，这是不能否定的。茅于轼老师在《择优》的序言中肯定经济学只研究人的经济行为。这种隔离体方法是科学赖以发展的重要基础，又明确指出了物质利益只是人的一个庸俗的方面。这实际上是说，我们经济学是有局限的，但唯其局限才有其独特的贡献。但是，我想补充的是，作为经济学者的茅于轼先生，却是一位与庸俗泾渭分明的德高望重的导师。我与茅老师打交道并不多，每次都见他为发现了某一位青年学子而高兴。10多年前我听他津津乐道过清华的一位自学经济学的后生，他当时竭力推荐发表这位年轻人的论文，并千方百计将他推荐去美国学经济学。这次我刚归来，茅老师又向我介绍一位在效用理论上颇有成绩的青年学人，我一接触，果然其效用理论造诣在我之上。为青年人的发展，他既雪中送炭，又锦上添花。我本人就几次获得过茅老师慷慨解囊的相助，得以克服去美留学的具体困难。在我的同学与朋友中，类似的故事我曾屡屡耳闻。这使我想起已故的大师胡适先生，茅老师对青年学人的提携可与当年的胡适相媲美。这也从一个侧面映照出茅老师家学之德风。我想，茅老师之所以能成为中国海外学经济的留学生与国内经济学界联系的纽带与桥梁，天则经济研究所之所以能屡屡向中国经济学界推出新人新作，其主要原因，可能就是由于茅老师这一崇高之德风。

（写于1998年12月20日

改于1998年12月21日）

6

昂藏老鹤风

——茅于轼评传

秦彦臣

题引："在我看来，日后如果会有一本记载中国经济学发展史的著作，那么其中的许多篇章都会提到茅于轼的名字。"

——何帆，《生产力研究》杂志 1996 年第 3 期

萌发为茅于轼教授写传记的念头始于 1995 年，我是从一份叫《经济学消息报》的民间报纸上知道了他的名字的。茅教授经常为该报写些专栏文章，读之如饮甘泉之清爽，思之更觉烘炉燎毛发之功底。如果隔一段时间见不到，就会给高小勇（报社总编）打电话，从电话中得知茅先生是社科院系统退休的经济学家。

今天，茅于轼与北京天则经济研究所的名字，几乎为每一个研究经济社会问题的经济学人所熟知。与他一起创办天则所的一批经济学家如张曙光、盛洪、张宇燕、唐寿宁等人，已如中国学界天空上的耀眼明星。天则所蜚声海内外的影响，不仅是天则经济学家的光荣，而且也标志着中国经济学有了自己的风格雏形。特别是制度经济学在中国的发展已与天则的名字紧

紧地连在一起，当然也与茅于轼的名字不能分开。

与毛泽东有关的茅氏考证，当今茅氏也堪望族之称。

读史望马班，立传考渊源，几乎成为国人治史的习惯。考据茅氏出源，乃姬姓分化而来。《通志·氏族略》载：西周初年，周公旦第三子受封于茅邑（今山东金乡县西南），称为茅叔。茅国后被邹国所灭，其子孙遂为茅氏。在以后的历史沧桑中，茅氏大概在东海郡（或为今山东郯城，或为今江苏东海县以东、淮水以北地区）、陈留郡（今河南开封）、晋陵郡（今江苏常州、武进一带）生息繁衍。

茅氏后人有名于世者，可数汉代茅盈、固、衷三兄弟，因高风亮节而为隐士，也称三茅君；宋代茅信卿因治家有方，得“四世孝义之门”诏表；另有鬼谷子学生秦代茅蒙、东汉茅容、明代广西兵备佥事茅坤，亦有称于其世。

考证茅氏的源渊，还与毛泽东的一段趣闻有关系。当年毛泽东广延世之高才、圣手，接见中外著名的桥梁专家茅以升时，问他是否与自己是本家。茅以升先生答曰此茅乃草矛之茅。毛泽东方知此茅非彼之反手之毛。

毛泽东与茅以升的这段趣闻已广为人知，不过，似乎无人窥知毛泽东“攀亲”背后的娴熟的政治技巧。但无论此者属否笔者妄猜，茅以升早在20世纪30年代就是造桥名家了。1933年，茅以升任钱塘江桥工作委员会主任、工程处长，主持设计和制造了被称为“中国近代桥梁史上划时代的里程碑”的第一座铁路、公路两用双层大桥。而且茅以升在美求学时的博士论文命题，早于1917年就被称为“茅氏定理”了。

茅于轼教授乃茅以升的侄子。

茅以升的三弟也就是茅于轼的父亲——茅以新，他的名声业绩虽逊于其兄，但他也是一腔热血的知识分子，早年毕业于上海交大后便负笈美国，在普渡大学获火车机车硕士学位，回国后为中国的铁道建设倾注了全部心血。既便是在那个噩梦般的年代里，茅以新父子虽同受冲击，但他们都表现出了中国知识分子的优秀品格。也许正是知识分子报国舍己的优秀品格，支撑着我们这个古老的国家并使之伟大。茅以新的品格可堪其家学之一部分，这对少年茅于轼有多大影响以及对今天成为蜚声海内外的经济学家茅于轼有多大贡献率，恐怕不是我这样的青年人所能估计的。能慰藉茅以新、茅于轼的成就自不待言，而茅以新的另外三个儿女，也都是中国名校的教授和副教授。茅于轼之弟茅于海、茅于杭都是清华大学教授，妹妹茅于兰是北京师范学院的副教授。

今天的茅于轼已年届七十（1929 年生），恰是当年茅以新被发配甘肃烧锅炉的年龄。也许正是少年时代的颠沛流离，也许正是英时华年的挫锋铩羽，才使茅于轼在深深的社会道德感之下勤奋地工作。此茅（于轼）亦非彼茅（以新）。70 岁的茅于轼已鲜花左右、掌声前后，70 岁的茅以新却想也未敢想此境。在写史立传的意义上，我们也该向彼茅致以深深的敬意。

有人说 1975 年苏联学者获诺贝尔经济学奖，从侧面证明了茅于轼理论的优秀性，其实这是中国人的一个遗憾。

茅于轼并非天生的经济学家专才，1950 年在当年其父的母校上海交大机械系毕业后，继承父志，献身于祖国的铁路事业。他从火车司机到工程师，再到铁道科学院的研究人员，一干就是 35 年。这位英年盛锋的知识分子，在他的领域虽不是巨擘圣手，但已小有名气。可他却没有研究好“政治学”，政治运动不仅使他父子分离，而且自己也成了铁道科学院的右派。

得志看人品，失志看精神。政治命运的不幸没有把他击垮，挫锋铩羽之后的他还痴情地热爱着铁道科学：用控制论原理讨论机车牵引的热工动态性能，用概率论作了机车牵引热工试验的误差分析……

一个偶然的机会使他转入了经济学研究。1975 年，中国政治舞台闹剧喧哗的同时，也正曙光待出。冥冥之中，命运之手悄悄改变着社会，也改变着个人。是年，中央打算修建一条从格尔木到拉萨全长 1 200 千米的铁路。茅于轼作为项目评估人员之一，敏锐地发现在技术评价背后的经济评价是线性规则，甚至说资源约束下求得最优根本就是线性问题。凭着在上海交大打下的数学功底，毫不夸张地说，此时的他要比靠引证正统经典过日子的经济学家更能从感性上升到理性，再在理性的世界中构建理论。

知微见著，乃任何一个智者的必备件，无论从微观现象得到与宏观一致或相反的结论，那都是思想的结晶。茅于轼到 1979 年已导出了择优分配原理，1985 年形成书稿，在《走向未来丛书》系列中出版，其名为《择优分配原理——经济学和它的数理基础》，此书到 1996 年已经印过 7 万册，又于 1998 年再行重印。

此书何以重要？——仅由国内著名青年经济学家张维迎的评语来证明就足够了，张在 1987 年 7 月号《中国：改革与发展》杂志上说，那是一本真正的原著而不是评著，作者以第一人称的口吻而不是以第三人称的笔法写作。局外人对这个评价的含义也可能不太明了，对比一下那些精明老道的想从“正统经典诠释家”一摇而变为新理论代言人的戚戚于富贵者，自然明了了许多；对比一下那些急功近利的想在流沙之基上建立自己理论大厦的汲汲于功名的年轻后生，也深感此语的深刻性。

在巨大成功的背后，我们又不免喟然长叹。其一可叹者，茅于轼作为一个有思想的经济学家，在铁道科学院，在社科院，外界竟然不闻其名。倘使《择优分配原理》“不是十年之思”的结果，其影响可能还会大，其效果还会好。其二可叹者，同在 1975 年，前苏联经济学家康托洛维奇以线性规划创始人的身份，荣获诺贝尔经济学奖。有人说，1975 年前苏联人的获奖恰好印证了茅于轼理论的优先性，因为两者同是数学规划在经济学暨经济问题中的运用。可惜阴差阳错。倘使不是政治动乱，也许1975年走上诺贝尔奖领奖台的会有一位中国人。至少来说，茅于轼的著作如果在20世纪60年代中期乃至后期出版，有一本英文版在国际上发行，中国人或许会进入提名的范围。

历史不允许假设，不管物理学家对时间概念重作何种界定。对于经济学家来说，时间永远是一维的：从过去到现在，从现在到未来。

逝者如斯，追寻远去的1975年，我们只能随之长长喟叹！

写到此，忽然想起了一位美国女科学家的经历。芭芭拉·麦克林托克以81岁高龄获1993年诺贝尔生理与医学奖。麦氏研究玉米基因转座时，并无人问津，而且也丧失了原来的荣誉，但最终她征服了所有人，终夺桂冠。至于荣誉，她走了一条由盛而衰、由衰而荣的道路。即便如此，早在她30岁左右，就有人将她的成就写成专门报告，从而确立了她的基础地位。

我们崇敬为科学献身的任何人。麦克林托克终生未嫁，然而她长寿到获奖以后——多亏她长寿。对于茅老来说，虽然他已年近七旬，可是他比起麦克林托克当年的年纪来小了一截子。我有充分的理由，乐观地期望他为经济学再奉酎献祭。也只有这样，才能让以后的经济学学子、治史大家不再为那个噩梦的时代而悲叹。

经济学有它的终极关怀，在繁荣的经济世界中建立良好的道德秩序，乃是一种博大精深的思想。

知往者不可追，历史留给我们的遗憾，似乎没引起茅老本身的注意。他一如既往地在经济学领域中耕耘，并获得丰厚的报偿。1993年，茅于轼与盛洪、张曙光、唐寿宁等一批中国制度经济学家建立了天则经济研究所，现在该所已蜚声海内外，与此同时他又被美国Marquirs世界名人录和英国剑桥国际传记中心选为1993—1994年度世界名人；在中国经济学已日臻盛象的时候，茅于轼联合海外留学的顶尖人才，分别于1989年和 1994 年出版了《现代经济学前沿问题》一、二辑，据悉第三辑也将付梓。这套书不仅是经济学研究生的必读之书，而且也更为工作在经济一线兼有学者身份的实践家所关注。在某种意义上说，由此才真正开始了现代西方经济思想在中国的传播。在考据的意义上，这也印证了题记中何帆的预言。

他还有两本通俗易懂的随笔著作影响较大。其一为《生活中的经济学——对美国市场的考察》，1993 年由上海人民出版社出版。在茅老亲笔题赠送我此书时说："小书似可一读，因为他写得都是小事情，也是真实的世界。"我不敢夸称自己有深厚的经济学功底，但放在床头，每每夜静之时随手取来一阅，不觉间思想中组合出许许多多新念头。将这些新念头或灵感收集起来，恰好证明了茅老的信念："经济理论必须逐条地都可还原为经济观念。一切经济现象也必定有相应的理论可以解释。"

其二为《中国人的道德前景》，专以各种社会现象为标本，进行解剖。其风格由浅入深，由深而理，自不待言。难得的是，即使没有经济学专门知识的人也能看懂此书。这本书在我理解来说，是对《生活中的经济学》关于道德现象讨论的深化。在前书中茅老讨论道德问题涉及环保的道德约束机制的重要性，更涉及金钱所不能公开涉及领域案例的道德问题，而后者则表现出了对中国人道德重建的一腔热忱和深沉的呼唤，以及深刻的理性推导。

在这些看似浅层的问题中，读者们不难发现，他作为一个有良知的经济学家关怀的更浓的底蕴已进入深层的哲学与伦理之思。比如，他说："民主的精神不光在于少数服从多数，更重要的还在于少数人的权利必须受到尊重。"在此论之下，他对社会上少有的天才人物的不幸抱以深深的同情，并希望建立一种良好的制度来保护少数人。又比如，他把大家所熟悉的"机会平等"予以社会学的分析，"发展社会内部的信息交流和人员流动，让每个成员都有更多的机会接触到别人，了解别人的思想和主张，有利于避免意识形态的僵化，使社会共识有灵活应变的可能”。

在实际生活中，茅老已在实践着自己的道德准则。这几乎是每一个与他交往的人都能感到的。他从来不拿大师的姿态来对待人，而且乐意为年轻人提供尽可能的机会。他与盛洪的交往和结识，已成了圈内人士的一段佳话；他为宋国青能从西安到北京而奔走，更是有口皆碑的义行掌故了。就像我这很一般的“学者”，茅老也总不忘予以学术提携，初次复信之时，茅老说有可能的情况下让我去天则经济研究所（以下简称天则）作学术报告。我几乎不敢相信，待到心情平静以后，才觉得这一肯定对我多么重要。我从中专毕业后，没有进修过，也由于实务工作繁忙也无法一步步地获得学位。我虽然搞了一些研究，总怕还比不上爱因斯坦的泥板凳。有了茅老的评价，我得以准确知道自己的学术水平处于什么位置，以及如何规划日后的发展。天则破例给我以学术优待，每次的双周学术会都发函致我，让我按自己的意愿选择参加。

在与小勇北京闲谈之中，我还得知茅老在支撑天则所时所尽的努力。他在天则经济困难的一段时间里，拿出自己的积蓄为工作人员开支。无论衡以新风尚，还是量以旧道德，茅老都是无愧的。

独立的原则与入世的精神是天则的信条，天则团结了社会科学界的各方面的学者，所谓“千镒之裘，非一狐之白”是也。

天则经济研究所是一家独立的民间学术机构，有人说它是社科院的“体制外”的产物。其实这种认识不完全正确，天则与社科院是互补大于排斥、合作大于竞争。不仅天则现有的主要经济学家具有社科院研究职称，而且天则也是社科院系统经济学家发表言论的重要论坛。这个论坛就是双周学术会。当然，在双周学术会上作学术报告还有不同的部门和身份的学者，如那个主编《宪政译丛》系列的梁治平本为艺术研究系统的法律学者，在天则的法律学术报告受到了广泛的重视；又如一直力倡反对金融危机的周天勇先生，乃中央党校经济部教授；再如那个备受著名经济学家刘国光垂青的场态经济学、社会学研究专家潘德冰，乃供职于湖北省体改委的学者，凡此等等。

天则的博大涵容乃来自于它的独立精神。正如茅老在天则1997年年鉴的致辞中所说：

作为一个民办的、不以赢利为目的的经济研究机构，天则所和政府的机构有一系列的不同。

首先最主要的，它没有固定的政府拨款，或者说，它没有消耗纳税人所纳的税款，它所花的每一分钱都要靠天则所的人自己去挣来。其次，天则所的负责人不是上级委派的，他不对任何上级机关负责，因此，他们有很大的活动空间和自由度。这对一个学术研究机构来说是至关重要的。

天则的学术自由，带来学术繁荣并创造了无形的社会效益。《中国经济学》系列，从1994年起每年一期，其所选论文的质量和影响力是公认的。其严之又严的学术标准，慎之又慎的治学态度，使之堪称代表经济学的水平。即便如此，天则所对其已选入《中国经济学》的论文都予以鞭辟入理的评论，以《中国经济学1995》为例，天则（盛洪）所撰评论就长达1.5万字，而且这也是在47篇论文筛选后的工作。

天则在茅于轼所倡导的学术独立的精神下，还怀着积极的入世理想，并把这些理想付诸实际。

在给茅老打来的电话中，约有五成的会被告知他出差去讲学或做项目去了。以茅于轼为代表的天则经济学家在努力地实践着自己的社会理想："天则的同仁们并不是一批脱离实际的学究，而是极度关心现实世界的有责任的经济学家。"仅对1996年的重要项目摄要而述就有："持续发展中的政府功能与能源行业"国际合作会议，国务委员宋健任主席，茅于轼任能源与技术组中方副组长。由于茅于轼曾在中国铁路系统工作过35年并有较高的社会威望，国际知名的咨询公司A . T . Kearney香港分公司将该项目委托天则完成，举办“中国企业并购典型案例国际研讨会”……

“千镒之裘，非一狐之白”可以用来形容天则团结学界人士的风格，也更适用于天则的入世风格。

在中国是否已形成了一个制度经济学家流派即“天则学派”，尚是一个有争论的问题。

1997年上半年山东社科院的一位学者在《经济学消息报》撰文称天则学派已经形成，茅于轼教授立即发表文章予以纠正，称曰：天则学派，目标而非现实。

正是这种虚怀若谷的精神，茅老及天则经济学家赢得了更为广泛的社会尊重。他们的目标仍如茅老在1996年年鉴致辞中所说的那样：“我们希望在中国制度演变中产生的新生事物——天则经济研究所，会茁壮成长，为中国人，为全人类作出力所能及的贡献。”

评传的结语：

在治史大家那里，对一个人物的最终评价是十分重要的，而其精练更为难中之难，司马迁为“汉之飞将军”李广立传引汉时谚语“桃李不言，下自成蹊”，其后谚语变成了成语，有兴趣的人自然会把这一成语与《史记》联系起来。我当然无法企及司马迁，假使能像凯勒、伊夫琳写麦克林托克那样也就足愿了。在模仿的意义上，我引述洪应明《菜根谭》中语来总结自己对茅老的看法，似不为过：

“昂藏老鹤虽饥，饮啄犹闲，肯同鸡鹜之营营而竞食？偃蹇寒松纵老，丰标自在，岂似桃李之灼灼而争妍？”

7

访谈录

何振红 李转良

采访人：《中国企业家杂志社》

被采访人：北京天则经济研究所所长茅于轼先生

时 间：1999 年 5 月 2 日

记者：“兴旺、富裕、发达”是中国人多年来孜孜不倦的追求，但中国还没有真正富裕起来，你认为影响我们达到这一目标的深层次原因是什么？

茅于轼：中国的经济增长确实还有非常巨大的潜力。市场经济是注重效率的经济，挖掘经济发展的潜力就意味着要克服无效和低效。中国没有真正富裕起来的根本原因就是我们的社会是一个低效的社会。或者说，低效妨碍了我们走上富裕之路。

记者：你曾经多次摆到“穷国和富国的人同工不同酬”的现象，这怎么解释？

茅于轼：“穷国和富国同工不同酬”指的是无论是简单劳

动如餐馆里洗碗，还是复杂劳动如外科大夫，无论是比较通过汇率折算的货币收入，还是直接比较吃穿的实际生活水平，中国几乎所有行业的从业人员其待遇都远不及美国同行。这种现象直接表明了我国和发达国家的贫富差异。

为什么质量和数量相同的劳动在不同的国度里就创造出不同的价值来了呢？其关键是经济制度和经济效率。市场经济中劳动报酬的多少取决于整个社会的经济效率。假若由于制度安排不合理，一个社会存在着巨大的浪费，整个社会的效率就会很低，同样劳动创造的价值就会减少，每个社会成员的劳动报酬就要受损。

记者：那么怎样变或者说谁能改变这一现象呢？

茅于轼：说到底还是我们自己。

记者：说到挖掘经济发展的潜力、增加社会财富的积聚，一般认为政府责任在肩，你为何提出变通民众责任重大？

茅于轼：提高经济效率，无疑政府有重大责任，但政府中的官员不过是从政的百姓，我国经济效率的低下，与百姓办事处世的方式有关。我先给你列举一些现象：有人跑步追上一辆公共汽车，刚要跨步上车时售票员却关门而去；有人没有写邮政编码，结果信却被退了回来；马路上有人吵架，立刻有人伫足；红灯抢行，十字路口乱作一团，彼此动弹不得；城管人员把乱设的摊位掀翻在地，甚至把小贩的三轮车扔上车拖走；开会时因某人未到，人家等上几十分钟……这些现象我们早已司空见惯，但这些正是不注重效率的表现。

中国为什么穷？穷就穷在低效上，穷就穷在生产潜力不能发挥。

我列举的这些现象实际上都属于“损人不利己”。损人不利己，看似小事，实际上是根本性的大事，因为恰恰是这些现象，不仅使自己的劳动没有创造价值，而且抵消了别人的劳动成果，造成了各种各样的浪费，造成了社会经济的低效。这些现象的共同特点就是妨碍了一个国家财富的创造、积聚，并造成已经创造出来的财富被浪费掉。这样做并不犯法，甚至也谈不上是道德问题，可是大量这类事件的最终结果是减慢了致富的步伐，或使社会日益穷困。

现在损人不利己的意识还在很大程度上主宰着我国的社会经济生活，要改变这种状况，归根到底要靠我们自己。不论你是售票员、教师、电话接线员，还是政府官员，只要你改变一下办事原则，就有可能减少浪费，就会提高社会效率，增加社会财富。

记者：那你认为正确的办事原则是什么样的呢？

茅于轼：利人利己。在市场经济条件下，办事原则的选择应该是以市场为标准的，而“利人利己”正是市场经济提倡的原则。市场经济能够运行的前提，就是承认每一个人都有追逐利润的权利。但每个人在追求自我利益的同时不能妨碍别人追求利益，也就意味着利人利己。只有利人利己，市场交易才能进行（强制和欺诈之下的交易不能算作市场交易），市场规则才能维护，社会效率才能提高。

记者：你说强调百姓责任重大时，是把政府化解成一个一个的个体来分析的。而实际上政府经常是作为一个集合体来对社会经济起作用的。当政府作为一个集合体时，它会怎样影响社会效率和社会财富？

茅于轼：政府能否促进社会致富，关键要看它能否尊重和遵循市场制度。政府要想对社会效率和社会财富起积极作用，首先必须清楚自己该干什么。提供公共服务、直接介入有外部性的商品的生产和管理，也是政府义不容辞的责任。当某种商品的价格不能完全反映参与各方的利益，市场不能实现资源的最优配置时，我们就说这种商品具有外部性。这时，经济效益和社会发展是相背离的，就需要政府直接介入进来。如工厂排污会损害当地居民的利益，养蜂人的蜜蜂受粉会使农作物增产，这都是有外部性的。对于前者，政府应向有污染的工厂征税以补贴受损的居民，对后者，政府应向受益的农民征税以补贴养蜂人。政府直接介入，并不是政府要直接参与有外部性商品的生产管理，而是通过政府的介入，使市场依旧可以做到资源的最优配置。

其次，政府要自觉地建立、遵守和维护市场规则。如能源浪费的根本原因，是市场没有很好地建立起来。特别是价格的扭曲和经济活动中权责利关系的错位。那么解决问题的正确途径应该是用法律保证公平竞争的市场运行规则，因为公平竞争的市场可以保证各种资源的高效利用。

第三，政府应当用市场的办法来解决市场的问题。现在一出问题，就想用管制的办法来解决，说不定引出的麻烦更大。

记者：现在有人提出解决国有企业问题的最好办法，就是让国有企业只存在于那些关系国民经济命脉的行业里。

茅于轼：也不完全对。粮食、铁路应该算是关系国民经济命脉的行业吧，但我国的粮食从来都是靠农户个体生产，并没有靠大型国有农场，至于铁路，在欧美日本铁路多数也是民营的，民办能办得好就应该民办，国家能办好，就可以让国家办，不应该有任何意识形态的障碍。

记者：公共服务业也可以民办吗？

茅于轼：不同所有制的经济也可以插手公共服务业。只有那些不能一件一件地买卖的服务，如国防、治安，必须由政府来办，凡是可以一件一件地买卖的，就应该引入市场竞争。铁路和电信业算不算竞争性而非垄断性的产品呢？实际上这里只有铁轨、电信网是自然垄断的，其他业务如收费、维修、卖票等服务都应该引入竞争机制，变成竞争行业。尽可能地分解业务使其变成竞争行业，是打破垄断的好办法。

记者：在分析如何走上富裕之路的因素时，你多次提到"社会的效率"，什么样的社会才具有经济的高效率呢？怎样提高社会效率？

茅于轼：说起来很简单，人尽其才，物尽其用。其实，决定因素还是市场制度。人尽其才，物尽其用，实质上说的是资源配置问题。在一个社会中，若资源总能用在产出价值最大的地方，社会的生产能力就能高效发挥，社会财富也就在资源配置的过程中神奇般地增加了。试看我国改革20年，仍是这块土地，仍是这些人民，我们并未投入更多的劳动（实际上因得到最恰当的利用）。可以这样说，市场制度是最重要的财富源泉。

记者：好，谢谢你，茅先生。